Gerhard Schütz

# Hypnose in der Praxis

## Über das Phänomen der Trance

Mit einem Vorwort von Werner Eberwein

Junfermann Verlag · Paderborn
2002

2. Auflage 2002
Covergestaltung: Barbara Eckholdt, Hamburg



Satz: La Corde Noire – Peter Marwitz, Kiel
Druck: Media-Print Paderborn

Die Deutsche Bibliothek – CIP-Einheitsaufnahme
**Schütz, Gerhard:**
Hypnose in der Praxis: Über das Phänomen der Trance / Gerhard Schütz. – Paderborn: Junfermann, 1997.
ISBN 3-87387-354-0

NE: GT

ISBN 3-87387-354-0

# Inhalt

# Vorwort

In dem vorliegenden Buch sind eine Vielzahl von Erfahrungen und Ideen zusammengefaßt, die die Praxis jedes Hypnotherapeuten bereichern und angehende Hypnotherapeuten anregen können, auf der Basis erprobter Methoden ihren eigenen Stil zu entdecken und zu entfalten.

In diesem Buch werden auf erstaunlich kreative Weise viele neue Induktions- und Vertiefungstechniken, Interventionen, hypnotische Motive, Geschichten und Fallbeispiele beschrieben. Der Leser wird so auf verständliche Weise mit den Grundbegriffen der Hypnose vertraut gemacht. Es werden einfache und komplexe Methoden der Tranceinduzierung beschrieben und Vorurteile, von denen sich manche sogar in der Fachwelt hartnäckig halten, ausgeräumt.

Als Leser hat man auf weiten Strecken den Eindruck, als würde man in die Welt einer „Spieltherapie für Erwachsene" entführt. Die hypnotischen Methoden sind so lebendig und leicht nachvollziehbar beschrieben, daß man sie gleich in der Praxis anwenden möchte.

Jeder, der sich für Hypnose interessiert, wird im vorliegenden Buch eine Fülle von Ideen und Anregungen finden. Die Begeisterung, mit der der Autor dem Leser die Welt der Trance näherbringt, springt wie ein Funke über.

*Werner Eberwein*
Berlin, im April 1997

# Einleitung

Stellen Sie sich einen Weg auf einem weit vor Ihnen liegenden Feld vor. Vereinzelt können Sie blattlose, knorrige Bäume zu beiden Seiten des Feldweges sehen. Es ist Herbst und die Stimmung hat etwas Eigenartiges, fast Unheimliches an sich. Keine Menschenseele ist zu sehen, es ist totenstill. Sie können das Ende des vor Ihnen liegenden Weges nicht sehen, weil es in dichtem Nebel liegt. Gehen Sie nun in Ihrer Vorstellung langsam den Weg entlang und lassen Sie sich überraschen, was Sie sehen, hören oder fühlen. Gehen Sie einfach immer weiter und weiter, näher und näher zu dem Nebel, der das Ende des Weges umhüllt. Stellen Sie sich vor, daß Sie plötzlich am rechten Rand des Weges ein Schild sehen mit der Aufschrift: BETRETEN VERBOTEN! Sie zögern kurz, doch in einem unerklärlichen Anflug von Leichtfertigkeit gehen Sie einfach weiter. Das haben Sie selber nicht geahnt. Es wird immer nebliger und nebliger. Sie hören das Knirschen der Kieselsteine und des Sandes unter Ihren Schuhen und spüren im Gesicht den feuchten Niederschlag des Nebels – Sie gehen immer weiter und weiter, so, als würden Sie einer inneren Stimme folgen, die unablässig zu Ihnen spricht. Über Ihren Mut sind Sie erstaunt und fühlen tief in sich eine Neugier, was noch alles geschehen wird. Der Nebel wird so dicht, daß Sie kaum Ihre eigene Hand vor Augen sehen können. Stellen Sie sich einfach vor, daß Sie immer weiter und weiter gehen, ohne wissen zu müssen, was noch alles auf Sie wartet ...

Sie trauen Ihren Ohren nicht, aber es kommt Ihnen so vor, als würden Sie das Singen einer Nachtigall hören. Sie bleiben stehen und lauschen – eigenartig. Vorsichtig gehen Sie weiter. Und tatsächlich, es klingt so, als würde unmittelbar vor Ihnen eine Nachtigall unsichtbar anmutig singen. Während Sie vorsichtig weitergehen, scheint sich seltsamerweise der Nebel langsam vor Ihnen aufzulösen – es wird ein wenig heller und ein bläulicher Schimmer ist im Hintergrund zu erkennen. Schritt für Schritt tasten Sie sich weiter vorwärts. Eine Silhouette einer unbekannten Bergkette taucht auf. Es riecht nach Tannennadeln, süßlichem Harz und Wald. Die Temperatur der Luft ist spürbar wärmer geworden. Scheuen Sie sich nicht, sich vorzustellen, daß Sie immer weiter und weiter gehen ... treten Sie ein in die verbotenen Erfahrungsräume Ihres Inneren und lassen Sie sich von sich selber verführen ...

Vielleicht sagen Sie jetzt, daß bei Ihnen nichts geschieht – IRRTUM, es geschieht genau genommen immer irgend etwas, solange man noch nicht tot ist, es ist lediglich die Frage, ob es Ihnen auch auffällt. Schärfen Sie Ihre Augen, spitzen Sie Ihre Ohren und vertrauen Sie sich Ihren Sinnesorganen an – beginnen Sie nun in diesem Buch zu wandern und lassen Sie sich bei Ihrer Exkursion viel Zeit.

Viel Spaß dabei.

*Gerhard Schütz*
Berlin, im April 1997

*„Die Masken sind endlos; die eine, die wir abnehmen, macht die sichtbar, die wir darunter tragen.“*

Arthur Miller

# THEORETISCHER TEIL

# 1.
# Geschichte der Hypnose

Hypnotische Beeinflussungs- und Einschläferungsmethoden sind schon aus dem Altertum her bekannt, worauf der Tempelschlaf der Griechen, Ägypter, Chinesen und anderer Völker hindeutet. Krankheiten wurden durch die Anwendung von Amuletten, durch Besprechungen und Beschwörungen von Krankheitsgeistern beeinflußt.

Eines der ältesten Dokumente, in dem von hypnotischer Beeinflussung die Rede ist, stammt aus Ägypten und geht auf das dritte Jahrtausend v. Chr. zurück. Hier wird erwähnt, wie ein Junge mit einem leuchtenden Gegenstand in einen Trancezustand versetzt wurde und man erfährt, was er in Trance erlebt hat. Wahrscheinlich wurde hier Hypnose zu hellseherischen Zwecken eingesetzt und nicht therapeutisch (Ellenberger 1973). Auch in dem geheimnisvollen 6. Buch Mose finden sich Stellen, wo von hypnotischer Einflußnahme auf den menschlichen Körper die Rede ist: „Zeige mit dem Zeigefinger auf die blutende Stelle, mach drei Kreuze und sprich leise: Dies Blut und Wunde soll stehn und nicht mehr gehn, im Namen der Heiligen Dreifaltigkeit."

Besondere Bedeutung besaß die Heilmethode des Handauflegens. Die römischen Kaiser Claudius und Vespasianus heilten manches Leid ihrer Untertanen durch bloßes Handauflegen, ebenso wie die Hand Jesus Christus heilen konnte.

Im 16. Jahrhundert waren Franz I. von Frankreich und andere französische und englische Adlige in der Lage, mit heilenden Händen zu arbeiten. Königin Elisabeth von Frankreich und Jacob II. von England sollen sogar hunderte von Kranken durch bloßes Handauflegen „geheilt" haben (Trömner 1908).

Eine Theorie dieser heilenden Einflüsse entwarf Paracelsus im 16. Jahrhundert, für den es zwei Formen magnetischer Energie gab: einen „kranken" Magnetismus und einen „gesunden". Die Heilung von Krankheiten geschehe dadurch, daß der Magnetismus eines Gesunden den des Kranken an sich ziehe und neutralisiere. Paracelsus verwendete bei seiner Arbeit bereits Magnete zur Blutstillung und Krampfbehandlung. Die Lehre vom Magnetismus wurde durch die

Rosenkreuzer und Freimaurer weiter kultiviert und fand Verbreitung im medizinischen Bereich.

## Mesmer und das 19. Jahrhundert

Überschaubarer wird die Geschichte der Hypnose erst in jüngerer Zeit.

Ende des 18. Jahrhunderts strömten Scharen von Hilfesuchenden in die kleine württembergische Stadt Ellwangen, um sich von einem gewissen Pater Joseph Gassner helfen zu lassen. Gassner war Exorzist. Er galt als einer der berühmtesten Heiler der damaligen Zeit und konnte während seiner Exerzitien in den Kranken Krämpfe, Starrezustände und Wutausbrüche hervorrufen. Er redete mit den Dämonen oft lateinisch und befahl ihnen, in verschiede Körperteile zu fahren. Erst wurde der Dämon auf diese Weise gezähmt, um ihn dann austreiben zu können. Gassners Praktiken vertrugen sich schlecht mit dem neuen Zeitgeist der aufklärerischen Gedanken in Politik und Wissenschaft. Unter anderem wurde in München eine Untersuchungskommission ins Leben gerufen, die einen gewissen Dr. Mesmer einlud, um zu den Praktiken Pater Gassners Stellung zu nehmen. Mesmer behauptete, eine neue Entdeckung gemacht zu haben, die er den *Thierischen Magnetismus* nannte. Er demonstrierte durch bloßes Fingerauflegen bei verschiedenen Patienten, daß er die gleichen Erscheinungen wie Gassner hervorrufen könne. Er berührte Menschen, die sogleich in Krämpfe verfielen und konnte durch eine zweite Berührung diese Krämpfe wieder aufheben. Mesmer bestritt nicht die Erfolge von Gassner, sondern er hatte einfach nur eine andere Theorie, eine fortschrittlichere.

Seine Theorie war eine Mischung aus naturwissenschaftlichen Erkenntnissen und Esoterik. Mesmer legte bei seinen Patienten Magnete auf den Körper und beobachtete seltsame Begeiterscheinungen: Verschiedene Beschwerden verschwanden oft schlagartig, und die Patienten berichteten häufig über merkwürdige Kribbelempfindungen im Körper. Mesmer erkannte, daß es nicht allein die Kraft der Magnete war, die diese seltsamen Erscheinungen hervorriefen, sondern es mußte noch etwas anderes geben, das durch die Magnete zum Vorschein kam. Nur was? Mesmer behauptete, daß es ein *Fluidum* gebe, eine Art allumspannender Energie, und daß es mittels Magneten möglich sei, dieses Fluidum zu bündeln, ähnlich einem Brennglas, welches Licht fokussiert. Er behauptete weiter, daß dieses Fluidum sich in bestimmten Körpern stärker konzentrieren könne, auch in menschlichen. Für ihn war also Gassner ein Mensch, in dem sich besonders viel dieser Energie, aus welchen Gründen auch immer, angesammelt hatte. Gassner gab seine Energie unbewußt an seine Hilfesuchenden ab und das erklärte seine großartigen Erfolge. Mesmers Magnete waren nur Hilfsmittel, um das gewaltige Fluidum zu richten. Als er diese Entdeckung machte, war Mesmer vierzig Jahre alt, er beschäftigte sich bis zu seinem Lebensende mit diesen Erscheinungen.

Mesmer entdeckte ferner, daß es verschiedene Farben und Stoffe gibt, die das Fluidum besser reflektieren als andere, wie zum Beispiel glatte Flächen und Spiegel. So gibt es einen Bericht, wie Mesmer Menschen, die er im Spiegelbild sieht, ohne daß er selber erkannt wird, beeinflussen konnte und seine Umwelt in großes Erstaunen versetzte. Desweiteren konnte Mesmer offenbar aus der Ferne, ohne Berührungen bei verschiedenen Menschen krampfartige Zustände erzeugen. Er streckte Finger und Hand im Richtung auf die zu beeinflussende Person und brachte sie so zum Zittern, ja sogar, wenn sie hinter einer Mauer verborgen waren, konnte er seinen Patienten heftige Schläge versetzten (Flory 1995).

Mesmer fühlte, daß er selber ein großer Träger dieser von ihm entdeckten Energie war. Er muß sich wie eine wiederaufladbare Batterie gefühlt haben, er gab Energie ab (an Kranke) und mußte sich, folgerichtig, wieder aufladen. Er bediente sich später verschiedener Stühle, in die er sich setzte, und Metalle, um sich, nach getaner Arbeit, wieder aufzuladen. Mesmer dachte, daß durch streichende Bewegungen ein „menschlicher Magnet“ in einem anderen Menschen magnetisches Fluidum bewegen oder erzeugen könne. Das war der Grund, warum Mesmer oft mit seinen Händen über die erkrankten Körperteile seiner Patienten strich (die Striche werden auch Mesmer Passes genannt).

Es sprach sich schnell in Mitteleuropa herum, daß es einen gewissen Dr. Mesmer gebe, der über außergewöhnliche Fähigkeiten verfüge und Kranke heilen könne. Mesmer wurde an verschiedene adlige Höfe gerufen, er wirkte in ganz Mitteleuropa, in Österreich, Deutschland, Frankreich, Belgien, der Schweiz und anderen Ländern. Er hatte immer größerer Erfolge, sein Weg führte in die höchsten Etagen europäischer Politik, bis hinauf in die Königshäuser. Da er mit seinen Einzelbehandlungen nicht mehr dem Ansturm der Hilfesuchenden gewachsen war, erfand Mesmer die *Gruppentherapie*. Es mußte etwas Größeres her, daß das Fluidum für viele Menschen gleichzeitig erreichbar machte. Mesmer konstruierte einen Apparat, der ähnlich wie eine Leydener Flasche funktionieren, also Energie aufnehmen und wieder abgeben sollte. Hierzu füllte er einen hölzernen Zuber mit Wasser und staffierte ihn mit unterschiedlichen Metallen aus. Er steckte Eisenstangen hinein und befestigte an ihnen seidene Schnüre. Mesmer magnetisierte das Wasser, indem er mit seiner Hand darüber strich. Die hilfesuchenden Kranken sollten nun die Eisenstangen berühren und auf die erkrankten Körperpartien richten, oder die feuchten Seile um den Körper binden. Das Fluidum sollte also, wie über elektrische Kabel, direkt in den Körper des Kranken gleiten. Viele Patienten verfielen während dieser Gruppenbehandlung in tiefe Trancezustände, ihre Körper zuckten, sie schrien oder waren gar nicht ansprechbar. Mesmer glaubte, daß viele Krankheiten durch ein Ungleichgewicht der Fluidumsenergie entstehen, und er durch seine magnetischen Behandlungen das Gleichgewicht wiederherstellen könne. Ziel der magnetischen Behandlung am baquet, so hieß der Zuber, war die *Krise*, eine dramatische kathartische Reaktion der Teilnehmenden. Der krisengeschüttelte Patient wurde anschließend in ein Krisenzimmer getragen, wo ein Arzt ein abschließendes Gespräch führte.

Die Gruppentherapie war die Therapie für die Armen, die Einzelsitzungen mit ihm waren den interessanten Fällen oder Adligen zugedacht. Mesmer trug während seiner Behandlungen oft ein langes lila- oder purpurfarbenes Seidenkleid und sah einem Priester ähnlich. Manchmal spielte Mesmer auch noch Musik auf seiner Glasharmonika und trug damit zur weiteren Verzückung seiner Patienten bei. Solche Séancen, so nannte man diese Zusammenkünfte, dauerten manchmal mehrere Stunden.

Nicht immer konnte Mesmer seine Umgebung von seinen Ideen überzeugen. Sein Versuch, in Gegenwart von Prinz Heinrich, einem Bruder Friedrichs II., ein Pferd zu magnetisieren, scheiterte kläglich. Mesmer glaubte kurzzeitig, daß er seine magnetische Kraft verloren habe. Auch Kinder waren mit seinen magnetischen Behandlungen nicht erreichbar (Thuillier 1990).

Mesmer war ein sehr berühmter Mann seiner Zeit und vermutlich einer der größten Hypnosetherapeuten überhaupt. Er konnte sich aber mit seinen Vorstellungen nicht in der akademischen Fachwelt durchsetzen. Dort fand er nie die erhoffte Anerkennung für seine Entdeckungen. Persönliche Gründe wie Mißgunst und Neid, aber auch fehlgeschlagene naturwissenschaftliche Experimente, die seine Theorie überprüfen sollten, waren ausschlaggebend für die Ablehnung durch die Fachwelt. Er starb 1815 und war zu dieser Zeit bereits in Vergessenheit geraten.

Aus Mesmers Schatten traten andere hervor. Besondere Erwähnung verdient der französische Adlige *Marquis de Puységur*. Er experimentierte mit magnetischen Beeinflussungen und erkannte dabei, daß die Lehre Mesmers von seinem physikalischen Fluidum falsch war. Er erkannte, daß es der Wille im Magnetiseur war, der mit der Heilung zu tun hatte. Er faßte die Lehre vom „Thierischen Magnetismus" in drei Worte zusammen: GLAUBEN UND WOLLEN. Auch Puységur arbeitete mit Kollektivbehandlungen. Er magnetisierte besondere Bäume*, mit Vorlieben Ulmen (Obstbäume galten als nicht geeignet), und hängte Seile an die Äste. Die Dorfbewohner sollten sich diese Seile um die erkrankten Körperstellen legen. Sie fielen dann oft in eine Krise, in eine Art Katharsis, und viele wurden gesund. Um wieder aus ihrer Trance zurückzukommen, mußten sie den Baum küssen. Es wird berichtet, daß die meisten der Patienten, nachdem sie erwachten, sich an nichts erinnern konnten (Ellenberger 1973). Puységur war einer der wenigen Magnetiseure seiner Zeit, die kein Geld für ihre Tätigkeiten nahmen (das war nicht besonders schwer, denn Puységur kam aus sehr begüterten Verhältnissen).

* Baumverehrungen finden sich in vielen Kulturen der Erde. So waren zu Buddhas Zeiten die Baumgottheiten die Wächter über die Meditierenden. In der volkstümlichen slawischen Mythologie galt der Umkreis bestimmter Bäume als heilige Zone. Bäume wurden hier als Aufenthaltsort der Seelen Verstorbener betrachtet. Im Voodoo Kult wird der Gott der Pflanzenwelt, Loco, in Gestalt eines Baumes angebetet. Auch in der nordischen Mythologie gibt es einen Schöpfungsmythos, in dem berichtet wird, wie aus einer Esche und einer Ulme Mann und Frau wurden.

Magnetische Kuren übten eine große Faszinationskraft auf die Menschen der damaligen Zeit aus. Im beginnenden 19. Jahrhundert traten die verschiedensten Varietékünstler auf, die ihre Zuschauer in Trance setzten und zahlreiche Kunststücke vorführten. Aufsehenerregend waren die Vorführungen eines portugisischen Priesters, *Abbé Faria*, der mit nur einem Wort („Dormez!“ = „Schlafe!“) ganze Scharen von Zuschauern in magnetischen Schlaf versetzte. Faria (Trömner 1908) hatte eine Erfolgsquote von 10%-15% mit seiner extrem schnellen Induktion. Er wurde schließlich das Opfer eines Schauspielers, der nur vorgab, in Trance zu sein und mußte schließlich Paris, den Ort seines Wirkens, mit Schimpf und Schande verlassen.

Das Phänomen des magnetischen Schlafes wurde gleichzeitig weiter erforscht. Es entstanden, man höre und staune, zwei Lehrstühle für die Erforschung des Magnetismus in Deutschland, einer in Bonn und einer in Berlin.

Mitte des 19. Jahrhunderts verlagerte sich der Schwerpunkt der Erforschung von magnetischen Zuständen auf die britische Insel. *Braid*, ein Arzt aus Manchester, der die Blickfixationsmethode unter anderem von Faria übernahm, faßte die magnetischen Phänomene unter dem Wort *Hypnotismus* zusammen. *Esdaile* und *Elliotson*, zwei englische Chirurgen, veröffentlichten unabhängig voneinander Berichte, in denen sie chirurgische Eingriffe nur mit Hilfe von Mesmerscher Anästhesie vorgenommen hatten. Esdaile berichtete über die unglaubliche Zahl von 345 operativen Eingriffen in magnetischem Schlaf.

Trotz der Erfolge fehlte aber noch eine allseits anerkannte Theorie, was denn nun Hypnose eigentlich sei (in der Tat weiß man es bis heute nicht!). Der Forschungsschwerpunkt hypnotischer Phänomene verlagerte sich von der britischen Insel nach Frankreich. Hier entstanden Ende des 19. Jahrhunderts zwei Schulen, die eine vollkommen unterschiedliche Auffassung über hypnotische Phänomene hatten: Die Schule von Nancy, deren Leiter *Bernheim* war und die Schule der Salpêtrière in Paris mit *Charcot* an der Spitze.

Charcot glaubte, daß Hypnose ein pathologisches Phänomen sei, ein künstlich hervorgerufener hysterischer Anfall durch Überreizung des Nervensystems. Im Gegensatz dazu beschrieb Bernheim Hypnose als ein natürliches Phänomen, das auf Suggestion beruhe. Der Streit der Schulen fand weitere Nahrung in der Frage, ob es in Hypnose möglich ist, verbrecherische Handlungen zu suggerieren oder nicht. Bei einigen spektakulären Betrugs- und Mordfällen wurden unterschiedliche Gutachter herangezogen, die unterschiedliche Einschätzungen hierzu gaben (vergleiche auch das Kapitel über posthypnotische Suggestionen).

Charcot konnte sich, verständlicherweise, mit seiner Meinung in der Fachwelt nicht durchsetzen.

Bernheim lernte die Hypnose von einem französischen Landarzt, der aus der Nähe von Nancy stammte. Er ging schließlich so weit, daß er Hypnose immer seltener anwandte und behauptete, daß die erzielbaren Wirkungen ebenso im Wachzustand durch Suggestionen erreichbar seien.

## Freud und die Hypnose

Freud lernte unter anderem die Hypnose bei Charcot und Bernheim kennen. Wie damals weit verbreitet übten die Hypnotiseure die traditionelle Form der Hypnose aus. Sie formulierten direkte Suggestionen und Verbotssuggestionen, zeitweilig auch mit bestimmten Berührungen des Kopfes des Hypnotisierten, kombiniert mit Massageanwendungen. Freud hat wahrscheinlich nur die hypnotische Faszinationsmethode angewendet, die er von Charcot übernommen hatte. Freud hatte mit dieser Form der Hypnoseanwendungen Schwierigkeiten. Es gelang ihm nur in begrenztem Umfang, einen Teil seiner Patienten in einen hypnotischen Zustand zu führen. Er selber hielt sich nicht gerade für einen Meister in Hypnose. Er ging davon aus, daß es bei der Hypnose wichtig sei, Macht über den Hypnotisanden zu haben, um ihn beeinflussen zu können. Zwar konnte sein Freund Breuer bereits mit Hypnose seine Patientin Anna O. erfolgreich behandeln, aber vieles dieser Heilung blieb für Freud im dunkeln. Freud wollte keine Heilung aus unerklärlichen Gründen, er wollte Heilung aus Einsicht.

Außerdem begegnete Freud dem Phänomen, daß sich selbst in Hypnose befindliche Patienten seinen Suggestionen widersetzten und nicht auf ihn hörten. Wenn wir aus heutiger Sicht Freuds Methode der Hypnose einer Analyse unterziehen, so wird verständlich, daß seine autoritäre Form viel Widerstand auf sich zog und nur eine begrenzte Zahl seiner Patienten erreichte. Zwar registrierte Freud auch Beispiele, in denen die autoritäre Form der Hypnose sogar dauerhafte Erfolge brachte, die Bedingungen eines so günstigen Verlaufes blieben für ihn allerdings unerklärbar. Ende des 19. Jahrhunderts gab Freud die Hypnose auf. Erst viele Jahre später erwachte bei Freud ein neues Interesse an hypnotischen Phänomenen. Zusammenfassend läßt sich Freuds Kritik an der Hypnose als Therapieform folgendermaßen beschreiben:

- Hypnose wirkt nicht kausal, sondern nur symptombezogen.
- Nicht jeder kann hypnotisiert werden.
- Selbst in Hypnose macht der Patient nicht alles, was der Therapeut suggeriert.
- Hypnose kann abhängig machen.
- Hypnose verhindert Einsicht.

(Heute wissen wir: Hypnose kann sehr wohl kausal wirken und Einsicht in tiefste Zusammenhänge schaffen. Hypnose macht nicht mehr abhängig als andere Therapieverfahren auch. Fast jeder ist mit den modernen hypnotischen Induktionsformen ansprechbar. Entwickelt der Patient in Trance Widerstand gegen die Anregungen des Hypnotherapeuten, so ist das nicht das Problem des Patienten, sondern des Therapeuten, der zu direktiv ist.)

Freuds Abkehr von der Hypnose hatte eine starke Auswirkung, so daß die Hypnose als Therapie- und Heilkunst fast völlig in Vergessenheit geriet. Zwar wurde in der ersten Hälfte des 20. Jahrhunderts an verschiedenen Universitäten weiter über Hypnose geforscht (Hull in den USA und Pawlow in der Sowjetunion), doch blieb der Einfluß dieser Forschungen gering. Pawlow nahm in den zwanziger Jahren dieses Jahrhunderts an, daß Hypnose ein partieller Schlaf sei, der durch konditionierte neurologische Hemmungsprozesse zustandekomme.

## Die neue Hypnose des Milton H. Erickson

Eine grundlegende Änderung zeichnete sich erst ein halbes Jahrhundert später ab. Seit den siebziger Jahren hat sich, dank der

Arbeiten von Milton H. Erickson, einem amerikanischen Arzt skandinavischer Herkunft, eine völlig neue Art hypnotischen Denkens etabliert und Einzug in die moderne Psychotherapie gehalten. Im Gegensatz zu den eher autoritären Hypnoseformen früherer Jahre, in dem einfach das Symptom wegsuggeriert wurde (ohne auf systemische Aspekte zu achten), orientiert sich die moderne Hypnotherapie an der Einzigartigkeit des Patienten und seiner Lebensumstände. Die Trancephänomene werden mehr naturalistisch, oft sogar beiläufig in einem Klima der Permissivität, erzeugt. Unbewußte körperliche Regungen und Denkprozesse werden ermuntert, sich zu äußern und zu entfalten. Es wird angenommen, daß das Unbewußte des Patienten eine Art tiefe Intelligenz verkörpert, das über die Probleme, Konflikte und Schwierigkeiten des Patienten besser Bescheid weiß, als sein Bewußtsein.

Wer war dieser Milton H. Erickson, von dem viele sagen, er sei der kreativste Therapeut des 20. Jahrhunderts gewesen?

Erickson wurde 1901 in Aurum in der Sierra Nevada geboren. Er war von Geburt an farbenblind, konnte bis zu seinem vierten Lebensjahr nicht sprechen und erkrankte früh an Kinderlähmung. Er hatte Mühe mit der Koordination seiner Muskelbewegungen und mußte auf Krücken gehen, um zur Universität zu kommen, wo er Medizin studierte. Außerdem litt er an progressivem Muskelschwund, hatte große Schmerzen und erlebte Zeiten völliger Invalidität. Er wurde bereits von Medizinern, die seinen Eltern sagten, daß er die nächste Nacht nicht überleben werde, aufgegeben und mobilisierte derart viel Lebensenergie, daß er die Mediziner Lügen strafte. Körperlich war er schwach und konnte aufgrund muskulärer Lähmungen im Mundbereich im fortgeschrittenen Alter auch nur undeutlich sprechen. In späteren Jahren benötigte er einen Rollstuhl, begann doppelt zu sehen und litt an Gicht.

Seine Leiden waren der Motor seiner unglaublichen Leistungen. Er behandelte sich selber mit von ihm entwickelten Formen von Hypnose und linderte so seine Schmerzen. Er war ein Genie im Beobachten anderer Menschen. Er konnte am College seine Lehrer non- verbal derart beeinflussen, daß er sie zum Gähnen und Stottern brachte. Er machte auf diese Weise seine „Sozialexperimente“, deren Ergebnisse später in seine therapeutische Arbeit einflossen. Erickson war ein Pragmatiker, für ihn war alles wertvoll, was seinen Patienten half. Er war Facharzt für Psychiatrie und Professor für klinische Hypnose an der Universität Michigan. Er entwickelte Methoden für seine Arbeit, die es ihm ermöglichten, direkt aus seinem Unterbewußtsein heraus Ideen zu entwickeln und aufzuschreiben. Beispielsweise stellte er sich abends den Wecker, so daß er nachts klingelte, stand auf, schrieb ganze Leitartikel für Fachzeitschriften, ging wieder ins Bett und wunderte sich am nächsten Morgen, daß er unter seiner Schreibmaschine einige getippte Seiten fand. Wann immer es möglich war, schrieb er seine Artikel auf diese Art und Weise. Viele seiner Kollegen hielten ihn wegen seiner Fähigkeiten für einen Magier – Erickson jedoch hatte immer plausible Erklärungen für die von ihm hervorgerufenen Phänomene parat. Seine Gedanken fanden Niederschlag in der systemischen Familientherapie, dem Neurolinguistischen Programmieren (NLP) und natürlich der klinischen Hypnose.

Erickson induzierte Trancezustände praktisch in allen Lebenssituationen, in gefüllten Hörsälen, in seinem Therapiezimmer, dort, wo auch seine acht Kinder ständig herumliefen, im Krankenhaus usw. Er benutzte zur Induzierung der Trancen alles, was brauchbar war. Er arbeitete mit Märchen, Provokationen, Briefen, Hausaufgaben, mit vorgespielter Dummheit, dem Reden von Unsinn, Überraschungseffekten und auch mit direkten Befehlen. Jedes Mittel, das half, war geeignet. Er starb 1980.

Erickson betrachtete das Unbewußte als ein Sammelbecken unendlicher Ressourcen, im Gegensatz zu Freud, für den es ein Speicher voll von verdrängtem Material war. Für ihn war das Unbewußte eine Kraft, in der Wissen und Weisheit beheimatet ist. Erickson bestand darauf, daß der bewußte Verstand das Unbewußte nicht kontrollieren könne. Die größte Schwierigkeit beispielsweise beim Erlernen der Selbsthypnose sah er in dem Wunsch des bewußten Verstandes, Kontrolle auszuüben. Erickson öffnete mit seinen unglaublich vielen Ideen schnell die verschlossensten Pforten des Unbewußten seiner Patienten und kommunizierte dann mit unbewußten Teilen seines Gegenübers. Die bewußten Problemschilderungen seiner Patienten ignorierte er oft, statt dessen wandte er sich den unbewußten Äußerungsformen zu. Erickson begriff sich als Atheoretiker und lehnte infolgedessen Persönlichkeitstheorien ab. Für ihn war in seinen Therapien all das brauchbar und sinnvoll, was

Veränderungen im Patienten bewirken konnte. Gerade diese theorielose Haltung ermöglichte es ihm, eine schier unwahrscheinliche Flexibilität im Umgang mit seinen Patienten zu entwickeln. Erickson setzte selbst seine eigenen Kinder für therapeutische Zwecke ein, wenn er es für nützlich hielt. Für ihn war jedes Individuum einzigartig und sollte nicht in ein starres Theoriegerüst gepreßt werden. Zwar interessierte er sich auch für Diagnostik, sein Hauptaugenmerk allerdings lag auf der ständigen Suche nach Veränderungsenergie. Interessanterweise ist es niemandem gelungen, Erickson selbst in Trance zu versetzen. Mit seinen unkonventionellen Ansichten und Methoden und seinem enormen Erfolg machte sich Erickson nicht nur Freunde – er zog den Neid so mancher Fachkollegen auf sich. Die Verfolgung ging schließlich so weit, daß die American Medical Assoziation (AMA), der Berufsverband der amerikanischen Ärzte, ihm die Approbation entziehen wollte, was allerding nicht gelang.

Ericksons Umgang mit auftretendem Widerstand seitens seiner Patienten war außergewöhnlich. Er erarbeitete sich im Laufe der Zeit verschiedene Suggestionsformen (er schrieb seine Suggestionen oft auf, überarbeitete sie, entfernte Nutzloses, schliff und feilte herum, bis er die richtigen hatte), die es ihm oft ermöglichten, gleich mit dem Unbewußten des Patienten in Kontakt treten zu können. Was würde wohl in Ihrem Kopf geschehen, wenn Sie folgenden Satz zu hören bekämen:

> „Sie können stehen oder sich setzen. Sie können auf diesem Stuhl sitzen oder auf einem anderen. Sie können durch diese Türe hinausgehen oder durch jene. Sie können wieder zu mir kommen oder sich weigern, mich zu sehen. Es kann Ihnen besser gehen oder schlechter. Sie können die Therapie akzeptieren oder ablehnen. Oder Sie können in Trance gehen, um herauszufinden, was Sie wollen“ (Rossi 1996).

Aufkeimenden Widerstand im Patienten benutzte Erickson so, als wäre er ein Aikido-Kämpfer. Er nutzte die scheinbar „destruktive“ Energie seines Gegenübers, und machte sie brauchbar, um dem Patienten bei seinem Problem zu helfen. Er kehrte das Vorzeichen dieser Energie einfach um. Sinnbild dieses Umgangs mit Widerstand ist folgende Geschichte über den kleinen Erickson:

*An einem Wintertag führte der Vater von Erickson ein Kalb aus seinem Stall zum Wassertrog. Nachdem das Kalb seinen Durst gestillt hatte, führte es der Vater wieder zurück zum Stall. Das Tier weigerte sich aber, in den Stall zu gehen. Der Vater zog am Kalb, aber je stärker er zog, desto mehr bockte es. Der kleine Milton sah dieser Szene interessiert zu und beschloß, seinem Vater zu helfen. Er ging zu dem Kalb, während sein Vater noch versuchte, es in den Stall zu bekommen und begann, mit geringerer Kraft, das Kalb wieder auf die Weide zu ziehen. Vater und Sohn zogen also mit unterschiedlichen Kräften entgegengesetzt am Kalb. Das Kalb war in einer aussichtslosen Lage und „beschloß", der geringeren Kraft Widerstand entgegenzusetzen und zog den kleinen Erickson schließlich mit in den Stall hinein.*

Er war ein Meister der parallelen Kommunikation, seine Andeutungen waren – auch in Alltagsgesprächen – mehrdeutig, er fesselte seine Zuhörer mit Analogien und führte sie, fast zauberhaft, in Trance hinein.

Trotz der jahrtausende alten Erfahrungen mit Hypnose und den vielen wissenschaftlichen Experimenten innerhalb der letzten hundert Jahre, bleibt die Hypnose weiterhin ein Mysterium. Hypnotische Phänomene lassen sich zwar meist recht gut beschreiben, dennoch gibt es zur Zeit keine allgemeingültige Definition, was denn nun Hypnose genau ist.

Zusammenfassend läßt sich sagen, daß die Erklärungsmodelle hypnotischer Phänomene sich in den letzten 200 Jahren geändert haben.

Während bis ins 18. Jahrhundert hinein noch von dämonischen oder göttlichen Kräften die Rede war, änderte sich diese Sichtweise spätestens durch Mesmer, der nun von einem Fluidum sprach und naturwissenschaftliche Erklärungen heranzog. Später postulierte Marquis de Puységur als Wirkungsfaktor hypnotischer Einflußnahme das Wollen das Magnetiseurs und war damit schon relativ nahe am Erklärungsmodell der Suggestion, das von Bernheim Ende des 19. Jahrhunderts ausgearbeitet wurde. Auch heute noch dient uns dieses Modell als gutes Hilfsmittel, um hypnotische Phänomene erklären zu können.

# 2.
# Allgemeines

## Die drei Grundzustände der Psyche

Es gibt drei Grundzustände unseres Bewußtseins:
- den Zustand der Wachheit,
- die Trance,
- den Schlaf.

Der Trancezustand ist weder Wach- noch Schlafzustand, sondern ein eigener. Man kann ihn in subjektive und objektive Faktoren untergliedern.

Subjektive Faktoren sind zum Beispiel das Gefühl der Leichtigkeit, der Schwere, das Kribbeln der Haut, Schwebeempfindungen und Dissoziationserlebnisse (das sind Erlebnisse, in denen der Hypnotisierte davon berichtet, an einem anderen Ort zu sein).

Objektive Faktoren sind zum Beispiel: entspannte Muskulatur, ruhige Atmung, offener Mund, glatte Gesichtsmuskulatur (besonders beeindruckend bei älteren Menschen, die dann wesentlich jünger aussehen), Speichelansammlung im Mund, peristaltische Geräusche, bestimmte Gehirnwellenmuster, stärkere Durchblutung bestimmter Hirnregionen u.v.m.

Wie aus Abbildung 1 (S. 29) ersichtlich ist, kann der Trancezustand in drei unterschiedliche Gehirnwellenmusterzustände aufgeteilt werden:

### *Alpha-Zustand*
Das Gehirn zeigt hier eine Aktivität von durchschnittlich 8-13 Hz. Der Zustand ist durch eine erhöhte Aufnahmebereitschaft neuer Informationen, Fakten und Daten gekennzeichnet. Visualisierungen sind leicht möglich, der Hypnotisierte ist ansprechbar, angenehm entspannt, und er kann sich seiner Umwelt problemlos mitteilen.

### *Theta-Zustand*
Das Gehirnwellenmuster zeigt eine Frequenz von durchschnittlich 4-8 Hz. Der Hypnotisierte befindet sich in einer tiefen Trance und ist

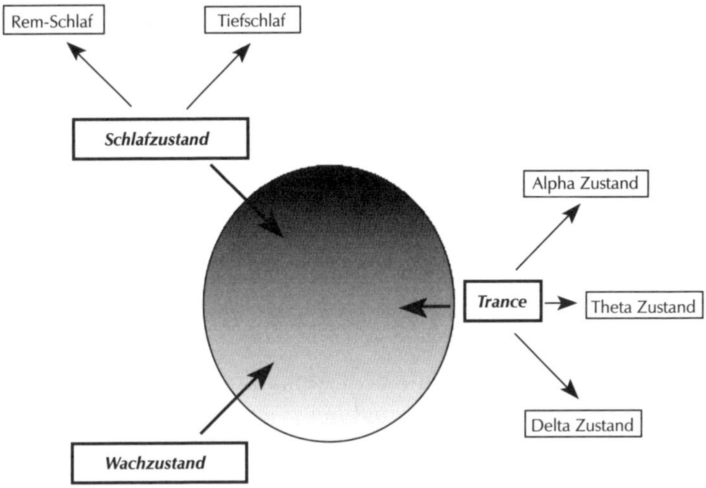


***Abbildung 1:*** **Die drei Grundzustände der Psyche**

oft nur mühsam ansprechbar. Theta-Zustände kommen bei Erwachsenen nur selten spontan vor, hauptsächlich kurz vor der Einschlafphase. Man hat festgestellt, daß kleine Kinder sich vermehrt in einem Theta-Zustand befinden, in dem das Gehirn extrem aufnahmefähig ist. Alle Türen des Gehirn stehen, bildhaft gesprochen, offen, die Kritikfähigkeit ist extrem herabgesetzt. Tiefe Trancezustände korrespondieren oft mit Thetamustern und spontanen Regressionen. Der Klient sinkt in Kindheitserlebnisse, die er schon lange „vergessen zu haben“ glaubt. Manche Hypnoseforscher glauben, daß viele unsere Kindheitserlebnisse im Theta-Zustand gespeichert sind und durch tiefe Trance reaktiviert werden können. Man spricht in diesem Zusammenhang von zustandsgebundenen Erfahrungen.

### Delta-Zustand

Hier zeigt das Gehirnwellenmuster eine Frequenz unter 4 Hz an. Delta-Zustände werden während tiefster Meditation oder auch in tiefen Schlafphasen gemessen. Man vermutet, daß unser Immunsystem wie mit Hilfe einer Batterie, durch diesen Zustand „aufgeladen“ wird. In diesem Zustand wird eine hohe Zahl von Wachstumshormonen ausgeschüttet.

Sprechen wir von Wachbewußtsein, so meinen wir Zustände, die mit einer Gehirnaktivität von 14-18 Hz einhergehen. Man nennt diesen Zustand auch ***Beta-Zustand***.

Die Trancezustände werden in manchen Büchern auch folgendermaßen eingeteilt:

- *leichte Trance,*
- *mittlere Trance,*
- *tiefe Trance und*
- *somnambulistische Trance.*

Die leichte Trance entspricht einem Alpha-Zustand, mittlere bis tiefe Trancen zeigen Theta-Muster, und bei somnambulistischen Trancen werden noch niederfrequentere Gehirnwellenmuster registriert.

Der Übergang zwischen Wachheit, Entspannung und Trance ist ein fließender. Um zu verdeutlichen, wie Entspannungs- und Trancekennzeichen ineinander übergehen, schauen Sie sich bitte folgende Abbildung an:

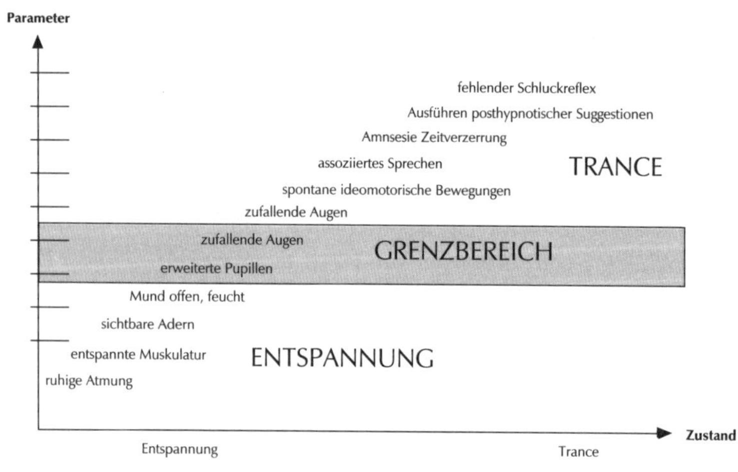


***Abbildung 2:*** **Entspannungs- und Tranceparameter**

Sie sehen unter Entspannungszustand körperliche Kennzeichen wie ruhige Atmung, offen liegende Adern und einen leicht geöffneten Mund. Im Grenzbereich ist von erweiterten Pupillen (bei offenen Augen, die nicht in eine Lichtquelle schauen) und zufallenden Augen die Rede. Fallen die Augenlider bei einem entspannten Menschen zu, so ist die Wahrscheinlichkeit erhöht, daß er, bei entsprechenden Suggestionen, in Trance gleitet. Assoziiertes Sprechen bedeutet zum Beispiel, daß der Hypnotisierte sich subjektiv an einem anderen Ort wähnt, wie zum Beispiel am Meer, und dann *in der ersten Person* von seinen Empfindungen und Wahrnehmungen spricht (oder manchmal auch nicht sprechen kann). Er spricht also so, als wäre er *wirklich* am Meer, er riecht die Salzluft, spürt den Sand oder die Steine unter seinen Füßen und sieht die Farbe des Wassers. Das ist auch einer der Gründe, warum es in Trance oft zu heftigen oder seltsamen Gefühlsäußerungen kommt. Einer meiner Klienten beispielsweise rutschte in tiefer Trance in ein traumatisches Erlebnis. Er wurde leichenblaß, seine Gesicht verzog sich, der Körper erstarrte, so, als wäre er tiefgefroren. Ich bat ihn, mir zu sagen, was geschieht, aber er schüttelte nur zaghaft den Kopf. Ich wiederholte meine Bitte mehrmals, bekam aber immer wieder nur dieses Kopfschütteln als Antwort. Erst nach der Trance konnte er mir berichten, was er erlebt hatte. Er wurde als 14jähriger von seinem etwa 50jährigen Fußballtrainer in einem Nebenraum der Sporthalle mehrmals oral sexuell mißbraucht. Er war steif und starr vor Angst und konnte nichts sagen und auch nicht weglaufen. Er sagte, daß er das alles gerade erlebt hatte, am liebsten vom Stuhl aufgesprungen und rausgelaufen wäre, aber sich nicht bewegen konnte. Er konnte noch nicht einmal sprechen. Er erlebte alles so real wie damals.

Manche Hypnotherapeuten bezeichnen den *fehlenden Schluckreflex* als eines der sichersten, äußerlichen Kennzeichen einer tiefen Trance. Der Hypnotisierte, der auf einem Stuhl sitzt, während sein Kopf nach vorne gebeugt ist, verliert Speichel aus seinem Mund, der offen steht. Der Speichel tropft unkontrolliert auf sein Hemd oder den Pullover. Beobachten Sie diese unwillkürlichen Reaktionen bei Ihrem Klienten, so können Sie fast sicher sein, daß er sich in einer tiefen Trance befindet. Liegt Ihr Klient, so sammelt sich der Speichel im Mund zu einem kleinen See. Irgendwann setzt dann automatisch der Schluckreflex ein und der Klient wird kurzzeitig ein wenig wacher.

Während zahnärztlicher Hypnosen wird oft der Speichel abgesaugt, so daß hier seltener reflektorische Schluckbewegungen auftauchen. Deutlich können Sie oft ein unkontrolliertes Körperzucken bei sich in Trance befindlichen Menschen sehen. Fast jeder kennt dieses *Körperzucken* direkt vor dem Einschlafen. Man erschrickt kurz, hat das Gefühl, daß man einen kleinen elektrischen Schlag bekommen hat und sinkt in Schlaf. Manchmal können Sie seltsame Körperbewegungen bei Hypnotisierten beobachten. Da steigen schon mal spontan Arme in die Luft, der Kopf dreht sich merkwürdig zur Seite, oder der ganze Körper bewegt sich. Das sind sogenannte spontane *ideomotorische Bewegungen*, deren Ursache oft im dunkeln bleibt. In tiefer Trance nimmt der Hypnotisierte unkontrolliert *Suggestionen* an. Sie erzeugen als Hypnotiseur suggestive Bilder, die der Hypnotisierte als *wirklich* betrachtet. Man spricht in diesem Fall von *positiven Halluzinationen*. Wenn sie suggestiv Teile der Wahrnehmung ausblenden, so spricht man von *negativen Halluzinationen*. Auch das wird der tief Hypnotisierte als wirklich betrachten. In einigen Fällen tiefer Trance tritt eine *spontane, totale Amnesie* auf. Der Hypnotisierte kann sich nicht daran erinnern, was in der Trance geschah. Erzählen Sie ihm dann, was er in Trance zu Ihnen vielleicht gesagt hat, wird er erstaunt sein und es Ihnen möglicherweise gar nicht recht glauben.

## Zugang zu Trancezuständen

Wie aus Abbildung 3 (S. 33) ersichtlich ist, gibt es verschiedene Möglichkeiten, einen Zugang zur Trance zu entwickeln. Die Induzierung einer Trance mittels einer Hypnose ist nur ein Weg. Trancezustände entwickeln sich auch bei verschiedenen religiösen Ritualen, beim Meditieren, beim Sex oder auch bei starker körperlicher Anstrengung. Starke Angst kann ebenfalls in einen Trancezustand münden, man spricht in diesem Zusammenhang von einer Problemtrance. Wenn Sie Angstzustände kennen, in denen Sie wie gelähmt waren, waren Sie in einer Dystrance.

Auch Reizentzug (Deprivation) führt zu Trancezuständen und halluzinatorischem Erleben. Einige Therapeuten arbeiten mit sogenannten Isolationstanks. Das sind tonnenähnliche Räume, die mit ein wenig körperwarmer Salzlösung gefüllt sind und in die sich der Klient

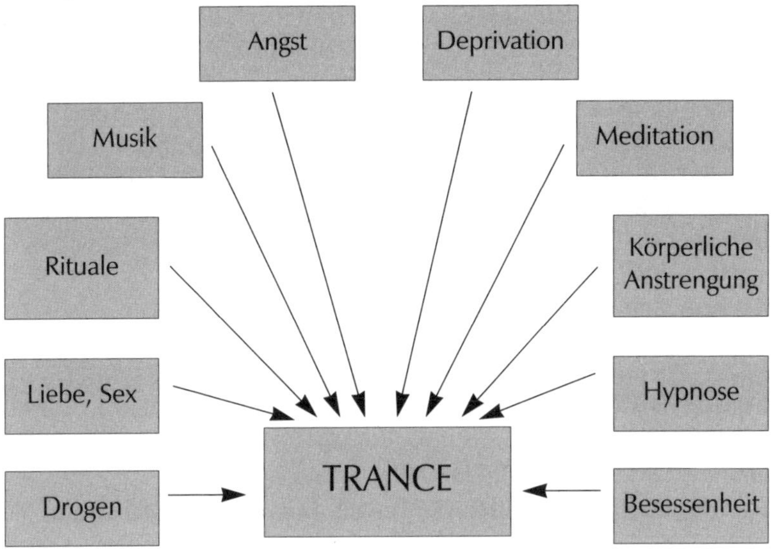


***Abbildung 3:* Verschiedene Zugänge zu Trancezuständen**

hineinlegt. Dann wird die Tür verschlossen. Es wird stockdunkel und ganz still. Es dauert nicht lange, bis der Klient akustische und optische Halluzinationen entwickelt, die in die weitere therapeutische Arbeit einfließen.

Nach der Bergwerkskatastrophe von Lengede 1963 wurden die geretteten Bergleute befragt, wie sie die 14 Tage in 55 Meter Tiefe im Stockdunkeln erlebten. Die meisten der 11 Geretteten berichteten von Sinnestäuschungen, wie seltsamen Farberlebnissen oder anderen Vorspiegelungen. Drei erlebten echte Halluzinationen, sie konnten das Fantasierte von der Realität nicht mehr unterscheiden, einer sah zum Beispiel grüne Wiesen, auf denen Kühe grasten, fremde Menschen, Apfelbäume, Palmen usw.

## Klassische und moderne Formen der Hypnose

Wir unterscheiden zwischen der klassischen Hypnose, die hauptsächlich mit direkten Suggestionen arbeitet und in der atmosphärischen

Auslegung eher streng, manchmal autoritär ist, und den modernen Hypnosetechniken, die mit beiläufigen, oft gar nicht bewußt registrierbaren Suggestionen arbeiten. Je nach Klient und Umgebung werden diese unterschiedlichen Formen angewandt. Im zahnärztlichen Bereich werden meiner Einschätzung nach häufiger die direktiven und klassischen Formen der Hypnose angewandt, während heutzutage im therapeutischen Bereich häufiger die indirekten Methoden zu finden sind.

**Kennzeichen klassischer Hypnose sind:**

| klassische Hypnose |
|---|
| tiefe Stimme<br>direkte Aufforderungen<br>hypnotische Hilfsmittel wie: Pendel, Farbtafeln, Kristallkugel, Endlosspirale, Taschenlampe usw.<br>starrer hypnotischer Blick<br>inhaltliche Wiederholungen<br>Befehle,<br>direkte posthypnotische Anweisungen<br>faszinierende Atmosphäre |

**Kennzeichen moderner Hypnose sind:**

| moderne Hypnose |
|---|
| partnerschaftliches, freundliches Gespräch<br>indirekte Aufforderungen<br>Einfließenlassen von Bildern, Metaphern und Symbolen<br>permissive Atmosphäre<br>Utilisation, das bedeutet die Einbeziehung von speziellen Fähigkeiten des Klienten in die Trance<br>sanfte Stimme<br>Pacing und Leading<br>indirekte posthypnotische Suggestionen |

Beide Methoden unterscheiden sich meines Erachtens *nicht* in ihrer Wirksamkeit. Sie haben sowohl ihre spezifischen Stärken, als auch ihre Schwächen. Die entscheidende Frage ist die, welche Induktionsmethode für den Klienten, der Hilfe sucht, die geeignete ist. Hat der Klient beispielsweise ein festgeformtes Bild von Hypnose im Kopf, daß Hypnose immer etwas mit Geheimnisvollem, Zauber und starrem Blick zu tun hat, so kann es durchaus sinnvoll sein, ihn gleich mit seinen eigenen Erwartungen in Trance fallen zu lassen. Es ist meist geschickter, das Denkmuster des Klienten zu benutzen, mit dem er dem Therapeuten gegenübertritt, als ihm seine „falschen" Vorstellungen auszureden. Der Klient wird früher oder später ganz von selber merken, daß es durchaus noch viele andere Methoden der Tranceeinleitung und -arbeit gibt. Führen Sie mit Ihren Klienten, die eine vorgeformte Meinung über Hypnose haben, keine Fachdiskussion, Sie ziehen hier meist den kürzeren. Das Bild, das viele Menschen von Hypnose über die Medien vermittelt bekommen, können Sie nicht in ein paar Minuten gut gemeinter Aufklärung revidieren. Empfehlen Sie statt dessen lieber ein gutes Buch, in dem der Klient über Hypnose nachlesen kann.

Wollen Sie mit Hypnose schwerpunktmäßig arbeiten, so befassen Sie sich gleichermaßen mit den klassischen und modernen Formen. Je flexibler Sie Ihrem Klienten gegenübertreten können, desto hilfreicher können Sie sein. Ich selber kann einige Beispiele auflisten, in denen ich bereits während der ersten Kontaktaufnahme mit bestimmten Klienten, die eine klassische Hypnose erwarteten, tiefe Trancen erzeugen konnte. Hätte ich erst mit Ihnen diskutiert, und Sie über die „richtige" Hypnose aufgeklärt, wäre viel von dem aktuellen, emotionalen Erwartungsstrom versickert. Dann wird es oft zäh und anstrengend.

Das herausragendste Kennzeichen moderner oder auch Ericksonscher Hypnose ist die *Utilisation.* Utilisation bedeutet wörtlich, etwas nutzbar zu machen. Nur was? Da die moderne Hypnotherapie von der Prämisse ausgeht, daß es in jedem von uns eine Unzahl potentieller Ressourcen gibt, von denen uns die meisten wahrscheinlich gar nicht bewußt sind, liegt es nahe, die Ressourcen zu suchen und sie nutzbar zu machen. Der Hypnotherapeut ist hier wie ein optimistischer Bergarbeiter. Er fängt an, in die Tiefe zu fahren, ohne daß er genau weiß, auf was er stößt. Er hat aber ein Auge für wertvolle Mineralien oder Bodenstoffe, die er gleich erkennt und nach oben befördert. Dann werden die „Schätze aus der Tiefe“ utilisiert, also für das praktische Leben nutzbar gemacht. Die Schätze aus der Tiefe der Psyche des Klienten sind manchmal so skurril, daß es unwahrscheinlich klingt, sie überhaupt nutzbar machen zu können.

So behandelte Erickson einmal ein 16jähriges Mädchen, das von seinen Eltern zu ihm geschickt wurde, weil es exzessiv am Daumen lutschte. Hier förderte Erickson die Ressource des Mädchens zu Tage, andere Menschen, wie zum Beispiel Vater und Mutter mit dem Daumenlutschen gehörig ärgern zu können (andere ärgern zu können wird hier als Fähigkeit definiert). Erickson lobte das Mädchen und animierte es, seine Fähigkeiten auch in seinem sozialen Umfeld auszuleben und alle mit dem Daumenlutschen zu ärgern, die den Ärger auch verdient hätten. So setzte das Mädchen seine neu gewonnene, nun bewußte Fähigkeit des Ärgernkönnens anderer ein, in dem es genüßlich am Daumen lutschte. Geschickterweise ließ Erickson sich von den Eltern des Mädchens das Versprechen geben, sich nicht in seine exotische Arbeit als Nervenarzt einzumischen, sonst hätten vermutlich die Eltern hier bereits die Therapie abgebrochen. Da jeder Reiz einmal ausgereizt ist, fand das Mädchen seine neu gewonnene Fähigkeit, Ärgern mit Daumenlutschen, bald uninteressant. In weniger als vier Wochen hatte sie ihr Daumenlutschen aufgegeben (Rossi 1995).

## Das Gerüst der Hypnose

### ➤ Die Leerhypnose

Eine Leerhypnose dient lediglich der Entspannung und ist nicht intern zielorientiert. Es werden also keine hypnotischen Motive induziert, die mit den Problemen des Klienten zu tun haben. Statt dessen wird der Klient mit sehr vagen und kunstvoll präsentierten Begriffen, Paraphrasen und Umschreibungen in eine Trance begleitet. Das absichtlich unspezifische Sprechen dient der Entfaltung eines möglichst großen Assoziationsraumes. Leerhypnotische Phrasen sind oft so konzipiert, daß sie jeden Zuhörer ansprechen können. Man kann sich ihnen, gerade deshalb, weil sie so allgemein formuliert sind, *nicht* entziehen. Leerhypnosen sind gute Erfahrungen für Klienten am

Anfang einer Therapie. Sie können sehr tief werden und werden meist als angenehm erlebt, so daß hier auch der eher kritische Klient schnell eine positive Erfahrung mit Hypnose machen kann. Zur Veranschaulichung hier ein kleiner, leerhypnotischer Beispieltext:

> „... und wie immer sich die Dinge gestalten, sei es, daß die Augen Erfahrungen auf ihre Weise machen, ... sei es, daß die Ohren hören, was zu hören ist, ... oder Empfindungen von Schwere oder Leichtigkeit registrierbar werden, ... und die Übergänge in der gegenwärtig erlebten Zeit, im Moment der Bewußtwerdung sich darstellen als Bekanntes, halb Bekanntes oder Unbekanntes, ... Formen sich als Muster, Geräusche sich als Klänge, Empfindungen sich als fühlbar erweisen, ... und das Geschehen im Augenblick zerronnener Momente als fließende Zeit sich erweist, ... Wechsel sich aufspannender, innerer Eindrücke, vielleicht Bilder, die verblassen, um neuen Bildern Platz zu machen, ... vielleicht Ruhe, die sich als ausbreitende Entspannung im Rhythmus traumähnlicher Gewahrsamkeit andeutet, ... um möglicherweise tiefer und tiefer gleiten zu können, ohne wissen zu müssen, wie angenehm sich die weiteren bekannten oder unbekannten Erinnerungen anfühlen werden, ... in der Gewißheit fortlaufender Zeit des Inneren, ... und einfach alles geschehen lassen, was aus sich selber heraus geschieht, ohne denken zu müssen, ... sich ausbreitende Entrückung des Bekannten, ... beginnende Versenkung, ... Träume, ... Ruhe, ... Muße ... ."

Lesen Sie diesen Text sehr langsam und mit ruhiger Stimmlage einem Zuhörer vor. Ist Ihr Zuhörer gerade nicht mit wichtigen Dingen beschäftigt, und offen für eine neue, kleine Erfahrung, so kann es Ihnen passieren, daß Sie ihn durch diesen kleinen Text bereits in eine prähypnoide Erfahrung führen können. Dieser Beispieltext ist derart allgemein gehalten, daß er praktisch keinen Widerstand im Zuhörer mobilisieren kann. Eine widerstandsfreie Atmosphäre ist das beste Klima, in dem sich eine Trance entwickeln kann.

### ➤ Die hypnotische Zielvorgabe

Die Frage, was mit einer therapeutischen Hypnose erreicht werden soll, ist nicht so trivial, wie sie klingt. Der Klient, der mit einem Problem zum Therapeuten kommt, kann meist, wenn wir ihn danach fragen, sein Problem benennen. Doch wie sieht es aus, wenn man *in Trance* den Klienten über seine Probleme befragt? Und hier haben wir es in der Tat oft mit ganz anderen Einschätzungen zu tun, als sie im bewußten Problem-Lösungszusammenhang sichtbar wären. Ein Klient kam zu mir und sagte, er wolle sich das Rauchen abgewöhnen und es mittels Hypnose versuchen. Er hatte schon vorher alles mögliche versucht, von homöopathischen Mitteln über Nikotinpflaster, Akupunktur und Kassetten. Er hatte etwas in der Zeitung über Hypnose gelesen und dachte, das sei nun seine „letzte Chance“. Der Klient sagte, daß er etwa 60 Zigaretten am Tag rauchen würde. Er gehörte also zu den süchtigen Rauchern (im Gegensatz zu den habituellen). Er stand gleichzeitig unter großem medizinischen Druck, sein Arzt meinte, daß er sofort mit dem Rauchen aufhören müsse, ansonsten bestehe akute Gefahr, daß er sein rechtes Bein verliere, welches kaum noch mit Blut versorgt werde. Ich sagte ihm, daß es doch bestimmt einmal interessant sei, was sein Unbewußtes über seine Raucherei zu sagen habe. Der suggestible Klient stimmte dem zu und ich führte ihn gleich in eine leichte Trance mit der Bitte an sein Unbewußtes, es möge doch die wirklich wichtigen Ursachen des Rauchens aufzeigen. Der Klient bekam feuchte Augen und berichtete, daß er sich in der Schule sehe und seine Mitschüler ihn ärgerten und hänselten, weil er einen kleinen Sprachfehler hatte, er lispelte. Ich fragte sein Unbewußtes, ob das mit seiner Raucherei in Zusammenhang stehen würde und bekam ein „Ja“ zu Antwort. Der Klient sah sich als 15jährigen Jungen, wie er mit dem Rauchen anfing. Er sah sich mit einer Zigarette im Mund als Riesen mit Bart, je kleiner allerdings die Zigarette wurde, desto mehr schrumpfe er, bis er schließlich ein häßlicher Zwerg war. Das Ziel der weiteren hypnotischen Arbeit war die Auseinandersetzung mit seiner Minderwertigkeit, die er wegen seines Sprachfehlers erlebte. Das Rauchen wurde zum sekundären Problem. Hier also stand das Rauchen in Verbindung mit tieferliegenden Problemen des Klienten. Hätte ich diese Ursachen ignoriert, und versucht, das Rauchen einfach wegzusuggerieren, so wäre ich dem tieferen Anliegen dieses Klienten meines Erachtens nicht gerecht geworden. Es hätte vermutlich nicht geholfen.

Die Zielvorgabe für die hypnotische Arbeit sollte bei komplexeren Problemen auch die Einschätzung der unbewußten Persönlichkeitskomponenten des Klienten berücksichtigen, um ihm umfassend gerecht werden zu können (siehe auch das Kapitel über Ideomotorik).

### ➤ Die sprachliche Begleitung in der Trance

Der Assoziationstrom während einer Trance ist von Klient zu Klient unterschiedlich. Es gibt Klienten, die einen starken Assoziationsstrom entwickeln. Sie folgen schnell den bildhaften Angeboten, schweifen aber auch schnell wieder ab, wenn die Sprechpausen zu lange werden. Es ist sinnvoll, diesen Klienten immer wieder die wichtigen, hypnotischen Bilder vor Augen zu halten, sie aufzufrischen, um zu verhindern, daß sie sich „bildhaft" verzetteln. Der Klient muß sozusagen immer wieder durch bestimmte Worte oder andere Anker daran erinnert werden, in seinem hypnotischen Rahmen zu bleiben.

Andere Klienten folgen dem angebotenen Material direkter. Sie bewegen sich sozusagen auf einer geradlinigen Motivspur. Hier ist es möglich, auch längere Sprechpausen zu machen, ohne daß der Klient abschweift und sich in seinen Fantasien verliert. Sie können so einem Klienten durchaus sagen, daß er in der nächsten Zeit bei dem Thema »X« bleiben soll und sich alle wichtigen Facetten dieses Themas zeigen lassen soll. Die Sprechpausen können hier durchaus 20 Minuten und mehr betragen. Wenn Sie schon Erfahrung mit induzierten Trancezuständen haben, so können Sie sich hier an das Atemmuster Ihres Klienten angleichen, sich ähnlich wie er hinsetzen und über diese Angleichung in einen ähnlichen Zustand wie Ihr Klient gelangen.

### ➤ Hypnose im Alltag

Hypnotische Zustände im Alltag kommen häufig vor. Hier spricht man von Alltagstrancen. Sie lesen vielleicht gerade ein spannendes Buch, stocken an einer Stelle, haben kurze, traumähnliche Gedanken und lesen dann weiter. Diese Ultrakurzabweichung ist nichts anderes als ein natürlicher Trancezustand, den Sie vermutlich so nicht definieren, weil er Ihnen gar nicht auffällt. Sie gehen so am Tag wahrscheinlich sehr oft in Trance, ohne es zu wissen. Auffälliger sind die Alltagserscheinungen, wenn Sie beispielsweise lange auf einer Autobahn fahren und die Fahrgeräusche und das Wackeln des Wagens Sie in eine sogenannte Autobahntrance hineinversetzen. Sie können minutenlang in Trance bei Tempo 130 auf der Autobahn brausen, ohne wach zu sein. Werden Sie dann plötzlich wach, weil vielleicht etwas Unvorhergesehenes geschieht, werden Sie das Gefühl haben, daß Sie sich an die letzten Ereignisse nicht erinnern können. Sie erleben dann eine Amnesie. Es ist ähnlich wie beim Aufwachen aus dem nächtlichen Schlaf. Gehen die Augen auf, und Sie sind sich bewußt, daß Sie wach werden, so können Sie sich oft noch an Traumbruckstücke erinnern, die dann, sobald Sie aufgestanden sind, in Vergessenheit geraten.

Ich erinnerte mich an eine spontane Trance, die ich als fünfjähriger Junge erlebte. Mein Kinderzimmer lag hinter dem Wohnzimmer meiner Eltern. Wenn ich zum Beispiel in die Küche mußte, um etwas zu trinken, so mußte ich durch das Wohnzimmer gehen. Meine Eltern hatten zur damaligen Zeit bereits einen Fernsehapparat, vor dem sie öfters abends saßen. Es war schon sehr spät und ich wachte auf, weil ich zur Toilette mußte. Ich öffnete die Tür zum Wohnzimmer, um durchzugehen und sah auf den gerade laufenden Fernseher. Dort war ein Zauberer zu sehen, der gerade dabei war, aus einem schwarzen Zylinder Kaninchen hervorzuzaubern und mit tiefer Stimme zu seinen Zuschauern sprach. Ich stand wie angewurzelt im Türrahmen und konnte mich nicht mehr bewegen, ich starrte auf den Bildschirm. Meine Eltern sprachen mich offenbar an, ich reagierte nicht. Ich war wie versteinert. Meine Eltern sagten, daß ich minutenlang im Türrahmen stand. Dann faßte mein Vater mich, ging mit mir zur Toilette und trug mich anschließend ins Bett zurück. Ich sehe diese Szene noch heute, nach mehreren Jahrzehnten, plastisch vor meinen Augen. Ich war in einer kataleptischen, spontanen Trance.

Die Tranceempfänglichkeit hängt nicht nur von bestimmten Persönlichkeitsmerkmalen, dem Alter oder genetischen Faktoren ab, sondern auch von der Tageszeit. Unser Organismus ist in ständiger Bewegung, er pendelt ständig zwischen Aktivität und Ruhe hin und her. Diese Rhythmen werden *chronobiologische Rhythmen* genannt. Die periodischen Schwankungen des Organismus, die an einem Tag auftreten, werden *zirkadiane Rhythmen* genannt. Man hat festgestellt, daß es einen Anstieg hypnotischer Suggestibilität zur Mittagszeit gibt. Am schmerzempfindlichsten sind wir von Mitternacht bis in die frühen Morgenstunden, nachmittags am schmerzunempfindlichsten. Selbst unser Herzschlag beschleunigt und verlangsamt sich rhythmisch. Andere Zyklen betreffen zum Beispiel den Wechsel in der Dominanz der beiden Hirnhälften, der mit der Nasenlochdominanz korrespondiert. Halten Sie einen Moment lang still und beobachten Sie Ihre Nasenatmung. Durch welches Nasenloch atmen Sie mehr

Luft ein? Die Nasenlöcher sind über Kreuz mit den verschiedenen Gehirnhälften verbunden. Atmen Sie zum Beispiel durch das linke Nasenloch mehr Luft ein, so spricht vieles dafür, daß Ihre rechte Gehirnhälfte aktiver ist als die linke und umgekehrt (Hutchison 1996).

### ➤ Anwendungsbereiche der Hypnose

Der Anwendungsbereich der Hypnose in der *Therapie* ist vielfältig. Die Induzierung eines leeren Trancezustandes an sich hat schon oft so etwas wie eine Heilwirkung, der Organismus entspannt sich und das Immunsystem wird gestärkt. Gedanken kommen oft wie von selber und zeigen manchmal neue Wege, stoßen Ideen an und lassen den Klienten Kreativität erleben.

Im Gegensatz dazu werden bei gezielten Fragestellungen bestimmte hypnotische Bilder oder Motive induziert oder angeregt, die dem Hypnotisierten eine Lösung seines Problems in Aussicht stellen können. Da Hypnose eine besondere Form der Kommunikation darstellt, ist sie praktisch bei jedem Krankheitsbild anwendbar. Sie findet besondere Anwendung bei Angstproblemen, Depressionen, psychosomatischen Beschwerden, Schmerzen aller Art, Lebenskrisen und sexuellen Problemen.

Eine exotische Form der therapeutischen Hypnose ist die sogenannte *Aktiv-Wachhypnose*. Hier wird der Klient zum Beispiel auf einen im Boden verankerten Tretautomaten gesetzt und beginnt, wie beim Fahrradfahren, zu treten. Er strengt sich dabei so sehr an, daß er in eine Aktivhypnose fällt. Dann werden Suggestionen präsentiert, die ungefiltert in tiefe Bereiche des Gehirns eindringen können.

In der *Medizin* wird sie zur Geburtsvorbereitung, Anästhesie oder ganz allgemein zur Beruhigung, beispielsweise vor operativen Eingriffen, eingesetzt. Besonderer Einfluß kommt ihr in der Zahnheilkunde zu. In Deutschland sind gegenwärtig etwa 1000 Zahnmediziner in Hypnose ausgebildet. Das ist sehr wenig, wenn man bedenkt, daß zum Beispiel in Schweden die Hälfte aller Zahnmediziner fachgerechte hypnotische Kenntnisse besitzen und in den USA etwa ein Drittel. Es ist keineswegs mehr unüblich, selbst komplizierte Weisheitszahnextraktionen nur in Hypnose durchzuführen, also vollkommen ohne chemische Anästhesie.

Auch im *Sport* werden hypnotische Techniken, sogenannte Visualisierungstechniken, breit eingesetzt. Die Athleten nehmen bestimmte Bewegungsabläufe mental vorweg, um ihren Körper auf die realen Bewegungsmuster einzustimmen. Hier wird Hypnose als Mittel benutzt, um eine Leistungssteigerung zu erzielen. Hypnose kann hier aber auch als Folge einer extremen Belastung auftreten, beispielsweise während eines Marathonlaufes. Der Körper schaltet bei bestimmten, monotonen Belastungen auf „Autopilot" und blendet unangenehme Reize, wie zum Beispiel Schmerzen, aus.

Im *Gerichtswesen* und der *Forensik* wird ebenfalls manchmal mit Hypnose gearbeitet. Im Juli 1987 billigte der Oberste Gerichtshof der USA, Hypnose im Strafverfahren einsetzen zu dürfen. Angewendet wurde Hypnose allerdings bereits schon von Fall zu Fall früher, wie zum Beispiel beim sogenannten Jury-Screening, bei dem Richter und Geschworene auf Vorurteile und Befangenheit hin durchleuchtet wurden.

Spektakulär war die Entführung eines Busses mit 26 Schulkindern im Jahre 1976 in den Vereinigten Staaten. Der Busfahrer, der sich aus dem Busversteck befreien konnte, konnte sich in Hypnose an das Kennzeichen des Kidnapperautos erinnern. Die Kidnapper konnten daraufhin gefaßt werden. Andere Befragungen in Hypnose brachten oft nicht den erwünschten Erfolg.

In Deutschland verbietet der Paragraph 136 der Strafprozeßordnung ausdrücklich die Hypnose als Vernehmungsmittel. In dem Mordfall Freya Talabani aus dem Jahre 1974 wäre es beinahe dazu gekommen, daß Professor Langen von der Universitätsklinik Mainz den Hauptverdächtigten unter Hypnose zu dem Mord, den er bestritt, befragt hätte. Das Gericht lehnte allerdings mit Bezug auf Paragraph 136 diese Form der Beweisführung ab (Wiesendanger 1989).

In neuerer Zeit wird Tiefenentspannung vermehrt zum *Lernen* von Sprachen oder anderen Inhalten herangezogen. Der Lernende setzt eine Brille über seine Augen und wird mittels Flackerlicht, das eine ganz bestimmte Frequenz besitzt, in einen tranceähnlichen Zustand geführt. Er hat einen kleinen Meßfühler in der Nase, der die Atmung kontrolliert und dem Lerncomputer die Atemfrequenz rückmeldet. Unterstützt wird dieser Prozeß durch beruhigende Musik. Bevorzugt werden die Largo-Tempi der Konzerte von Barockmusikern wie Vivaldi, Telemann, Händel oder Bach, die ein beständiges Tempo von etwa 60 Taktschlägen pro Minute aufweisen. Meldet der Nasenmeßfühler Entspannung, so schaltet sich das Lernprogramm automatisch ein – der Stoff wird präsentiert, so daß er ungefiltert ins Langzeitgedächtnis rutschen kann. Allerdings sollte der Lernende diesen Stoff noch einmal durcharbeiten, so daß er wirklich fest im Gedächtnis verankert werden kann. Hier spricht man auch von Superlearning.

## Wissenswertes über Hypnose

### *Ist jeder hypnotisierbar?*

Nach der klassischen Auffassung über Hypnose sind etwa 10% aller Menschen sehr leicht in Trance zu versetzen, 80% gelten als durchschnittlich hypnotisierbar und 10% als schwer zu hypnotisieren. Die klassische Hypnose bedient sich hauptsächlich direktiver und geradliniger Induktionen. Diese Induktionsformen sind bei stark kontrollierten und unruhigen Menschen und Kindern oft unwirksam.

In der modernen Hypnotherapie sind die Induktionstechniken vielfältiger und erreichen auch den kontrollierten und unruhigen Klienten und auch kleine Kinder. Hier gilt fast jeder als hypnotisch ansprechbar. Nicht jeder Klient allerdings wird gleich tiefe Trancezustände erleben können, aber mit zunehmender Übung werden die Trancezustände immer intensiver.

Hypnose wird von manchen Autoren als eine besondere Form der Kommunikation beschrieben. Lassen sich Menschen auf diese Form der Kommunikation ein, entwickeln sich automatisch Trancephänomene.

### *Kann ich gegen meinen Willen hypnotisiert werden?*

Der Wille des Menschen ist kein viereckiger Betonklotz, in dem der Name „Wille“ eingemeißelt wurde. Der Wille ist etwas äußerst diffiziles. Wir bestehen aus verschiedenen „Teilen“, die alle ihren eigenen Willen haben. Betrachten wir das Beispiel eines Rauchers, der sich vornimmt mit dem Rauchen aufzuhören. Die Großhirnrinde im Kopf des Rauchers sagt z.B.: „Ich will nicht mehr rauchen!“

Der Körper hingegen: „Ich will jetzt eine Zigarette!"

Deshalb ist die oben angeführte Frage auch so schwer zu beantworten, weil wir nicht genau wissen, auf was sich der „Wille" eigentlich bezieht.

Wenn Sie sich vor unerwünschten Trancen, beispielsweise bei einer Showhypnose, schützen wollen, so machen Sie folgendes: Stellen Sie sich, während Sie die Suggestionen hören, etwas sehr Erregendes, vielleicht ein sexuelles Erlebnis, vor. Das wird die Suggestionen des Showhypnotiseurs derart abschwächen, daß ihr Inhalt Sie nur in reduzierter Form erreicht.

### Kann ich mich an alles erinnern, was in Trance geschah?

Nicht immer. Es ist ähnlich wie bei der Frage: Kann ich mich noch genau an meinen Traum der letzten Nacht erinnern?

Manchmal hat man das Gefühl, daß man so gut wie alles, was in der Trance geschah, erinnern kann, manchmal aber ist alles wie gelöscht. Hier spricht man von totaler Amnesie. Es ist sehr schwer vorherzusagen, ob der Klient eine spontane Amnesie entwickeln wird oder nicht.

### Kann ich in frühere Leben zurückgeführt werden?

Diese Frage hieße besser: Glauben Sie an frühere Leben?

Wer daran glaubt, entwickelt ohne weiteres Bilder von „früheren Leben" und hält diese für authentisch. Wer nicht daran glaubt, kann zwar auch Bilder aus früheren Zeiten entwickeln, er wird diese dann allerdings als Fantasieprodukte bewerten. Unsere Glaubenssysteme beeinflussen unsere hypnotischen Erlebnisse, und diese Erlebnisse beeinflussen wiederum unseren Glauben.

### Besteht die Gefahr, nicht mehr aus der Hypnose zu erwachen?

Nein, wenn die Hypnose von einem erfahrenen Hypnotherapeuten angewendet wird. Es gibt selten Probleme mit der Dehypnose. Natürlich sind manche Menschen nach der Trance nachdenklich und vielleicht sogar auch etwas durcheinander, aber das ist nicht die Folge der Hypnose, sondern der Erlebnisse, die der Klient in Hypnose hatte.

### Kann man in Hypnose unsittliche oder antisoziale Handlungen suggerieren?

Diese Frage wurde und wird immer noch kontrovers diskutiert. Die Gegenfrage lautet: Kann man im Wachzustand ganz „normale Menschen“ zu unsittlichen oder antisozialen Handlungen bewegen?

Hier belegen Versuche aus der Sozialpsychologie eindeutig, daß es durchaus zu solchen Verhaltensweisen bei ganz normalen Menschen kommen kann (vergleiche das Kapitel über Posthypnotische Suggestionen). Hypnose ist nichts weiter als ein Werkzeug, das gebraucht, aber auch mißbraucht werden kann, je nachdem, wer es in Händen hat.

### Kann man in Trance vollkommene Schmerzunempfindlichkeit erzeugen?

Ja, bei einem bestimmten Prozentsatz von Menschen ist es möglich, eine vollkommene hypnotische Anästhesie zu erzeugen. Bauchoperationen, Amputationen, kieferchirurgische Eingriffe und andere Operationen sind ausführlich dokumentiert. Bei durchschnittlich suggestiblen Klienten kann mittels Hypnose die Medikamentenzufuhr bei ärztlichen Eingriffen im Mundbereich um bis zu 75% reduziert werden, was wiederum unberechenbare Nebenwirkungen minimiert. Der Nachteil einer hypnotischen Anästhesie ist der zeitliche Aufwand. Der Klient muß erst in einen tiefen hypnotischen Zustand geführt werden, was oft sehr zeitintensiv ist. Manchmal kann der Klient diese Zeit sehr verkürzen, wenn er bereits zu Hause mit entsprechend vorbereiteten Kassetten Trancezustände einübt.

Interessanterweise wurde gerade in dem Moment die chemische Anästhesie entdeckt, als man die ersten Erfahrungen mit hypnotischer (oder magnetischer) Anästhesie zu sammeln begann.* Der Einsatz des Chloroforms war im Gegensatz zur Hypnose (oder magnetischen Sitzungen) überall anwendbar und begann Einzug in alle Bereiche der Medizin zu halten. Die hypnotische Betäubung wurde nur noch gelegentlich angewendet, oft dann, wenn chemische Anästhesiestoffe fehlten. LeCron (1993) schildert Beispiele von hyp-

---

* Récamier führte 1821 vermutlich die erste erfolgreiche Operation unter magnetischer Anästhesie durch (Ellenberger 1973).

notischer Anästhesie im zweiten Weltkrieg. Nachdem die Japaner Singapur eingenommen hatten, waren den Ärzten in einem Gefangenenlager die Betäubungsstoffe ausgegangen. Da sie von den Japanern keine weiteren Anästhetika bekamen, besannen sich zwei australische Chirurgen auf die Anwendung der Hypnose und berichteten später über ihre damit erzielten Erfolge in einem aufsehenerregenden Aufsatz.

Der Einsatz des Chloroforms verlief übrigens nicht so reibungslos, wie man sich das vielleicht heute vorstellt. So warnte der bekannte französische Physiologe Pierre Flourens vor dem Einsatz des Chloroforms als Anästhetikum. Er sagte, daß die Operationen, die mit Chloroform durchgeführt werden, eine Täuschung darstellen. Chloroform wirke lediglich auf die innere „Eindrucksverarbeitung" aber *nicht* auf die „Empfindungsfähigkeit" als solche. Flourens meinte, daß die Schmerzen sogar noch heftiger unter Chloroformbehandlung sind, als im normalen Zustand. Die Täuschung des Klienten ergebe sich daraus, daß er sich nach der Operation nicht an die Vorgänge erinnern könnte (Horkheimer 1984). Und in der Tat unterscheidet man zwischen *Schmerzerleben* und *Schmerzreaktionen*. Besonders beeindruckend sind Schmerzreaktionen bei Klienten, die unter hypnotischer Anästhesie stehen. So hat man als Außenstehender den Eindruck, der Klient müsse Schmerzen fühlen, weil sein Körper Schmerzreaktionen (zum Beispiel ein Zucken) zeigt. Gleichzeitig berichtet aber der Klient, daß er keine Schmerzen fühle, was bedeutet, daß irgendein Teil in ihm zwar auf den „Schmerzreiz" reagiert, der Schmerzreiz aber nicht als Schmerz im Kopf des Klienten etikettiert wird.

### *Sind nur willensschwache Menschen hypnotisierbar?*

Hypnose hat mit Willensstärke oder -schwäche nichts gemein. Fantasietätigkeit, Kreativität, Vertrauenskraft und Gefühlsoffenheit sind entscheidende Faktoren, die einen positiven Verlauf einer Hypnose begünstigen.

## Vergleich zwischen hypnotischer und gewöhnlicher Kommunikation

Die hypnotische Form der Kommunikation unterscheidet sich in einigen wesentlichen Punkten von der alltäglichen:

| **Kommunikationsfaktor** | **Hypnotische Kommunikation** | **Alltagsgespräch** |
|---|---|---|
| Sprache Sprachduktus | mehr bildhaft unspezifisches Sprechen, vage, kunstvolle Phrasen | mehr abstrakt mehr spezifisches Sprechen, klarer und deutlicher |
| Themenaufbau | mehr Analogien, oft unlogisch | mehr logische Verbindungen |
| Körpersprache | langsame, runde Bewegungen | schnelle, eckigere Bewegungen |
| Stimme | eher leise, sanft | lauter, schneller |
| Wahrnehmungsausrichtung | oft auf kleinste Details ausgerichtet | eher gröber |
| Themenauswahl | eher ungewöhnliche Themen | unspezifisch |
| Gesprächsatmosphäre | permissiv, alles ist in Ordnung, Yes-Set | auf Fehler des anderen lauern |
| Sinnesmodalitäten | alle Sinnessysteme werden angesprochen | unspezifisch |
| Wahrnehmungsfocus | genaues Beobachten der Körpersprache | unspezifisch |
| Bewegungsmuster der Gesprächsteilnehmer | Synchrone Bewegungen der Gesprächsteilnehmer | oft asynchrone Bewegungen der Gesprächsteilnehmer |

Die Induzierung einer Trance ist nicht einfach das schematische Herunterbeten von hypnotischen Formeln oder Standardsätzen. Anfänger machen manchmal den Fehler, daß sie in einer gewöhnlichen Gesprächsatmosphäre bleiben, hypnotische Standardsätze formulieren und sich wundern, daß überhaupt nichts Hypnotisches geschieht. Das wichtigste bei der Erzeugung von Trancezuständen sind eben die atmosphärischen Bedingungen einer Gesprächssituation. Stellen Sie, wenn Sie ernsthaft Hypnose erlernen wollen, erst einmal die Alltagsgesprächsfaktoren auf hypnotische um. Gestatten Sie es sich, auch einmal richtig verrückte Dinge sagen zu dürfen und einfach mal Ihre Sprache „loszulassen". Pervertieren Sie einmal mit voller Bewußtheit die grammatikalischen Regeln, erfinden Sie neue Worte, sprechen Sie einmal extrem langsam! Nehmen Sie zum Beispiel einmal das Wort *Ruhe* und versuchen Sie, es ganz ganz langsam auszusprechen. Nehmen Sie sich 20 Sekunden Zeit dafür. Machen Sie das mit vielen Worten. Bringen Sie in einem Satz, der unterschiedliche Zeitformen enthält, einmal die ganzen Zeiten durcheinander. Seien Sie einmal absolut unlogisch und sprechen Sie nur wirres Zeug. Trauen Sie sich!!! Fangen Sie an, am besten gleich jetzt.

# 3. Die Natur der Suggestion

Mit dem Wort Suggestion werden oft Assoziationen verknüpft, die an Gehirnkontrolle, Fremdbeeinflussung oder Manipulation denken lassen. In der modernen Hypnotherapie versteht man unter Suggestionen Ideen, Anregungen oder Anstöße, die der Klient aufnehmen kann (oder auch nicht!), und die dazu dienen, dem Klienten Hilfe in Aussicht zu stellen. Genau genommen beinhaltet jedes Gespräch oder jeder Kontakt zwischen zwei oder mehreren Menschen eine Unzahl unterschiedlichster suggestiver Elemente. Setzen Sie sich einmal auf eine Parkbank, auf der bereits ein anderer Mensch sitzt. Beobachten Sie, was dann geschieht. Vermutlich wird Ihr Banknachbar auf Sie reagieren. Vielleicht rückt er ein paar Zentimeter von Ihnen weg, dann haben Sie möglicherweise seine Individualdistanz verletzt, oder er schlägt seine Beine übereinander oder er bewegt seinen Körper. Sie haben durch Ihre bloße physische Anwesenheit einen anderen Menschen beeinflußt, ob Sie das nun wollten oder nicht. Ihr Nachbar wurde das „Opfer" Ihrer suggestiven physischen Bewegungen.

Die entscheidende Frage im klinischen oder experimentellen Kontext ist die, ob der Klient oder die Versuchsperson die präsentierte Suggestion annimmt. Hierzu müssen wir verschiedene Kommunikationselemente näher betrachten:

## Die Therapeut-Klient-Beziehung

Das A und O einer Beziehung zwischen Therapeut und Klient ist das Vertrauen, das der Klient dem Therapeuten schenkt. Vertraut er ihm, so nimmt er seine Suggestionen gerne an. Die Suggestionen sollten möglichst kongruent angeboten werden, ansonsten entsteht Unsicherheit, und das angebotene Ideenmaterial verliert an Glaubwürdigkeit. Suggestionen werden immer dann leichter angenommen, wenn man einen anderen Menschen mag, ihn sympathisch findet. Das ist weniger eine Frage der Technik, als vielmehr der Therapeutenpersönlichkeit.

Zum Klientenprofil gehören sein *spezifischer Denkstil*, seine bevorzugten *Sinnesmodalitäten* und sein *sinnesspezifischer Gedankenfluß*.

## Denkstile

Der Denkstil ist die Art und Weise, wie der Klient seine Informationen über die Welt und sich selber sortiert. Wir unterscheiden zehn verschiedene Denkmodi:

➤ ***Der formallogische Denkstil***
Das Gedankenmodell ist streng formallogisch ausgerichtet. Es taxiert die Umwelt durch eine Brille von Formeln, Ableitungen und Wahrscheinlichkeiten, sucht Kausalitäten und logische Zusammenhänge.

➤ ***Der extreme Denkstil***
Die Gedanken werden in Extremen organisiert (extrem schlecht ↔ extrem gut).

➤ ***Der polare Denkstil***
Die Gedanken organisieren sich polar. Sie „widersprechen" ständig und sind „trotzig".

➤ ***Der chaotische Denkstil***
Die Gedanken sind sprunghaft organisiert. Sie gleichen einem Wollknäuel, dessen Fadenführung schwer vorhersehbar ist.

➤ ***Der traumähnliche Denkstil***
Die Gedanken sind stark assoziativ verknüpft und werden oft bildhaft erlebt.

➤ ***Der besserwisserische Denkstil***
Die Gedanken werden nach dem Muster organisiert: *Ich weiß sowieso alles besser als die anderen.*

➤ ***Der übertreibende Denkstil***
Die Gedanken bündeln sich in Richtung *Übertreibung, Überschätzung*.

### ➤ *Der untertreibende Denkstil*

Die Gedanken organisieren sich zaghaft und vorsichtig und werden eher zurückhaltend mitgeteilt.

### ➤ *Der notorische Kritiker*

Er ist fast immer unzufrieden und hat überall etwas auszusetzen. Er organisiert seine Informationen nach dem Kriterium wie schlecht und unvollkommen alles ist.

### ➤ *Der Pedant*

Die Gedanken des Pedants sind penibel, bürokratisch, kleinlich und übergenau.

Stellen Sie sich folgendes vor: Ein Therapeut, der zum traumhaften Denken neigt, sitzt einem Klienten gegenüber, dessen Gedankenwelt formallogischer Natur ist. Man muß wohl keine Prophet sein, um vorherzusagen, daß die sich entwickelnde Kommunikation auf ernsthafte Schwierigkeiten stoßen wird. Hier wäre es naturgemäß geschickt, wenn der Therapeut auf die gleiche Denkschiene seines Klienten aufspringen könnte und ihm mit seiner eigenen Sprache gegenüberträte. Das erhöht die Wahrscheinlichkeit einer ertragreichen Kommunikation. Die Bilder und Strukturen im Kopf des Klienten sind die besten Kommunikationsbausteine, die Sie benutzen können. Wenn Sie Probleme mit der Kommunikationsumstellung haben, so stellen Sie sich einmal vor, wie Sie in der Sprache Ihres Gegenübers wohl Ihre Ideen aussprechen würden. Einem Bankkaufmann, der vielleicht wegen Erektionsproblemen zu Ihnen kommt, dem könnten Sie den Vergleich von einem *Kurssturz* anbieten, und er wird genau verstehen, was Sie meinen. Wenn Sie anschließend dann erzählen, daß viele Energien mobilisiert und einiges sich in der Wirtschaft radikal ändern muß, so daß es wieder *aufwärts* geht, dann haben Sie geschickt eine Suggestion eingeflochten, die er annehmen kann.

Die unterschiedlichen Denkstile treffen wir im Alltag oft in Mischformen an – manchmal sind die Denkstile auch zustandsgebunden, das heißt, je nach Umstand und Situation kann der gleiche Mensch vollkommen unterschiedliche Denkmuster an den Tag legen.

## *Bevorzugte Sinnesmodalitäten*

Es gibt fünf Sinne, über die wir unsere Informationen erhalten. Das Sehen, das Hören, das Empfinden, das Schmecken und das Riechen. Jeder von uns besitzt seine bevorzugten Sinne, mit denen er verstärkt seine Wahrnehmungen macht. Viele Leser sich wahrscheinlich visuell geprägte Menschen, bei ihnen spielt das Auge eine bevorzugte Rolle ihrer Wahrnehmung. Jeder, der gerne ein Buch zum Entspannen liest, weiß, wovon hier die Rede ist. Der Augentyp schaut vermehrt seine Umwelt an, er vergleicht Formen, Farben, Perspektiven, Kontraste. Außerdem spiegelt sich die Sinnesdominanz in der Sprache des Menschen wieder. Ein Augentyp wird viele optische Begriffe oder Umschreibungen in seinem Vokabular haben (z.B: „im *Blick* haben", oder „*sehen*", oder „trübe *Aussichten*" oder „*Schwarzweißmalerei*" ...).

Anders der Ohrentyp: Für ihn ist die Schallwellenübertragung das bevorzugte Medium seiner Wahrnehmung und spiegelt sich in seiner Sprache wider. Er verwendet viele Begriffe oder Umschreibungen, die akustische Komponenten besitzen (z.B.: „auf den guten *Ton* achten", oder „im *Gleichklang* sein", oder „auf jemanden zu hören" ...).

Wir können anhand weniger Informationen, wie z.B. dem Beruf eines Menschen, wichtige Ableitungen treffen (siehe Abb. 4). Ein Architekt ist einer, der seine Welt visuell erfährt. Ein Koch findet *Geschmack* am Geschmack, ist also gustatorisch orientiert.

Typische Berufe für Menschen, bei denen das akustische Sinnessystem dominant ist, sind: Musiklehrer, Klavierstimmer, Tonmeister usw.

Typische Berufe für Geruchsdominante: Parfümerieangestelle, Blumenverkäufer ...

Berufe für kinästhetisch ausgerichtete Menschen sind: Masseur, Krankengymnast, Orthopäde ...

## *Sinnesspezifischer Gedankenfluß*

Der Gedankenfluß kann als eine Abfolge sinnesspezifischer Elemente begriffen werden, die den Charakter unbewußter Gesetzmäßigkeiten hat. Diese Gesetzmäßigkeiten sind von Mensch zu Mensch verschie-

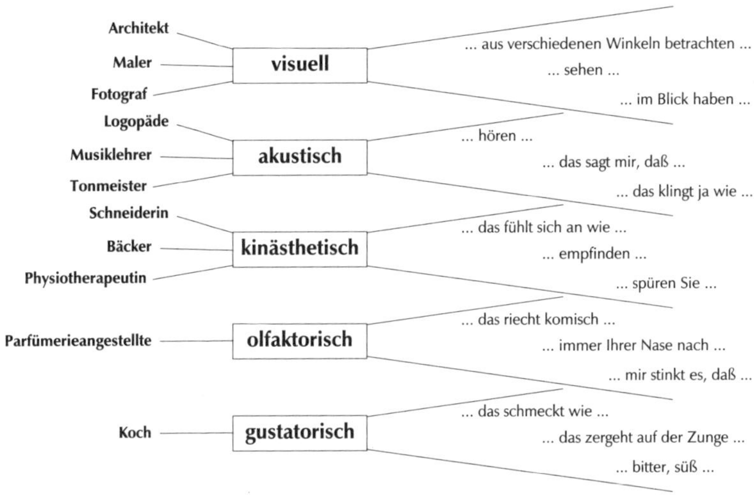


***Abbildung 4:* Bevorzugte Sinnessysteme bestimmter Berufsgruppen**

den und können aus dem Sprachduktus herausgehört werden. Einer sagt z.B.: „Immer wenn ich »XY« *höre*, werde ich richtig *wütend*."

Etwas Gehörtes (A für akustisch) führt bei ihm zu einem starken Gefühl (K für kinästhetisch) (A⇒K). Oder:

„Ich *fühlte*, daß da was nicht stimmte und *sah* plötzlich die volle Wahrheit." Hier führt eine Empfindung (K für kinästhetisch) zu etwas Visuellem (V für visuell) (K⇒V).

Wenn wir solche Sätze hören, können wir vermuten, daß sie Teil der allgemeinen Denkstruktur des Sprechenden sind. Wenn wir dann diesem Menschen etwas Bedeutungsvolles sagen wollen, so können wir auf seine Denkschiene aufspringen und unsere Botschaft in der Struktur seines Gedankenflusses übermitteln. Dem ersten Beispiel entsprechend könnten wir dem Menschen antworten:

„Es ist immer wichtig, auf sich selber zu *hören*, um mit den angemessenen *Gefühlen* antworten zu können" (A⇒K).

Beim zweiten Beispiel könnte eine Botschaft folgendermaßen aussehen: „Wenn man seinen *Gefühlen* voll vertraut, hat man meist das Wesentliche *im Blick*" (K⇒V).

Manche Satzstrukturen sind natürlich komplizierter als hier dargestellt. Sie enthalten eine ganze Kette aufeinanderfolgender sinnesspezifischer Faktoren. Wenn Sie Ihre Gespräche auf Band aufnehmen und sie langsam abhören, können Sie kompliziertere Strukturen leicht erkennen. Sie werden dann wahrscheinlich beim weiteren Abhören feststellen, daß Ihr Klient in ähnlichen Situationen ähnliche Sprachmuster benutzt.

## Suggestionstypen

### ➤ *Wachsuggestionen*

Unter einer Wachsuggestion versteht man im weitesten Sinn eine Anregung, die man im Wachzustand erhält. Wenn Sie z.B. zu Ihrem Kind, das verspätet von der Schule nach Hause kommt, sagen, daß es künftig nicht mehr so trödeln und zügig nach Hause kommen soll, weil sonst das Mittagessen kalt wird, haben Sie eine Wachsuggestion in Form eines sanften Befehls formuliert. Ob Ihr Kind diese Suggestion befolgt, werden Sie vermutlich einen Tag später feststellen können.

Wachsuggestionen verlieren sich schnell im Assoziationschaos des Alltags und verflüchtigen sich, so daß Sie oft wiederholt werden müssen, um zum Tragen zu kommen.

### ➤ *Hypnotische Suggestionen*

Hier werden Suggestionen während eines hypnotischen Zustandes präsentiert. Diese Suggestionen sind im allgemeinen wirkungsvoller als Wachsuggestionen, weil sie nicht durch ein bewußtes Kontroll- und Überwachungssystem schlüpfen müssen, sondern gleich in tiefere Bereiche des Gehirns eindringen können. Würden Sie Ihrem Kind in Hypnose die Suggestion geben, rechtzeitig zum Mittagessen zu kommen, würden Sie wahrscheinlich erfolgreicher sein, als bei einer Wachsuggestion (wie Sie das allerdings mit Ihrem Gewissen vereinbaren würden, bleibt dahingestellt).

### ➤ *Schlafsuggestionen*

Das sind Suggestionen, die einem schlafenden Menschen präsentiert werden. Selbst in tiefem Schlaf sind einige Teile des Schläfers noch aufmerksam und aktiv. Es ist erwiesen, daß schlafende Menschen beeinflußbar sind. Bernheim machte bereits vor über 100 Jahren

Experimente mit Schlafenden in seiner Klinik. Er „setzte sich in Rapport mit dem Schlafenden“, ohne ihn aufzuwecken. Dann erzeugte er Katalepsien des Armes. Bernheim vermutete, daß er zeitweilig den natürlichen Schlaf in einen hypnotischen verwandelte. Der Klient hatte am nächsten Morgen keinerlei Erinnerungen an die Geschehnisse in der Nacht (Bernheim 1888).

## Direkte Suggestionen

### ➤ Die Verbotssuggestion

Die Verbotssuggestion zielt direkt auf die Unterlassung eines Verhaltens, einer Einstellung oder die Unterdrückung eines Gefühls. Verbotssuggestionen finden wir zum Beispiel in den Zehn Geboten. Verbotssuggestionen erzeugen immer zuerst das Unerwünschte und koppeln daran einen Befehl, etwas anders zu machen, zu fühlen oder zu erleben. Vertiefen Sie sich einmal in das Gebot: „Du sollst nicht ehebrechen!“ Sie müssen sich zuerst vorstellen, was es eigentlich heißt: „ehebrechen“, um es dann aus Ihrem Kopf zu verbannen. So seltsam es klingen mag, aber Verbotssuggestionen tragen den Keim der Verbotsübertretung bereits in sich. Es ist ähnlich wie im Märchen von Ritter Blaubart: Sie geben einem Menschen einen Schlüssel, wecken dadurch erst recht seine Aufmerksamkeit und Neugier, und sagen gleichzeitig, daß er den Schlüssel nicht benutzten darf. Unser Unbewußtes kennt eben keine Negationen und verwandelt jede Negation ins Gegenteil. In der modernen Hypnotherapie werden selten Verbotssuggestionen formuliert.

### ➤ Die positive Suggestion

Die positive Suggestion verstärkt auf geradlinigem Wege eine positive Eigenschaft, ein Gefühl oder ein Verhalten. Ein Raucher, der z.B. erzählt, daß er im Urlaub nur selten raucht, könnte mittels einer Trance in seinen letzten Urlaub geschickt werden. Dort würden dann seine Gefühle derart positiv verstärkt, daß sie, im günstigen Fall, bis in die Gegenwart wirken und er das Rauchen reduziert.

## Indirekte Suggestionen

### ➤ *Stellvertretergeschichten*

Hier wird dem Klienten eine Geschichte von einem anderen Menschen erzählt, wie der in einer ähnlichen Situation wie der Klient, mit seinen Schwierigkeiten umgegangen ist. Erickson erzählte oft Geschichten über sein Leben, wie er bestimmte Situationen erlebte. Um zu verhindern, daß der Klient die Stellvertretergeschichte als durchsichtiges Manöver des Therapeuten interpretiert, ist es geschickter, diese Geschichte in Trance zu erzählen. Die Akzeptanz für die vermittelten, indirekten Botschaften ist dann um so größer. Bei Kindern können Geschichten erzählt werden, in denen Tiere die Hauptrolle spielen. So kann man beispielsweise einem Kind mit mangelndem Selbstvertrauen die Geschichte vom häßlichen Entlein erzählen.

### ➤ *Metaphern*

Hier sucht man eine Analogie, die zum Problem des Klienten paßt. Nehmen wir an, wir haben einen Klienten vor uns, der über innere Zerrissenheitsgefühle berichtet (Faust-Mephistopheles-Syndrom) und darunter leidet. Dann könnte man ihm eine Geschichte über ein Haus erzählen, vor dessen Tür zwei Rosenbüsche wachsen, links ein Busch mit weißen, rechts einer mit roten Rosen. Im Laufe der Zeit wachsen die Büsche immer weiter und nähern sich an, bis sie sich schließlich berühren und ineinander wachsen und etwas Eigenständiges werden. Das Unbewußte des Klienten wird diese Botschaft entschlüsseln.

Eine schöne Metapher für Menschen, die Schwierigkeiten mit anderen haben, ist die Stachelschweinparabel von Schopenhauer:

> Es ist kalt und die Stachelschweine kommen zusammen, um sich gegenseitig zu wärmen. Durch ihre Stacheln pieksen sie sich gegenseitig, sie tun sich weh und entfernen sich wieder voneinander. Weil ihnen aber dann wieder zu kalt wird, kommen sie wieder zueinander, bis sie schließlich die Distanz gefunden haben, die sie gegenseitig ertragen können.

## Suggestionen mit Doppelbindungscharakter

Suggestionen mit Doppelbindungscharakter verknüpfen zwei (deshalb „Doppel-") potentielle Reaktionen mit hypnotischem Erleben. Die

Kernsuggestion wird eigentlich gar nicht als Suggestion präsentiert, sondern als „Faktum“ in den Raum gestellt. Lediglich die Frage der Realisierung wird angesprochen: „Wollen Sie lieber mit offenen oder geschlossenen Augen in Trance fallen?“

Hier besteht die Suggestion darin, daß der Klient in Trance fallen wird. Oder:

„Sind Sie sich wirklich sicher, jetzt noch ein wenig warten zu wollen, um dann in Trance zu fallen, ohne gleichzeitig sicher sein zu müssen, wann die Trance sich als Trance überhaupt bemerkbar macht?“

Auch hier impliziert dieser seltsame Satz, daß der Klient in Trance gleiten wird, die Frage ist lediglich die, ob er es überhaupt registriert. Oder:

„Bevor Sie mir nach der Trance sagen, an was Sie sich nicht mehr in der Trance erinnern konnten, holen Sie noch einmal ganz tief, bewußt Luft.“

Dieser Satz beinhaltet zwei verschiedene Suggestionen:

a) Der Klient geht in Trance.

b) Er wird nach der Trance eine Amnesie entwickeln.

Die Aufmerksamkeit wird auf das bewußte Luftholen gelenkt, das in Zusammenhang mit einer sich entwickelnden Trance gebracht wird.

## Suggestionen mit Dreifachbindungscharakter

Hier werden drei mögliche Reaktionen mit hypnotischem Erleben verknüpft. Sie bitten zum Beispiel Ihren Klienten, seine Hände zu nehmen und sie im Abstand von etwa 10 Zentimetern von seiner Brust entfernt zu halten, so, als würden seine Hände einen unsichtbaren, kleinen Ball festhalten. Dann bitten Sie den Klienten nichts bewußt oder absichtlich zu tun. Lassen Sie sich Ihre Bitte bestätigen. Sagen Sie dann:

„Wenn Ihre Hände wie von alleine zusammengehen, dann signalisiert uns Ihr Unbewußtes jetzt bereits schon, daß es Ihnen mit all seiner zur Verfügung stehenden Kraft hilfreich zur Seite stehen wird (*»Erste Bindung«*). Wenn die Hände wie von alleine auseinandergehen, dann zeigt uns Ihr Unbewußtes, daß es noch nicht bereit ist,

Ihnen jetzt schon hilfreich zur Seite zu stehen (»*Zweite Bindung*«). Es kann auch gut sein, daß Ihre Hände einfach da bleiben, wo sie sind, dann braucht Ihr Unbewußtes eben noch Zeit, um diese nicht ganz einfache Frage für Sie zu klären (»*Dritte Bindung*«)."

Hier wird jede Reaktion mit einem hypnotischen Charakter verknüpft. Da es nur drei Möglichkeiten gibt, ist es verständlich, daß der Klient fast zwangsläufig mit hypnotischen Phänomenen in Berührung kommt. Natürlich kann man auch Suggestionen mit Vierfach- oder Fünffachbindungen formulieren.

## Suggestionen mit Negationen

Unser Unbewußtes kennt keine Negation, und das ist der entscheidende Punkt bei dieser Art der Beeinflussung. Der Klient wird bewußt ermuntert, *nicht* in Trance zu fallen und noch *nicht* zu sinken und noch *nicht* mit dem hypnotischen Schlaf zu beginnen:

„Gehen Sie bitte heute nicht in *Trance*, gehen Sie nicht immer *tiefer* und *tiefer*, ... und nicht die *Augen zufallen* lassen und weiter und weiter *sinken*, ... und noch nicht beginnen zu *träumen*, ... immer *tiefer* und *tiefer*, ... *weiter* und *weiter*, ..."

Sie können zusätzlich, wenn Sie das Wort *nicht* sagen, es räumlich markieren, indem Sie es, losgelöst vom übrigen Satz, in eine andere Richtung sprechen. Machen Sie das aber nicht zu auffällig, sonst erzeugen Sie unnötigen Widerstand bei Ihrem Gegenüber. Sie können das Wort *nicht* oder die anderen Negationen auch sprachlich anders betonen und sie dadurch ebenfalls markieren. Das Unbewußte Ihres Klienten registriert diese Änderungen genau und filtert die wichtigen Informationen heraus. Zusätzlich wird der Klient immer konfuser, weil er ab einem bestimmten Zeitpunkt nicht mehr weiß, auf was sich eigentlich die Negation bezieht. Ihr Klient kommt dann derart durcheinander, daß ihm schließlich nur noch die „Flucht" in die Trance übrigbleibt. Konfusionstechniken zur Erzeugung kontemplativer Zustände werden auch in verschiedenen Religionen angewandt, wie zum Beispiel im Buddhismus. Der Schüler beginnt damit, sich auf seine Atmung zu konzentrieren und eine Zielgerichtetheit seines Geistes dadurch herbeizuführen. Wenn er diese Stufe erreicht hat, gibt man ihm ein paradoxes Rätsel, ein sogenanntes Koan, auf. Das

Rätsel könnte zum Beispiel so lauten: *Was spricht dein Herz vor der Geburt deiner Mutter?*

Die Aufmerksamkeit des Zen-Adepten soll sich dann über einen langen Zeitraum nur auf dieses Koan richten und ihn in immer tiefere meditative Zustände begleiten.

## Die Geheimen Botschaften

Hier bereiten Sie kleine Zettel vor, auf denen nur Bruchstücke Ihrer beabsichtigten Suggestion stehen. Sie regen den Klienten in Trance an, nach bestimmten Zetteln, die Sie vorher versteckt haben, zu suchen und sagen, daß etwas Wichtiges darauf stehe. Sie suggerieren, daß er, wenn er den Zettel gefunden hat, nicht gleich, die Geheimbotschaft erkennt. Einer meiner Klienten fand folgenden Zettel, auf dem stand: → M T T T G T ←.

Mit leuchtenden Augen kam er in die nächste Stunde und meinte, daß er das Geheimnis schon kurze Zeit später gelüftet habe.

Dieses „Spiel" fördert Suchprozesse und aktiviert Assoziationen, die dem Klienten bei der Lösung seiner Probleme hilfreich sein können. Man kann praktisch jede Botschaft auf diese Weise verpacken, es liegt allein an der Fantasie des Therapeuten.

Wahrscheinlich haben Sie nicht gleich die drei Worte erkannt, um die es bei diesem Rätsel ging. Hier die Lösung: MUT TUT GUT.

# 4.
# Ideomotorik

Ideomotorik ist das Phänomen, daß *vorgestellte* Bewegungen und Handlungsabläufe *reale* Muskelbewegungen erzeugen. Kennen Sie das typische Beifahrersyndrom? Sie haben vielleicht Ihrer Frau oder Ihrem Mann das Auto geliehen, sitzen auf dem Beifahrersitz und plötzlich droht Gefahr im Straßenverkehr. Wenn Sie sich in dieser Situation als Beifahrer dabei ertappen, wie Sie mit Ihrem Fuß aufs „Bremspedal" steigen, dann wissen Sie, wovon in diesem Kapitel die Rede sein wird.

Stellen Sie sich folgendes vor: Ein sieben Meter langes und 50cm breites Brett liegt auf dem Boden. Am einen Ende des Bretts stehen Sie, am anderen Ende des Bretts steht ein anderer Mensch, der Ihnen eine Million Dollar bietet, wenn Sie auf diesem Brett zu ihm herübergehen, ohne den Boden zu berühren. Sie werden kurze Zeit später Millionär sein! Aber:

Stellen Sie sich nun bitte die gleiche Szene vor, nur mit dem Unterschied, daß das gleiche Brett nun über einer 1000 Meter tiefen Schlucht liegt. Alles andere ist gleich! Ob Sie auch hier schnell zum Millionär werden, bezweifle ich, obwohl das Brett ja genau das gleiche ist. Man erkennt: Unsere Vorstellungen und Bilder, die wir von unserer Realität haben, sind zum großen Teil für unser Erleben und Verhalten verantwortlich. Obwohl das Brett das gleiche ist, hindert uns die Vorstellung herunterzufallen daran, über das Brett zu gehen. Wer sich vorstellt, daß er irgendwo hinunterfällt, gerät bereits dadurch aus dem Gleichgewicht, was wiederum die Vorstellung des Hinunterfallens verstärkt. Ein Teufelskreis, der in Form ideomotorischer Bewegungen, als Reaktion auf eine Vorstellung, ständig Nahrung erhält.

Wenn Sie einem suggestiblen Menschen tief in die Augen schauen und sagen, daß er auf dem Heimweg stolpern und dann hinfallen wird, erzeugen Sie in ihm in der Tat eine hohe Wahrscheinlichkeit für einen Sturz. Die Vorstellung „Stolpern" aktiviert im Körper dieses Menschen die Muskeln, die beim Stolpern eine Rolle spielen. Da er ein suggestibler Mensch ist, sind seine Vorstellungsbilder vermutlich auch klar und scharf. Da er ja bestimmt nicht stolpern will, wird er sich innerlich sagen: „Ich will nicht stolpern, ich werde nicht stolpern usw." Mit diesen Gegensuggestionen erzeugt er leider genau das, was er verhindern will. Das bloße Bild „Stolpern", egal ob positiv oder negativ umrahmt, drängt zur Verwirklichung.

Und noch ein sehr praktisches Beispiel: Es regnet und es sind viele Pfützen auf der Straße und dem Bürgersteig. Sie haben vergessen, Ihrem Kind Gummistiefel mitzugeben und wollen verhindern, daß es mit seinen Sandalen in die Pfütze tritt und nasse Füße bekommt. Welche Aufforderung wäre wohl geschickter?

- „Paß auf, daß du nicht in die Pfütze steigst und keine nassen Füße bekommst!" oder
- „Versuche um die Pfützen herumzugehen oder rüberzuspringen, damit deine Schuhe trocken bleiben!"

Wer hier jetzt noch keine Antwort weiß, der soll sich für dieses Kapitel Zeit nehmen. Wer es dann immer noch nicht weiß, der soll einfach den nächsten Regenschauer abwarten, Sandalen anziehen und sich vorstellen, daß einer zu ihm den ersten Satz sagt, dann losgehen und abwarten, wie naß seine Füße werden.

## Die Antwort aus der Tiefe: Ideomotorisches Fallenlassen einer Münze

Das Unbewußte äußert sich mittels ideomotorischer Bewegungen. Es äußert sich ständig auf diese Weise, nur registrieren wir es sehr selten. Unsere Wahrnehmung ist zu grobrastrig dafür. Wir registrieren es nur in extremen Situationen, dann z.B., wenn unser Kopf vor Scham ganz rot wird, wir einen Stich im Bauch fühlen, weil wir uns blamiert haben oder das Herz schmerzt, weil wir Liebeskummer haben. Die Fehlleistungen im psychoanalytischen Sinne sind auch Ausdruck unbewußter Gestaltungskräfte, die sich in den Vordergrund drängen und registrierbar werden. Wie kann man aber nun mit dem Unbewußten bewußt kommunizieren?

Nehmen Sie zwei gleiche Münzen, z.B. zwei Einmarkstücke. Halten Sie die Münzen jeweils mit Ihrer rechten und linken Hand mit Daumen und Zeigefinger fest. Drücken Sie nur schwach mit den Fingern an die Ränder der Münzen.

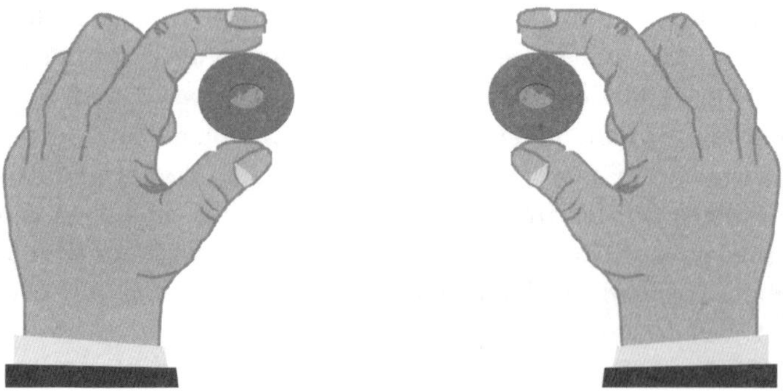

***Abbildung 5:* Zwei Hände halten Münzen**

Sie halten also nun mit Ihren beiden Händen jeweils ein Geldstück zwischen zwei Fingern. Achten Sie genau darauf, daß der Druck auf beide Münzen in etwa gleich stark ist. Setzen Sie sich bequem auf einen Stuhl und halten Sie die Hände über Ihre Beine, oder setzen Sie sich an einen Schreibtisch, stützen Sie Ihre Ellenbogen auf die Tischplatte und halten Sie Ihre Hände in die Luft. Es soll in beiden Fällen eine Handhaltung sein, die es Ihnen ermöglichen sollte, einigermaßen bequem die Haltung der Hand längere Zeit (ein paar Minuten) aufrechtzuerhalten. Nun stellen Sie sich eine Frage, auf die es nur eine Ja- oder Nein-Antwort geben kann. Stellen Sie sich z.B. die Frage, ob heute Donnerstag ist. Delegieren Sie die Antwort dieser Frage an die Finger Ihrer Hand. Sagen Sie sich laut oder im stillen: „Wenn heute Donnerstag ist, dann fällt die Münze aus der Ja-Hand herunter. Die Finger der Ja-Hand gehen immer weiter auseinander, bis die Münze runterpurzelt."

Warten Sie einfach ab, was geschieht. Wahrscheinlich wird bald eine Münze herunterfallen. Stellen Sie mindestens noch drei Ja-Fragen, um die Verläßlichkeit der Antwort der Hand zu überprüfen. Machen Sie aber nichts absichtlich, sondern lassen Sie Ihre Hand alles für Sie machen. Wenn auf eine Ja-Frage hin immer die gleiche Hand die Münze herausfallen läßt, dann haben Sie es bis hierher richtig gemacht. Gratulation. Sollte es auf absolut sichere Ja-Fragen unterschiedliche Antworten der Hände geben, müssen Sie alles noch einmal sehr sorgfältig wiederholen, Sie haben vermutlich hier etwas durcheinandergebracht; vielleicht haben Sie eine innere Frage gestellt, aber gleichzeitig an etwas ganz anderes gedacht. Versuchen Sie dann, sehr konzentriert die gleichen Fragen noch einmal zu stellen.

Machen Sie nun, wenn Sie erfolgreich waren, dasselbe für die Nein-Fragen. Stellen Sie auch hier Fragen, die unzweifelhaft mit „Nein“ beantwortet werden müssen. Suchen Sie sich z.B. ein falsches Geburtsdatum heraus und fragen Sie Ihr Unbewußtes, ob Sie an diesem Tag geboren sind. Ihr Unbewußtes soll wieder, wie Ihnen nun bekannt ist, über Ihre Hände antworten. Lassen Sie sich auf diese Weise mindestens vier mal ein Nein, immer mit der gleichen Hand, bestätigen. Sind die Antworten stabil, Gratulation. Sie haben nun ein Signalsystem erzeugt, mir dessen Hilfe Sie mit Ihrem Unbewußten Kontakt aufnehmen können. Es empfiehlt sich, das Signalsystem alle zwei Wochen einmal zu überprüfen, um zu verhindern, daß es zufällig gelöscht wird. Es kann nämlich sein, daß zufällige Bewegungen mit den Fingern, die zeitgleich mit einer zufälligen Beantwortung einer Frage einhergehen, Ihr Signalsystem durcheinanderbringen können.

Nun zum Praktischen:

Stellen Sie sich eine Frage, deren Antwort Sie gerne hätten. Suchen Sie sich eine Frage, auf die es eine Antwort geben muß. Vermeiden Sie spekulative oder verrückte Fragen – Sie werden zwar vermutlich auch hier eine Antwort bekommen, doch die Wahrscheinlichkeit ist groß, daß so eine Antwort aus Ihrem Wunschdenken herrührt, als daß Sie Ihnen eine tatsächliche Hilfe gibt. Nehmen wir einmal an, Sie wollen sich beruflich umorientieren und stehen vor der Wahl, ob Sie in eine andere Stadt ziehen sollen oder an Ihrem gegenwärtigen Ort bleiben sollen. Dann können Sie sich z.B. auf die eben beschriebene Weise entspannen, die zwei Münzen nehmen und folgende Frage an Ihr Unbewußtes richten: „Soll ich wegen meines Berufes in eine andere Stadt ziehen?“

Lassen Sie sich überraschen, was die tieferen Teile Ihrer Persönlichkeit Ihnen hierzu zu sagen haben. Das neue Signalsystem ist besonders gut dafür geeignet, Fragen zu beantworten, die ein Gefühl der Unsicherheit hervorrufen, Fragen also, auf die es *bewußt* etwa gleich viele Neins und Jas gibt. Seien Sie darauf vorbereitet, daß Sie möglicherweise von Ihrer eigenen Antwort erstaunt sein werden. Nicht immer wird die Antwort so ausfallen, wie Sie vielleicht denken. Stellen Sie keine Fragen über Todeszeitpunkte oder Unfälle oder Unglücke. Hier ist die Gefahr der „sich selbst erfüllenden Prophezeiung“ groß, es könnte Sie durcheinanderbringen. Seien Sie ganz allgemein bei Zukunftsfragen vorsichtiger als bei Fragen, die Sie an Ihre Vergangenheit richten. Das Unbewußte ist zwar ein riesiger Speicher von potentiellen Antworten, aber ob es auch die Zukunft kennt, so wie ein Wahrsager, das muß bezweifelt werden. Die Vergangenheit ist wie eine riesige Tiefkühltruhe, in der sehr viele Erinnerungen konserviert sind, oft fehlt eben nur der richtige Zugang zu ihnen. Hier stellt dieses Signalsystem seine größte Kraft zur Verfügung. Wollen Sie sich vielleicht an einen Namen aus früherer Zeit erinnern, den Sie schon lange vergessen haben? Dann fragen Sie Ihr Unbewußtes mit den Ja- und Nein-Händen. Fragen Sie z.B., ob der gesuchte Name mit den ersten 13 Buchstaben des Alphabetes beginnt und grenzen Sie über solche Fragen die Antworten schnell ein, bis Sie den gewünschten Buchstaben haben.

In schwierigen Situationen, beispielsweise in Seminaren oder Vorträgen, wo ich eine Idee aufgreifen will, wobei ich mir vielleicht unsicher bin, ob der Zeitpunkt der richtige ist, frage ich, parallel zur Präsentation meines Stoffes, mein Unbewußtes. Ich stelle mir ganz kurz eine innere Frage wie z.B.: „Ist es gut, die Idee XY gleich aufzugreifen?“

Dann lasse ich mein Unbewußtes entscheiden und achte, neben der Präsentation meines Stoffes, auf meinen Zeigefinger der rechten und linken Hand. Spüre ich an dem einen oder anderen Finger ein Kribbeln, Ziehen oder gar einen Ausschlag, so bedeutet das für mich eine Antwort, die ich ernst nehme und die ich in der weiteren Planung berücksichtige. Hier spricht man von Kommunikation auf zwei Ebenen.

Eine interessante Variante der Münzinduktionstechnik wende ich verschiedentlich während Gruppenhypnosen an. Die Teilnehmer werden gebeten, sich auf den Boden zu legen und ihren rechten Ellenbogen auf dem Boden abzustützen und zwischen Daumen und Zeigefinder eine Münze zu halten. Die Münze sollte so gehalten werden, daß sie auf den Boden fallen kann (und nicht auf den Körper). Die Teilnehmer werden in Trance geführt und es wird suggeriert, daß erst dann die Münze auf den Boden fällt, wenn die Trance tief genug ist, um ungewöhnliche Erfahrungen zu machen. Der Boden sollte nicht zu weich sein, weil man sonst das Fallen der Münze nicht hören kann, denn darauf kommt es gerade an. Das Geräusch der fallenden Münze dient als Feedbackinstrument für die Gruppenteilnehmer. Sie können, trotz geschlossener Augen, den hypnotischen Stand der anderen erfahren, was wiederum trancefördernd wirkt.

Die Antworten aus dem Unbewußten sind oft „trancelogisch" und entsprechen nicht immer der objektiven Wahrheit. Seien Sie sich dessen bewußt, wenn Sie ernsthaft mit dieser Methode experimentieren.

Bernheim (1888) machte bereits vor über 100 Jahren Experimente mit „eingepflanzten, falschen Erinnerungen" in Hypnose. So sagte er einer Patientin, sie solle sich am nächsten Tag darüber beschweren, daß eine Krankenhaushelferin ihr einfach in der Nacht Wasser auf die Beine geschüttet hätte. Am nächsten Tag beschwerte sich die Kranke bei der Visite darüber, daß eine Krankenhaushelferin ihr nachts Wasser über ihre Beine gekippt hätte. Als Bernheim darauf die Kranke aufklärte und ihr sagte, daß er ihr nur den Traum eingepflanzt habe, und sie sich das alles nur einbilde, versicherte die Frau, daß sie es alles mit den eigenen Augen gesehen habe und das Wasser auch gefühlt habe, was über die Beine gekippt wurde.

## Die Pforte der Zukunft

Mit dieser Methode können Sie Tendenzen Ihrer Zukunftsgestaltung bestimmen oder Sie machen das bei Ihren Klienten, die mit dem Problem Orientierungslosigkeit zu tun haben.

Führen Sie den Klienten in Trance. Suggerieren Sie ein Bild, in dem viele Wege von einem Punkt abzweigen. Sagen Sie z.B.: „Stellen Sie sich einfach vor, Sie stehen auf einer Startlinie und vor der Startlinie sehen Sie die verschiedensten Wege, manche gerade, andere verschnörkelt, wieder andere führen nach oben oder nach unten ... Sie sehen einfach ganz viele Wege ..."

Lassen Sie sich Ihre induzierten Bilder von Ihren Klienten bestätigen. Sagen Sie:„Und wenn Sie die vielen Wege sehen, so sagen Sie mir Bescheid, oder nicken mit dem Kopf, oder geben mir ein anderes, eindeutiges Zeichen."

Bekommen Sie daraufhin ein zustimmendes Zeichen des Klienten, so erzeugen Sie eine Armlevitation. Nehmen Sie den Arm des

Klienten vorsichtig hoch, spreizen Sie den Zeigefinger von den übrigen Fingern, so daß er nach vorne schaut und sagen Sie: „Der Arm wird ganz steif und starr, der Zeigefinger zeigt in die Richtung, in der sich die verschiedensten Wege abzweigen."

Klappt alles bis hierher, so sitzt der Klient also mit geschlossenen Augen vor Ihnen, hat einen kataleptischen Arm und zeigt mit dem Zeigefinger nach vorne. Sagen Sie dann: „Überlassen Sie es einfach Ihrem Unbewußten, in welche Richtung Ihr Arm und der Finger weisen wird. Machen Sie nichts absichtlich, sondern lassen Sie sich überraschen, welchen Weg er für Sie vorschlägt."

Dann beobachten Sie einfach, was geschieht. Bewegt sich der Arm und beginnt, in eine Richtung zu zeigen, so loben Sie das Unbewußte des Klienten für diese gute Leistung. Animieren Sie den Klienten, diesen Weg zu gehen, den das Unbewußte zeigt. Sagen Sie:

„Gut, gehen Sie einfach in diese Richtung, ohne Vorurteile, und lassen Sie sich von Ihrem eigenen Unbewußten führen und lenken, gehen Sie einfach drauf los!"

Zur Sicherheit können Sie sich ein verbales Feedback geben lassen, indem Sie sagen, daß er alles mitteilen soll, was erwähnenswert ist. Sie können aber auch den Prozeß sich selber überlassen und den Klienten, ohne ihn zum Antworten zu drängen, begleiten. Als erfahrener Hypnotherapeut können Sie ja die Körpersprache Ihres Klienten mittels der „kleinsten Hinweisreize" deuten. Vielleicht wenden Sie nun ein, daß es ja auch Abwege und Irrwege gibt und keinesfalls sicher ist, daß der Klient auf dem richtigen Weg ist. Sollten Sie das feststellen und anhand der nonverbalen Hinweise registrieren, so führen Sie den Klienten wieder an die Startlinie zurück und beginnen den ganzen Prozeß von vorne. Achten Sie dann sehr genau darauf, daß der Klient mit seinem Arm keine willkürlichen Bewegungen macht, Sie erkennen das an der Schnelligkeit und den „glatten" Bewegungen des Armes. Schnelle und glatte Bewegungen deuten immer auf willkürliche Bewegungen hin. Stoppen Sie in diesem Fall die Bewegung ganz direkt und sagen Sie:

„Ja gut, daß Ihr Bewußtsein auch hier mit Rat und Tat zur Seite steht, aber gönnen Sie Ihrem Bewußtsein auch mal eine Pause und lassen Sie einfach ihr Unbewußtes entscheiden, ohne überhaupt irgend etwas absichtlich zu tun."

Bewegen Sie dann, wenn nötig, den Arm des Klienten wieder in die Ursprungslage zurück. Der Klient soll schließlich *nicht* bewußt durch die Pforte der Zukunft schreiten, dann könnten Sie mit ihm ja einfach darüber plaudern, sondern unbewußt, um eine ganz neue Erfahrung machen zu können.

## Spontane ideomotorische Bewegungen

Während tiefer Trancezustände kann es zu spontanen ideomotorischen Bewegungen kommen, die dramatisch aussehen. Oft bleiben die Erklärungen für solche Bewegungen im dunkeln. Manchmal aber erinnert sich der Hypnotisierte an diese Bewegungen in der Trance und kann ganz bestimmte Assoziationen daran knüpfen.

Einer meiner Klienten, der sich in tiefer Trance auf dem Behandlungsstuhl befand, bewegte plötzlich seinen Arm von der Lehne des Stuhles zur rechten Seite, ohne daß diese Bewegung von mir direkt oder indirekt ermutigt wurde. Es sah so aus, als würde die Hand oder der Arm von außen weggezogen, so, als würde eine unsichtbare Person am Klienten von der Seite her reißen. Der Arm war schließlich ganz ausgestreckt, und nun begann der Körper des Klienten sich zusätzlich zu bewegen. Der Körper bewegte sich hin zur rechten Stuhllehne und kippte über, so daß ich vom Stuhl aufsprang, den Klienten auffing und ihn wieder gerade auf seinen Stuhl setzte. Aber das half wenig, sobald ich mich hinsetzte, begann der Klient wieder sich in seinem Stuhl so eigenartig zu bewegen, daß ich ihn wieder auffangen mußte. Er sprach nach der Sitzung davon, daß er sich an dieses Ziehen erinnere, hatte aber keine weiteren Assoziationen dazu. In den nächsten Sitzungen wiederholten sich diese ideomotorischen Bewegungen und mehr und mehr konnte der Klient diese Bewegungen bestimmten Bildern zuordnen. Er sprach schließlich von einer Männerhand, die er sah und fühlte, und die ihn weg von seiner Mutter zog. Der Klient war in frühem Alter in ein Kinderheim gekommen und mußte die erste Zeit seines Lebens dort alleine, ohne seine Mutter, die krank war, verbringen. In dieser Szene des Wegziehens erlebte er die Trennung von seiner Mutter, als er etwa ein Jahr alt war.

Ob seine Assoziationen der objektiven Wahrheit entsprachen oder nicht, war für mich hier nicht entscheidend. Wichtiger für das weitere therapeutische Vorgehen waren seine Gefühle, die er mit diesen Bildern verknüpfte.

Nicht immer sind solche Bewegungen so spektakulär wie gerade beschrieben. Bei einem Klienten beobachtete ich in tiefer Trance folgendes: Die Arme und Beine dieses Mannes machten sich selbständig, sie bewegten sich, symmetrisch, immer weiter nach oben, so daß der Klient schließlich nur noch mit seinem Rücken und dem Gesäß festen Kontakt zum Stuhl hatte. Nach der Trance klagte er über Gliederschmerzen. Hier konnte der Klient keinerlei Assoziationen zu diesen Bewegungen knüpfen, es blieb einfach unerklärbar. Auch hier wurden von mir keinerlei Anregungen für das Steigen der Arme oder Beine suggeriert.

Mischen sich zu derartigen ideomotorischen Bewegungen zusätzlich noch kathartische Reaktionen, das heißt Reaktionen, die angestaute Gefühle entladen, so sollte man aufpassen, daß der Klient sich nicht verletzt. Während einer starken Gefühlsentladung ist das Schmerzempfinden des Körpers sehr vermindert.

Ein Klient, der wild und unkontrolliert um sich schlug, verletzte sich mit seinem Ellenbogen an einer Eisenkante des Stuhles, auf dem er saß. Er hatte sich im Umherschlagen eine starke Prellung zugezogen und nichts von dieser Verletzung während der Trance registriert (vergleiche das Kapitel über Zwischenfälle). Ich habe mich erschrocken und dachte, daß er sich den Arm gebrochen hätte. Danach führte ich ihn schnell aus der Trance und zu meiner Verwunderung sagte er, daß er nichts bemerkt hätte und auch nichts besonderes in seinem Arm spüre. Ich riet ihm, die Stelle von einem Arzt untersuchen zu lassen. In der nächsten Stunde kam er mit einem Armverband, berichtete von einer Prellung und abklingenden Schmerzen.

## Ideomotorik und Feedback

Ideomotorische Phänomene werden oft absichtlich angeregt, um Klienten in tiefere Trancezustände zu führen. Dem Klienten, der durch entsprechende Suggestionen für die Hypnose vorbereitet wurde, wird gesagt, daß sein Arm, je tiefer er in Trance sinkt, höher und höher steige. Der Therapeut sagt z.B.: „Lassen Sie Ihre Arme und Hände einfach da, wo sie gegenwärtig liegen. Können Sie mir versprechen, daß Sie nichts absichtlich mit Ihren Armen machen?“

Hier sollte man sich ein kongruentes Ja des Klienten geben lassen. „Stellen Sie sich einfach vor, daß der bewußte Kontakt zu Ihren Händen und Armen unterbrochen ist."

Auch hier kann man sich zur Sicherheit eine Bestätigung des Klienten geben lassen. Nach weiteren Entspannungssuggestionen sagt der Therapeut: „Je tiefer Sie in Trance gleiten, ohne wissen zu müssen, wann die Trance beginnt, als Trance fühlbar zu werden, desto mehr beginnt der Arm, sich von dem Bein zu lösen (hier liegt die Hand und der Unterarm lose auf dem Oberschenkel). Und es ist vollkommen unwichtig zu wissen, wann das beginnt zu geschehen, es einfach dem Unbewußten zu überlassen, wie es diese Dinge in eigener Regie für Sie regelt, ohne daß Sie überhaupt irgend etwas bewußt dazu beitragen, ... Steigen der Hand, ... Steigen des Armes, ... kleinste Zuckungen, ... Zittern, ... Kribbeln wie Kohlensäure, ... Prickeln, ... höher und höher, ganz ganz lannn ... nnngsaaa ... aaam ..."

Nun sollte der Hypnotherapeut genau den Arm und die Hand im Auge behalten, dem seine Suggestionen gelten. Oft wird er kleinste Bewegungen, meist in den Fingern, feststellen, die mehr mikroskopischer Natur sind und einem nicht geschulten Auge kaum auffallen. Hier spricht man auch von minimal cues, das sind körperliche oder sprachliche Hinweisreize, knapp unter der Wahrnehmungsschwelle, die ihren Ursprung im Unbewußten haben. Erkennt man diese kleinsten Hinweisreize, so kann man sie verbal verstärken, indem man jedes Zeichen, das man registriert, sprachlich belohnt. Es reicht dann oft, wenn man jedesmal einfach nur „gut so" sagt. Das Bewußtsein des Klienten wird keine Verbindung zwischen dem minimal cue und der sprachlichen Belohnung feststellen. Das Unterbewußte hingegen versteht diese Belohnung und reagiert mit stärkeren minimal cues, das heißt für unser praktisches Beispiel, daß die Hand immer deutlicher und deutlicher hochsteigt. Ideomotorische Bewegungen sind fast immer langsam und ruckartig. Sie sind so langsam, daß man sie nur schwer mit voller Absicht nachmachen kann.

Versuchen Sie einmal, Ihre Hand auf eine Tischplatte zu legen und sich eine Minute Zeit dafür zu lassen, die Hand einen Zentimeter zu heben. Sie denken vielleicht: Nichts einfacher als das. Aber es ist schwerer als Sie vermuten. Versuchen Sie es jetzt einmal!

Weil aber ideomotorische Bewegungen so langsam und ruckartig sind, kann man sie auch von absichtlich erzeugten, die rund und schneller sind, gut unterscheiden. Manche Klienten denken, daß sie ihrem Hypnotherapeut einen Gefallen tun müssen und heben den Arm absichtlich. Erkennen Sie so eine Gefälligkeitsreaktion, so stoppen Sie diese Bewegung und sagen Sie dem Klienten ganz direkt, daß Sie auf eine Bewegung aus der Tiefe warten, die wirklich nichts mit der zu tun hat, die gerade geschieht. Sagen Sie: „Legen Sie den Arm einfach wieder nach unten, und machen Sie bitte gar nichts!"

Die Armlevitationen, deren sich Erickson gerne bediente, beinhalten gute Möglichkeiten, um therapeutische Suggestionen einzuflechten. Jede Armlevitation ist physikalisch eine Loslösung des Armes von einer Unterlage, auf der der Arm ruht, meist dem Oberschenkel oder der Stuhllehne. Und diese räumliche Lösung läßt sich gut als Wortspiel benutzen. Die *Lösung des Armes* von der Unterfläche wird sprachlich mit dem Beginn der *Lösung des Klientenproblemes* verwoben. Der Therapeut, der bereits Muskelaktivität in den Fingern oder der Hand erkennt, die er zum Hochsteigen vorbereitet hat, sagt:

„Prima, einfach hochsteigen lassen, ohne zu denken, ... und die Hand sich lösen lassen von der Unterlage, ... einfach lösen lassen, ... Lösung der Hand, ... Lösungen, ... Lösungen der Gedanken, ... Beginn der Lösungen der wirklich wichtigen Dinge, ... Lösung des Alten, ... Lösung des Festgefahrenen, ... Lösung wichtiger Fragen ..."

Hier werden also parallel zur Lösung der Hand von der Unterlage, Lösungen innerer Fragen und Probleme suggestiv nahegelegt.

Nicht immer steigt die Hand sichtbar nach oben, wenn eine Suggestion für eine Armlevitation beim Klienten formuliert worden ist. Hier gibt es drei mögliche Gründe:

- Der Klient ist noch zu kontrolliert und gar nicht wirklich in Trance.
- Der Klient ist zwar in Trance, aber irgendein Teil des Klienten akzeptiert die präsentierte Suggestion nicht.
- Die *reale* Hand bleibt unten, aber die *imaginierte* Hand ist nach oben gestiegen. Hier hat der Klient das Gefühl, daß seine Hand wirklich in die Luft gestiegen ist, obwohl sie, zumindest physisch, noch auf der Stuhllehne ruht. Bittet man den Klienten, daß er mit seiner anderen Hand die in die Luft gestiegene berühren soll, so legt der Klient die Hand in der Luft auf seine imaginierte. Es sieht von außen so aus, als würde eine Hand in

der Luft etwas berühren, was in Wirklichkeit gar nicht vorhanden ist.

Bei kontrollierten Klienten empfiehlt sich die Armlevitationsmethode, in der das Unbewußte selber den Arm aussucht, der in die Höhe steigen soll. So ist die verbleibende Restaufmerksamkeit des Klienten auf zwei Arme verteilt, was schwerer zu kontrollieren ist, als nur ein Arm. Zusätzlich wird dann scheinbar dem Arm mehr Aufmerksamkeit zuteil, der eben nicht reagiert und keine Anstalten zeigt, nach oben zu steigen. Hier kommt wieder das Gesetz zum Tragen, daß unser Unbewußtes keine Negationen kennt. Jede Negation wird in der Arbeitsweise des Unbewußten ins Gegenteil verkehrt. Die verbleibende Aufmerksamkeit des Klienten wird also auf zweierlei Weise gebunden:

- Beide Hände befinden sich im Aufmerksamkeitsfocus.
- Die Aufmerksamkeit wird bewußt auf die falsche Hand, die sich nicht heben will, gerichtet.

Zum besseren Verständnis dieser komplexen, aber effektiven Technik ein kleines Therapietranskript. Der Therapeut sagt: „... Und während Sie sich einfach weiter entspannen, überlassen Sie es einfach Ihrem Unbewußten, welche Hand sich aufmacht und beginnt, sich heben zu wollen, während Sie beginnen, in Trance zu gleiten. Und es ist nicht wichtig, wissen zu müssen, für welche Hand sich Ihr Unbewußtes entscheidet, einfach alles geschehen lassen, was geschieht ... aus sich selber heraus ...“

(Hier wartet der Therapeut, ob sich in einer Hand eine Regung, ein Zucken anbahnt. Wenn er nichts registriert, muß er die entsprechenden Suggestionen wiederholen. Nehmen wir an, er bemerkt, daß eine Hand beginnt, sich muskulär bemerkbar zu machen.)

„... gut so, und wie fühlt sich die Hand an, die *nicht* hochsteigt, ... höher und höher und sich *nicht* von der Unterlage, vom Bein löst und *nicht* kribbelt oder zuckt und immer weiter und weiter nach oben steigt, ganz von alleine, höher und höher, immer höher und immer höher, ... weiter und weiter, ruckartig, stetig höher und höher ...“

Der Klient wird während dieser Suggestionen immer konfuser, er kann schließlich nicht mehr genau zuordnen, für welche Hand nun welche Suggestion gilt. Er gibt schließlich auf und rutscht noch tiefer in Trance.

Die Armlevitation ist offenbar eine alte Induktionsform, die früher von Gauklern und Schaustellern angewandt wurde. Wir finden z.B. in den Grimmschen Märchen eine Geschichte, „Die Stiefel von Büffelleder", die eine Gruppenhypnose mit Armlevitation beinhaltet. Ein herumziehender Vagabund macht in einer Räuberhöhle mit allen Räubern eine Art Konfusionstrance mit Armlevitation: Es knallte laut, als der Pfropfen aus der Flasche gezogen wurde und die Räuber am Tisch saßen:

„Dann schwenkte er, »der Vagabund«, die Flasche über den Köpfen der Räuber und rief: ‚Ihr sollt alle leben, aber das Maul auf und die rechte Hand in die Höhe', und tat einen herzhaften Zug. Kaum waren die Worte heraus, so saßen alle bewegungslos, als wären sie von Stein, hatten das Maul offen und streckten den rechten Arm in die Höhe."

***Abbildung 6:* Frau in Trance**

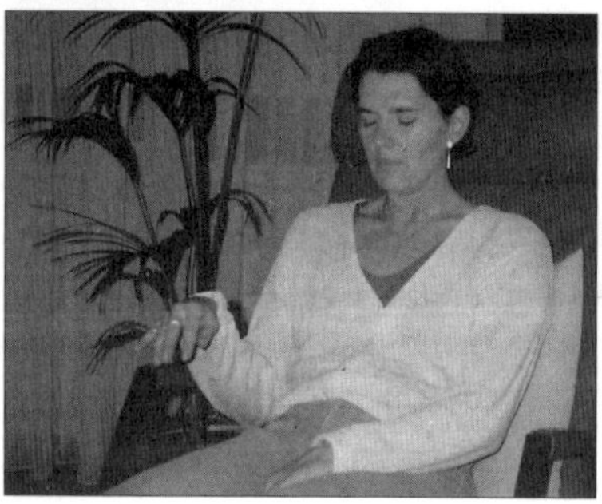

*Abb. a:* Die ideomotorisch hochsteigende Hand der Frau signalisiert die Bereitschaft, in Trance zu fallen

*Abb. b:* Während der Phase der Trancevertiefung beginnt der Kopf sich seitlich nach unten zu bewegen, die Halsmuskulatur entspannt sich

*Abb. c:* Nach etwa 30 Minuten befindet sich die Frau in Tieftrance, der Kopf ist stark nach vorne geneigt, das Gesicht vollkommen entspannt

## Der Kohnstamm-Effekt

Genau genommen handelt es sich bei diesem Effekt nicht um ideomotorische Bewegungen, sondern um das physiologische Zusammenspiel von verschiedenen Muskeln und ihren Antagonisten. Da allerdings dieser Effekt von den Klienten oft analog zu ideomotorischen Bewegungen erlebt wird, habe ich ihn hier aufgelistet.

Der Klient wird gebeten, sich an eine Wand seitwärts zu stellen und mit seinem Handrücken gegen die Wand etwa 30-40 Sekunden lang zu drücken. Dann soll er sich schnell drehen und seine Hand und seinen Arm hochsteigen lassen. Wird dieses natürliche Hochsteigen mit hypnotischen Suggestionen verknüpft, so wird der Klient diese Bewegungen als Auswirkung der hypnotischen Suggestionen verstehen.

Noch beeindruckender ist dieser Effekt, wenn Sie Ihre Versuchsperson bitten, mit ihrem herunterhängenden Arm gegen eine nur vorgestellte Wand zu drücken. Nach etwa 30 Sekunden verändern Sie suggestiv diese Vorstellung und induzieren ein neues Bild. Sie sprechen davon, daß nun lauter kleine Gasballons an diesem Arm befestigt sind, die den Arm zauberhaft nach oben ziehen. Der Arm Ihrer Versuchsperson wird sich dann relativ schnell nach oben heben.

Der Muskel, der die Hand und den Arm gegen die Wand drückte, entspannt sich in dem Moment, wo der Klient sich zur Seite dreht, oder das Bild der vorgestellten Wand aufgibt. Gleichzeitig fängt der antagonistische Muskel an zu arbeiten, und durch dieses Zusammenspiel beginnt der Arm sich kurzzeitig, wie von selber, zu heben.

Der Kohnstamm-Effekt eignet sich gut als Demonstration „ideomotorischer Bewegungen“ für den kontrollierten Klienten. Dem Klienten wird dieses Phänomen am eigenen Leibe vorgeführt und erhöht dadurch die Akzeptanz für weitere hypnotische Phänomene. Abzuraten ist, diese Technik medizinisch vorgebildeten Klienten als Hypnoseeffekt zu demonstrieren. Hier wird es genau das Gegenteil von dem erzeugen, was man, in guter Absicht, erreichen will.

## Gedankenlesen

In der ersten Hälfte des 20. Jahrhunderts erregten zwei Varietékünstler namens Kuni und Messing in Mitteleuropa Aufsehen. Ihnen gelang es, die Gedanken ihrer Zuschauer zu lesen. Sie riefen Freiwillige auf die Bühne und baten sie aufzuschreiben, was von ihnen, den Künstlern, während der Vorstellung gemacht werden sollte und führten dann die gestellten Aufgaben aus. Beispielsweise stand als Auftrag auf dem Zettel, einen Hut von einem bestimmten Zuschauer aufzusetzen oder einen bestimmten Regenschirm aufzuspannen. Die Zettel wurden zugefaltet, so daß nur der Schreiber wußte, was darin stand. Messing nahm den Schreiber an die Hand und sagte zu ihm, daß er an nichts anderes denken solle, als an das, was er aufgeschrieben habe. Er solle daran so fest wie nur möglich denken. Dann ging Messing mit seinem Freiwilligen an der Hand durch den Raum und löste die Aufgaben, die auf dem Zettel standen. Zwar täuschte er sich manchmal, korrigierte sich aber immer schnell und fand die Gegenstände, die notiert waren. Wie war diese Leistung möglich, ohne daß er die Gedanken seiner Freiwilligen lesen konnte?

Die Antwort finden wir im Phänomen der Ideomotorik. Wenn der Freiwillige an die Aufgaben denkt, die er aufgeschrieben hat, entstehen in dem Moment des Denkens kleinste Bewegungen, so, als würde er seine Aufgabe selber ausführen wollen. Berührt der Freiwillige gleichzeitig die Hand eines anderen Menschen, der die Fähigkeit besitzt, ideomotorische Bewegungen der Hände deutlich wahrnehmen zu können, so wird er von dem Freiwilligen direkt ans Ziel geführt. Der „Gedankenleser" muß lediglich dafür sorgen, daß sein Freiwilliger ständig an seinen eigenen Auftrag denkt. Kuni und Messing machten ständig nach allen Seiten suchende Bewegungen mit der Hand – bei einer falschen Bewegung fühlten sie Widerstand in der gehaltenen Hand und gingen dann in der Richtung einfach weiter, wo der Widerstand am geringsten war.

Vermutlich nicht mit dem Phänomen der Ideomotorik sind die Versuche des russischen Physiologen Leonid Wassiljew zu erklären. In den Jahren 1932-1937 machte er Versuche, in denen er gedanklich seine Versuchspersonen in Hypnose versetzte und sie wieder weckte, ja sogar, wenn die Versuchspersonen durch eine dicke Wand, die für Radiowellen undurchlässig war, getrennt waren.

In den sechziger Jahren wurde am Physiologischen Institut der Leningrader Universität ein Laboratorium eingerichtet, das sich mit telepathischen Phänomenen befaßte. Platonow, ein bedeutender russischer Psychologe, der verschiedene Experimente von Wassiljew beobachtete, muß hier wohl völlig ratlos, ja irritiert gewesen sein und hatte keine vernünftige Erklärung für die Phänomene, die er mit eigenen Augen gesehen hatte. Er sprach in diesem Zusammenhang von möglichen Biofeldern, die bei verschiedenen Menschen unterschiedlich stark ausgeprägt seien und als Erklärung dieser Beobachtungen dienen könnten (Platonow 1982).

# 5. Posthypnotische Suggestionen

## Allgemeines

Posthypnotischen Aufträgen haftet etwas Mysteriöses an. Die Ansicht, daß ein Mensch, dem ein posthypnotischer Auftrag erteilt wurde, diesen wie verhext ausführt, ist weit verbreitet. Im Gegensatz zu Wachsuggestionen, denen man noch bewußt Widerstand entgegensetzen kann, kann sich der Klient des Ausführungscharakters eines posthypnotischen Auftrages kaum erwehren, so die gängige Ansicht.

Was ist nun das Charakteristische an einem posthypnotischen Auftrag? Ein posthypnotischer Auftrag wird *während* der Trance formuliert, um *nach* der Trance ausgeführt zu werden. Oft fallen Klienten während der Ausführung des posthypnotischen Auftrages noch einmal in spontane Trance und führen dann in diesem Zustand den Auftrag aus. Anschließend erwachen sie.

Im Gegensatz zu posthypnotischen Aufträgen beziehen sich die gewöhnlichen Suggestionen im klinischen Kontext mehr auf Empfindungen, Gefühle oder Bewertungen – sie sind mehr *richtungsweisend* als *zwingend*.

Posthypnotisches Verhalten hingegen wird von den Klienten meist als zwanghaft beschrieben – etwas tun zu müssen und sich nicht dagegen wehren können.

Untersuchungen (Perry 1977) zeigen, daß in diesem strengen Sinne nur ca. 2-3% der Versuchspersonen, die als suggestibel galten, posthypnotisch reagierten.

Paßt ein posthypnotischer Auftrag nicht ins Weltbild des Hypnotisierten, so entsteht ein Konflikt. Oft wird der Konflikt dann so gelöst, daß der Klient spontan erwacht und den posthypnotischen Auftrag nicht ausführt. LeCron (1993) spricht in diesem Zusammenhang von der „Teleologie des Unterbewußten". Das Unterbewußte hat seine eigene Intelligenz, es schützt vor Gefahren und trägt dafür Sorge, daß bei Gefahr der Organismus geschützt wird. Das Unterbewußte besitzt die Fähigkeit der Protektion, also etwas Nachteiliges von der Person fernzuhalten.

Es ist jedoch auch möglich, daß der Auftrag ausgeführt wird und im Nachhinein eine vernünftige Begründung konstruiert wird. Hier spricht man von Rationalisierung (Eberwein, Schütz 1996).

Einem sich in tiefer Trance befindlichen Klienten, der unter Sprechangst und Stottern litt, gab ich den posthypnotischen Auftrag, daß sein Mund, sobald er erwachen würde, mir eine Geschichte in einer fremden Sprache erzählen solle. Als der Klient erwachte, gingen seine Hände zu seinem Mund, so, als würden sie ihn zuhalten wollen. Dann begann er, hinter vorgehaltener Hand, etwas Unverständliches zu murmeln. Er begründete dieses seltsame Verhalten damit, daß er mir sagte, daß er vor einiger Zeit beim Campen war und sein Zeltnachbar im Schlaf immer so komisch geredet habe und das ungefähr so klang, wie er es gerade vorgemacht habe.

Interessant sind die Verhaltensweisen von Klienten, die kurz davorstehen, einen posthypnotischen Auftrag auszuführen, der schwer begründbar erscheint. So gab ich einem suggestiblen Klienten in Trance den Auftrag, daß er direkt nach der Trance einen neben ihm liegenden Kugelschreiber auseinanderschrauben solle. Als der Klient erwachte, schielten seine Augen verstohlen zu dem Stift und seine Finger machten gleichzeitig seltsame Bewegungen, so, als wollten sie bereits schon den Stift „im Geiste" auseinanderschrauben. Zwei Minuten lang geschah nichts besonderes, ich redete mit dem Klienten über ein belangloses Thema, aber seine Finger hörten in dieser Zeit nicht mit diesen merkwürdigen Bewegungen auf. Es schien, als würden die Finger nur noch ein kognitives Startzeichen benötigen, um den Stift in die Hand zu nehmen. Schlagartig nahm schließlich der Klient den Stift in die Hand, schraubte ihn ganz schnell auseinander und dann wieder zusammen. Auf meine „erstaunte" Frage, warum er denn das tue, sagte er, daß er den Eindruck hatte, die Mine würde klemmen und er den Stift reparieren wollte.

Einiges deutet darauf hin, daß unsere Handlungen oft unbewußt einsetzen. Selbst wenn wir glauben, uns zu etwas *bewußt* zu entschließen, war unser Gehirn bereits vor diesem Moment aktiv. Nicht das Bewußtsein, sondern unbewußte Prozesse stehen am Anfang bestimmter Handlungen. Libet (1985) untersuchte das Zusammenspiel von bewußter Absicht und präbewußten Entscheidungen. Er fand in ausgeklügelten Experimenten heraus, daß unsere bewußte Absicht offenbar illusionären Charakter hat. Bevor wir denken, etwas bewußt zu tun, oder uns zu entscheiden, trafen unbewußte Instanzen in uns offenbar schon diese Entscheidung. Libet interpretiert seine Ergebnisse dahingehend, daß wir uns zwar aussuchen können, *ob wir auf etwas reagieren* (was aus unserem Unbewußten hervorkommt) oder nicht. Wir können uns aber nicht aussuchen, *worauf* wir reagieren.

Obwohl unsere Alltagsauffassungen dieser Meinung diametral gegenüberstehen, so spricht doch einiges dafür, daß unser Bewußtsein vielen unbewußt getroffenen Entscheidungen hinterherhinkt und sich anschließend der Illusion hingibt, es wäre der eigentliche Initiator der Handlung.

Verschiedene Versuche zeigen, daß es durchaus möglich sein kann, suggestible Menschen zu kriminellen oder selbstschädigenden Handlungen zu bewegen. Es ist gelungen, Menschen in Hypnose dazu zu bringen, daß sie in einen Behälter mit Giftschlangen und Skorpionen griffen, ohne daß sie wußten, daß den Tieren die giftigen Stachel und Zähne entfernt worden waren (Rossi 1996). Ebenso wurden Menschen in Hypnose dazu gebracht, dem Versuchsleiter Salzsäure ins Gesicht zu spritzen (was die Versuchspersonen nicht wußten, war, daß der Versuchsleiter durch eine dicke Glaswand geschützt war).

So gab es um die Jahrhundertwende kontroverse Diskussionen darüber, ob nun Verbrechen oder antisoziales Verhalten mittels posthypnotischer Suggestionen auslösbar seien oder nicht. Das führte dazu, daß unterschiedliche Gutachter unterschiedlicher Schulen unterschiedliche Einschätzungen hierzu gaben.

Bekannt wurde um die Jahrhundertwende der Fall des Heilmagnetiseurs und Heiratsschwindlers Czynski, der in Trance eine junge, adlige Klientin dazu verführte, ihn zu heiraten, weil er offenbar an das Vermögen der Frau herankommen wollte. Er wurde zu drei Jahren Gefängnis verurteilt, weil das Gericht, trotz sich widersprechender Gutachten, suggerierte Liebe unterstellte. Hier spitzte sich die juristische Frage darauf zu, ob die Liebe des Fräuleins nun echt gewesen war oder nur eine suggerierte.

Ebenfalls zu erwähnen ist der Fall Gabrielle Bompard aus dem Jahre 1890. Sie ging zur Polizei und behauptete, daß sie in Hypnose an einem Mord zusammen mit ihrem Freund an einem französischen Gerichtsdiener beteiligt war. Beide hatten einen französischen Gerichtsdiener grausam ermordet. Der Freund leugnete, sie hypnotisiert zu haben. Unterschiedliche Gutachter (aus Nancy und von der Salpêtrière in Paris) wurden gehört, und der Freund wurde schließlich zum Tode, seine Komplizin zu 20 Jahren Gefängnis verurteilt.

Ein Pistolenexperiment machte Liégois, der eine suggestible Frau in weniger als einer Viertelminute dazu brachte, einen Mann zu „erschießen". Zur Verdeutlichung der Echtheit der Waffe lud Liégeois (Bernheim 1985) vor den Augen der Anwesenden die Pistole und feuerte mit einer echten Kugel auf eine Zielscheibe, so daß der Eindruck entstand, daß die Pistole scharf sei (in Wirklichkeit war nur die erste Patrone scharf). Die Frau nahm, wie befohlen, die Pistole und schoß auf den Mann, der zum Schein wie tot umfiel.

Nachdem die Frau polizeilich vernommen wurde, auch das war Teil des Experimentes, behauptete sie, daß sie sich aus eigenem Antrieb dazu entschlossen hatte, diesen Mann zu erschießen.

Vor versammelten Juristen befahl Forel einem 70jährigen Mann im Tiefschlaf, mit einem Messer auf eine imaginierte Gestalt zu stechen. Der Mann befolgte den Befehl. Auch Bernheim experimentierte im Graubereich hypnotischer Möglichkeiten. Er befahl einem Hypnotisierten, daß er eine Uhr stehlen solle, was dieser auch ohne zu zögern ausführte.

Eine Reihe von Experimenten, die Erickson durchführte, zeigen, daß es, im Gegensatz zu den obengenannten Beispielen, sehr schwer ist, Menschen zu kriminellen oder antisozialen Handlungen in Hypnose zu überreden. Wie passen diese, vollkommen unterschiedlichen experimentellen Ergebnisse zusammen? Hierzu zwei Anmerkungen:

➤ Sozialpsychologische Experimente belegen eindeutig, daß Menschen im normalen Bewußtsein in bestimmten Situationen anderen Menschen schweren Schaden zufügen können. Bekannt sind die deprimierenden Experimente von Milgram (1974), in denen Versuchspersonen von anderen Versuchspersonen extreme Schmerzen zugefügt bekamen. Das ganze Experiment stand unter dem Zeichen einer wissenschaftlichen Lernstudie, in der die Versuchspersonen mittels Elekroschocks zum besseren Lernen animiert werden sollten. Fast alle Versuchspersonen fügten den Lernversuchspersonen den höchsten aller Stromschläge von 450 Volt zu. Hörten die Elektroschockverteiler die verzweifelten Schreie ihrer Opfer, so waren immerhin noch zwei Drittel von ihnen bereit, die 450 Volt zu verabreichen. Das Experiment war zum Glück so konzipiert, daß die Versuchspersonen, die die Elekroschocks bekamen, Schauspieler waren, und ihre Schmerzen nur vortäuschten. Die Versuchspersonen, die den Strom verteilten, wußten nichts davon.

Interessant in diesem Zusammenhang ist auch das sozialpsychologische Gefängnisexperiment, das Zimbardo (1973) durchführte. Er suchte sich über Zeitungsinserate Studenten, die emotional stabil und gesund waren. Die Studenten wurden nach dem Zufallsprinzip unterschiedlichen Gruppen zugeteilt. Die eine Gruppe sollte Gefängniswärter spielen, die andere die Gefangenen. Es wurde ein Scheingefängnis gebaut, um die Auswirkungen der Haft auf die freiwilligen Versuchspersonen zu untersuchen. Alle Teilnehmer identifizierten sich sehr schnell mit ihren unterschiedlichen Rollen. Die Gefängniswärter wurden ausgesprochen aggressiv, demütigten und drangsalierten ihre Gefangenen, ohne daß sie eine Vorgabe dazu bekamen. Das Experiment sollte ursprünglich zwei Wochen dauern, mußte aber bereits nach sechs Tagen abgebrochen werden, weil die Versuchsleiter die Unversehrtheit der „Gefangenen" nicht mehr garantieren konnten.

➤ Meiner Einschätzung nach war Erickson davon überzeugt, daß in Hypnose keine Handlungen möglich sind, die dem Wertesystem des Hypnotisierten entgegenlaufen. Seine Experimente scheinen ihm recht zu geben – es sollte jedoch in Erwägung gezogen werden, daß möglicherweise hier der Versuchsleitereffekt Ericksons Ergebnisse beeinflußte. Wie aus der Experimentalpsychologie bekannt ist, beeinflußt die Haltung des Versuchsleiters das Versuchsergebnis. Wenn Experimente belegen, daß antisoziales, destruktives Verhalten ohne weiteres bei ganz normalen Menschen im Wachzustand erzeugt werden kann, warum sollte es gerade dann in Trance nicht möglich sein?

## Direkte posthypnotische Aufträge

Die einfachste Weise, posthypnotische Aufträge zu formulieren, ist die direkte. Dem Klienten wird in Trance gesagt, daß er etwas ganz bestimmtes ausführen muß. Z.B. könnte einem Aufzugsphobiker gesagt werden, daß er zwei Tage nach der Therapiesitzung zu einer ganz bestimmten Zeit mit dem Aufzug fahren soll (und somit neue

Erfahrungen macht). Der posthypnotische Auftrag kann außerdem an einen äußeren oder inneren Stimulus gebunden werden, aufgrund dessen dann der Auftrag ausgeführt wird. Der äußere Stimulus wäre in unserem Beispiel vielleicht der Anblick einer Aufzugstür, innere Stimuli wären möglicherweise bestimmte Gedanken, die den Klienten zum Aufzugfahren animieren.

Auch unsere körperlichen Funktionen sind mittels posthypnotischer Instruktionen beeinflußbar. So ist es bei Zahnbehandlungen durchaus üblich, posthypnotische Aufträge an das verletzte Gewebe im Mund zu geben. Z.B. wird befohlen, daß nur so viel Blut die Wunde verläßt, wie zum Reinigungsvorgang nötig ist – und das ist meist wenig. Die Wundheilung ist dann bekanntlich viel effektiver.

Delboeuf, ein belgischer Wissenschaftler, Philosoph und begeisterter Anhänger der Hypnose hatte bereits 1887 folgenden Versuch unternommen: Er fügte einer suggestiblen Versuchsperson mit einem glühenden Eisen zwei kleine Brandwunden auf der Haut zu. Dann suggerierte er, daß die eine schmerzhaft sei und die andere nicht. An der Stelle der Haut, wo die Suggestion der Schmerzunempfindlichkeit gegeben wurde, entstand ein trockener Hautfleck, der keine Narbe bildete, an der anderen Stelle entstand eine eitrige Brandblase, die anschließend vernarbte (Taylor 1984). Einiges spricht dafür, daß in einem frühen Stadium, in dem der Schmerz wegsuggeriert wird, entzündungshemmende und heilende Prozesse aktiviert werden.

Die Versuche Forels u.a. bestätigen, daß mittels posthypnotischer Suggestionen bestimmte Körpervorgänge stimuliert werden können. Forel schnitt mit der Spitze eines stumpfen Messers einer Versuchsperson ein Kreuz auf den Arm und suggerierte anschließend Blasenbildung. Nach einigen Stunden hatte sich eine quaddelartige kreuzförmige Schwellung auf der Haut gebildet. Außerdem suggerierte er noch zusätzlich das Erscheinen eines Blutstropfens, der anschließend ebenfalls zu sehen war (Trömner 1908).

Die Kirchengeschichte kennt ungefähr 500 Fälle von „Stigmatisierungen“, in denen die Wundmale Jesu auftraten, manchmal sogar blutend. Bei Franz von Assisi sollen sogar schwarze Hautknoten die Kreuznägel simuliert haben.

Direkte posthypnotische Aufträge verführen dazu, das Problem eines Menschen einfach wegzusuggerieren. Das ist in den meisten Fällen nur kurzfristig möglich. Hier müssen ökologische Gesichtspunkte berücksichtigt werden, um der Komplexität menschlichen Verhaltens gerecht werden zu können. Wenn man in einem bestehenden Gleichgewicht einen Faktor herausfiltert und ihn einer Änderung unterzieht, ohne auch die anderen Faktoren zu berücksichtigen, so stellt sich oft nach kurzer Zeit das alte Gleichgewicht wieder her.

Werden direkte posthypnotische Aufträge an erwünschtes Verhalten von Klienten gekoppelt, so erhöht sich die Wahrscheinlichkeit der Ausführung. Einem Klienten mit psychogenen Atembeschwerden wird beispielsweise gesagt, daß er nach der Hypnose das Fenster öffnen muß, damit er anschließend frei und gut durchatmen kann. Man wird ihn leicht dazu animieren können, dem posthypnotischen Auftrag zu folgen.

## Indirekte posthypnotische Aufträge

Posthypnotische Aufträge können auch indirekt formuliert werden. So kann man dem Klienten in Trance eine Geschichte erzählen, in der Gestalten (Menschen, Tiere) vorkommen, die die gewünschten Verhaltens- oder Reaktionsweisen des Klienten an den Tag legen. Der suggestive Charakter der Geschichten kann so verstärkt werden, daß die Identifikationsgestalten in der Geschichte nur auf die beschriebene Weise handeln können und sonst nicht. Auch hier ist es möglich, das erwünschte Reaktionspotential wieder an äußere und innere Stimuli zu koppeln. Der Vorteil indirekter Aufforderungen ist der, daß sie nicht den gleichen Widerstand des Klienten auf sich ziehen wie direkte. Sie eignen sich gut bei der Behandlung stark kontrollierter Klienten und bei Kindern.

## Amnesie

Spontane Totalamnesie nach einer erlebten Trance ist eher selten. Häufiger anzutreffen sind sogenannte Partialamnesien, der Klient hat das Gefühl, daß er sich nur an ganz bestimmte Ausschnitte erinnert und andere vergessen hat.

Direkte posthypnotische Befehle unterliegen manchmal einer spontanen Amnesie – es scheint so, als ahne das Unbewußte des Klienten, daß diese Dinge vergessen werden sollen, und somit werden sie auch vergessen.

Interessant wäre die Fragestellung, inwieweit die Erwartung des Therapeuten, ob eine Amnesie eintritt oder nicht, das Resultat beeinflußt.

Eine posthypnotische Instruktion, die amnestisch wurde, hat Auswirkungen auf die innere Zuschreibung der ausgeführten Handlung. Wie erzeugt man nun Amnesie?

Es gibt verschiedene Möglichkeiten, eine künstliche Amnesie zu erzeugen. Die einfachste ist die, daß man direkt suggeriert, daß alles, was in Trance geschieht, in Vergessenheit geraten wird. Hier aber läuft der Hypnotherapeut Gefahr, daß der Klient mißtrauisch wird und nun erst recht versucht, sich an möglichst alles zu erinnern, was in Trance geschah. Eleganter sind die indirekten Methoden zur Erzeugung einer künstlicher Amnesie. Sie ziehen weniger Widerstand auf sich, weil sie gar nicht richtig bemerkt werden. Eine einfache Methode, hypnotisch Erlebtes künstlich amnestisch werden zu lassen, ist die Unterbrechungsstrategie:

Erickson arbeitete mit posthypnotischen Instruktionen, die eine Amnesie des hypnotischen Erlebens erzeugen sollten, oft auf die folgende Weise: Er fing mit dem Klienten ein belangloses Gespräch an, was schließlich immer interessanter wurde. Dann unterbrach er abrupt das Gespräch und induzierte Trance. Nach der Trance griff er die Gesprächsassoziationskette wieder auf und plauderte in der Weise, als wenn nichts (keine Trance) gewesen wäre (Rossi 1995). Der Klient kann sich dann im allgemeinen nur noch sehr vage oder gar nicht an Inhalte der Trance erinnern (siehe Abb. 7). Diese Art posthypnotischer Amnesie ist wesentlich effektiver als die direkte oder fordernde Suggestion (wie z.B.: „Sie werden alles vergessen!").

Andere Metaphern, Suggestionen amnestisch werden zu lassen, sind folgende:

- ➤ das Bild vom einsetzenden Schneefall, unter dem alles verschwindet, was vorher noch sichtbar war, und nur noch Konturen und Umrisse erkennbar bleiben ...

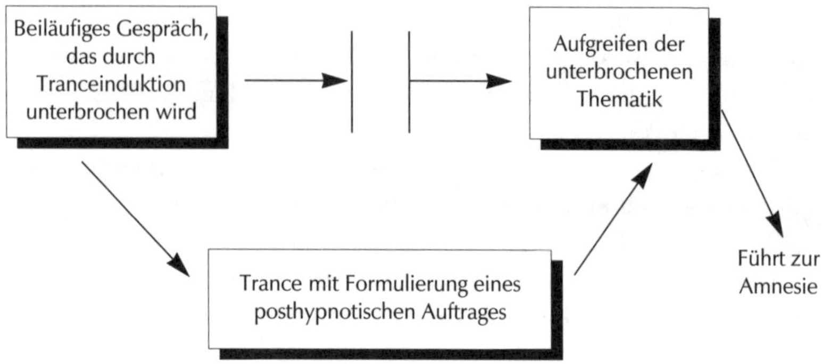


***Abbildung 7:* Künstlich erzeugte Amnesie durch Unterbrechung und Aufgreifen der unterbrochenen Thematik nach der Trance**

- in einer verborgenen Grotte wird der posthypnotische Auftrag formuliert, anschließend schließt sich die Tür der Grotte und alles bleibt dort, was dort geschehen ist ...
- aus der Märchenwelt: weit weit weg in dem Land hinter den sieben Bergen, da, wo nur die Träume hingelangen ... (Suggestionen) ... und alles, was dort geschah, bleibt in Vergessenheit, tiefer Vergessenheit ...

Bei einer künstlich erzeugten Amnesie ist darauf zu achten, daß die Ausführung des posthypnotischen Auftrages selber nicht in dem Sinne amnestisch wird, daß der Auftrag selber vergessen wird. Dann kann er natürlich nicht ausgeführt werden, und der Klient kann keine korrigierende Erfahrung machen. Die Formulierung „*alles*, was Sie in Trance erlebten, fällt in tiefe Vergessenheit" ist ungeschickt und erhöht die Wahrscheinlichkeit, daß die Ausführung des posthypnotischen Auftrages selber blockiert wird. Besser wäre es, den posthypnotischen Auftrag an ganz bestimmte Körperteile zu binden, z.B. in folgender Weise: „Ihre rechte Hand wird morgen früh einen Brief an Sie selber schreiben, in dem die Lösung Ihrer Probleme bereits klar angedeutet wird." Anschließend wird Vergessenheit suggeriert und nur noch die rechte Hand darf sich an das erinnern, was am nächsten Morgen ausgeführt werden muß. So kann ruhig alles in Vergessenheit geraten, die Hand wird sich an das erinnern, was sie ausführen soll, und der Klient wird sehr erstaunt sein.

## Weitere Möglichkeiten posthypnotischer Aufträge

### ➤ *Scheinaufträge*

Stark kontrollierte Klienten sind hypnotischen Phänomenen gegenüber mißtrauisch. Werden solchen Menschen posthypnotische Aufträge erteilt, so regt sich oft Widerstand gegen diese Suggestionsform. Im Klienten entwickelt sich ein Gefühl wie „der wird schon sehen, daß ich das, was er mir aufträgt, nicht mache, ich bin ja schließlich kein willensschwacher Mensch". Hier entsteht ein innerer Wettkampf zwischen Therapeut und Klient, bei dem es darum geht, wer sich mit seinem Willen durchsetzt. Bei diesem Kliententyp empfiehlt es sich, posthypnotische Scheinaufträge zu formulieren, um die kontrollierende Aufmerksamkeit des Klienten maximal zu binden. Wird ein posthypnotischer Scheinauftrag gegeben, so sollte anschließend der sinnvolle Auftrag formuliert werden, der nun auf eine wesentlich größere innere Aufnahmebereitschaft trifft und mit größerer Wahrscheinlichkeit ausgeführt wird (siehe Abb. 8).

So sagte ich einem Klienten in Trance, der starke Polaritätsreaktionen zeigte, daß er einen unwiderstehlichen Drang spüren werde, nachdem die Trance beendet sei, das Fenster im Therapieraum aufzureißen. Diesem sinnlosen Auftrag folgte wenig später der sinnvolle (der Klient sollte sich in einer ressourcenvollen Umgebung mit seinen Problemen erleben und eine Geschichte darüber erzählen). Wie erwartet sagte der Klient, daß er nun absichtlich das Fenster nicht aufmache, weil er das nicht wolle und einen freien Willen habe. Kurze Zeit später erzählte er, wie befohlen, mit leuchtenden Augen eine Geschichte über sich, wie er seine Probleme bereits gemeistert habe. Den Zusammenhang zur Hypnose stellte er nicht her, er antwortete auf meine Frage, wie er denn so plötzlich dazu käme, mir diese Geschichte zu erzählen, daß sie ihm einfach so eingefallen sei.

### ➤ *Paradoxe Suggestion*

Eine interessante Methode, in der Weise posthypnotische Instruktionen zu formulieren, daß diese auch ausgeführt werden müssen, ist die Methode der paradoxen Suggestion. Erickson wendete manchmal bei Versuchspersonen, die zweifelten, ob sie überhaupt Hypnose erleben könnten, diese Methode an.

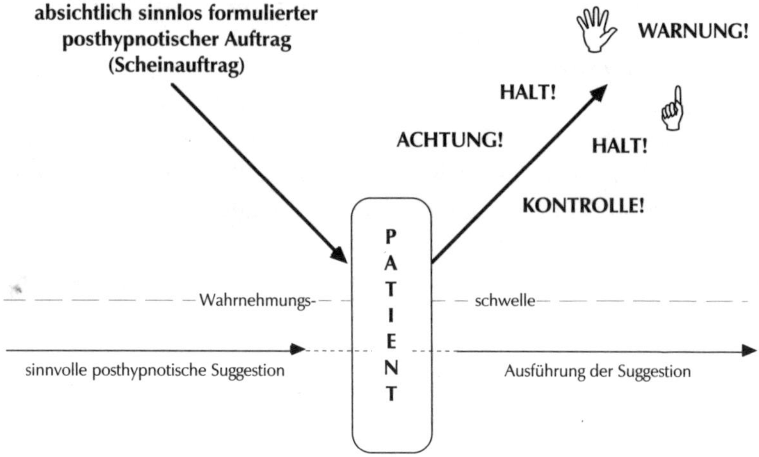


***Abbildung 8:*** **Scheinauftrag zur Bindung von Restaufmerksamkeit**

Dem kontrollierten Klienten wird der posthypnotische Auftrag erteilt, nach der Trance auf die Frage, ob er in Trance war, zu sagen, daß er nicht in Trance war. Sagt er nach der Trance, daß er nicht in Trance war, so befolgt er den Auftrag, sagt er, er war in Trance, so gibt er es ja zu, in Trance gewesen zu sein (Rossi 1995).

### ➤ *Auslösereizblockierung*

Eine andere Weise, posthypnotische Aufträge einzusetzen, ist die absichtliche Blockierung des Auslösereizes für die intendierten Reaktionen.

In einem Klima einer erwarteten aber nicht ausgeführten Handlung entsteht innere Spannung. Suchprozesse werden ausgelöst, die Wahrnehmung wird geschärft. Dieser Effekt, Zeigarnik-Effekt genannt (Rubinstein 1977), beruht darauf, daß wir einer unerledigten Aufgabe mehr Aufmerksamkeit schenken als einer erledigten. Diese Art posthypnotischer Aufträge sollte meines Erachtens nur bei stabilen Klienten angewendet werden, um zu verhindern, daß der Prozeß außerhalb des therapeutischen Settings außer Kontrolle gerät. Einem Klienten, der darunter litt, keine Freundin zu haben, wurde von mir der posthypnotische Auftrag erteilt, daß er auf ein ganz bestimmtes Wort hin („Frühling“) Frühlingsgefühle, Liebesgefühle entwickeln werde. Ich entließ ihn aus der Stunde, ohne dieses Auslösewort zu sagen. Der Klient berichtete eine Woche später, daß er in bestimmten Situationen sehr kribbelig war und auf ein bestimmtes Wort achtete. Er hatte allerdings das Wort vergessen und berichtete weiter, daß er wie auf einer Startlinie stehe und wisse, wenn das Wort genannt werde, könne er sich daran erinnern. Auch in dieser Stunde nannte ich nicht das Auslösewort. Der Klient berichtete anschließend von mehreren Erfahrungen mit Frauen, die in ihm Frühlingsgefühle geweckt hätten und er selber nicht wußte, wie das zustande kam. So hatte der Klient scheinbar selber sein Auslösewort gefunden und anschließend neue Erfahrungen gesammelt.

### ➤ Metapher in Kombination mit posthypnotischer Suggestion („Alice im Wunderland“-Technik)

Die von mir entwickelte Methode der bildhaften Übertragung des Klientenproblems, in Kombination mit posthypnotischen Aufträgen („Alice im Wunderland“-Technik), eignet sich gut als Hilfsmittel für die Integration innerer Anteile. Die zugrundeliegende Idee dieser Methode ist, daß für das Kernproblem des Klienten eine analoge Metapher gesucht wird. Die Metapher und das reale Problem des Klienten werden in Trance ineinander verwoben. Schließlich wird dem Klienten eine Lösung des Metapherproblems mittels eines posthypnotischen Auftrages nahegelegt. Der Klient löst also nach der Trance mittels eines posthypnotischen Auftrages das Problem der Metapher und ist durch diese Lösung der Lösung seines eigentlichen Problems ein Stück näher gekommen. Dem Klienten bleibt der Lösungsweg des Metapherproblems oft unbewußt, weil seine Aufmerksamkeit sich den scheinbar wichtigen Dingen zuwendet, wie z.B. seinen „wirklichen“ Problemen.

Nun zur Veranschaulichung ein praktisches Beispiel: Ein Klient berichtet von mangelndem *„Selbst-Vertrauen“*. Er leidet unter Minderwertigkeitgefühlen und wünscht sich mehr Mut im Umgang mit anderen Menschen. In Trance wird ihm dann eine Geschichte erzählt, wie sein *Selbst* sein *Vertrauen* wiederfindet. Parallel dazu wird eine weitere Geschichte (Metapher) konstruiert, die in ihrer Aussage dem wahren Problem des Klienten ähnelt. Nehmen wir an, die Metapher stellt eine Geschichte dar, in der ein Blumenstrauß eine einzelne Blume verloren hat und nun die *Blume* den *Strauß* wieder sucht, weil sie ja zu ihm gehört. Der Therapeut nimmt nun eine Blume von dem (realen) Strauß auf dem Tisch zwischen ihm und dem Klienten und legt diese Blume auf den Boden. Der Klient, in Trance, hört nun zwei ineinandergewobene Geschichten, in denen es darum geht, daß sich etwas wiederfindet, was getrennt wurde. Er wird der Metaphergeschichte keine allzugroße Restaufmerksamkeit schenken, weil er sich nicht der realen Relevanz dieser Geschichte bewußt ist. Der posthypnotische Auftrag besteht nun darin, an die Hand des Klienten zu appellieren, die Blume wieder zum Strauß zu stecken. Diese Lösung auf metaphorischer Ebene wird nun mit der Lösung seines realen Problems in der Weise verbunden, daß die metaphorische Lösung die reale in Aussicht stellt (z.B. durch Analogieschlüsse). Ein Klient von mir, der diese Geschichten in Trance hörte, antwortete auf meine Frage, warum er denn die Blume wieder zum Strauß zurückstecke, daß er es nicht sehen könne, wenn einzelne Blumen auf dem Boden liegen würden. Beim Zurückstecken der Blume fiel dieser Klient für einen kurzen Augenblick in Trance.

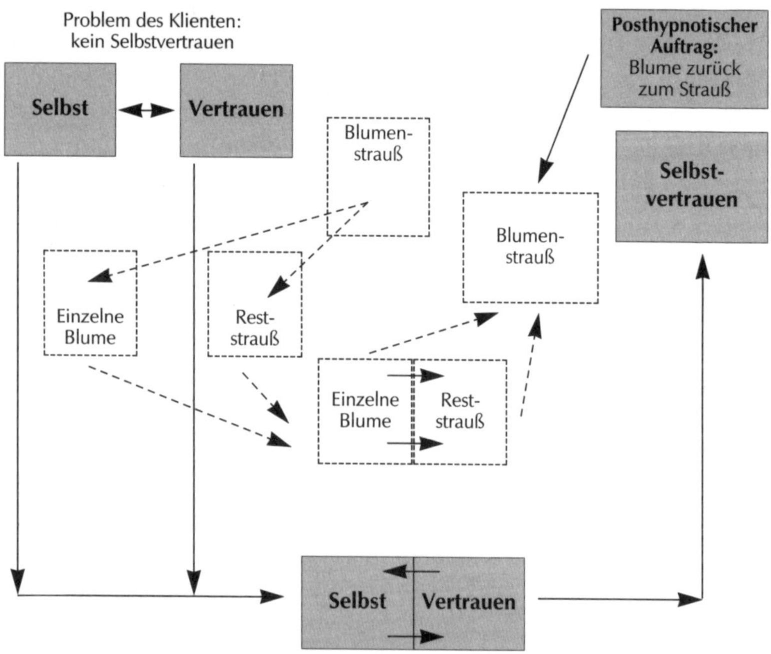


***Abbildung 9:*** **Eingewebte Metapher mit posthypnotischem Auftrag**

## Formulierung und Zeitpunkt des posthypnotischen Auftrages

Ein herausragendes Kennzeichen der Arbeitsweise des Unbewußten ist der *Literalismus*. Das Unbewußte versteht die suggerierten Botschaften buchstäblich. Soll eine posthypnotische Suggestion formuliert werden, so ist auf Eindeutigkeit zu achten. Die buchstäbliche Botschaft sollte möglichst kongruent zur inhaltlichen sein. Der posthypnotische Auftrag, in einer ganz bestimmten Problemsituation „sich an die eigene Nase zu fassen", könnte vom Klienten derart verstanden werden, daß er sich einfach während der genannten Situation mit seiner Hand an die Nase faßt, ohne den wahrscheinlich beabsichtigten Inhalt, nämlich vielleicht mehr auf sich selber zu achten, zu verstehen. Sehr oft haben unsere Botschaften einen buchstäblichen Charakter, und es empfiehlt sich, die posthypnotische Suggestion exakt zu formulieren, um Mißverständnisse zu vermeiden. Wann ist der richtige Zeitpunkt, um eine posthypnotische Suggestion zu formulieren?

- Soll beispielsweise der posthypnotische Auftrag mit künstlicher Amnesie belegt werden, ist es geschickt, den Auftrag in der tiefsten Trancephase zu formulieren. Je nach Klient und Tageszeit sind die erlebten Trancephasen unterschiedlich lang. Genaue Kalibrierung erlaubt es dem erfahrenen Hypnotherapeuten, tiefe Trancezustände (z.B. fehlender Schluckreflex) äußerlich zu erkennen. Dann sollte der posthypnotische Auftrag formuliert werden.
- Wird kein Wert auf Amnesie gelegt, spielt der Zeitpunkt der Suggestion keine große Rolle. Viel wichtiger erscheint die Bedeutsamkeit der Formulierung, die durch entsprechende nonverbale Elemente stark intensiviert werden kann. Je bedeutsamer Sätze ausgesprochen werden, desto stärker ist ihre suggestive Wirkung.
- Die Frage des Zeitpunktes läßt sich auch an bestimmte körperliche Feedbackmechanismen des Klienten koppeln. Z.B. kann mittels einer Armlevitation die offene Suggestion präsentiert werden, daß ab einer ganz bestimmten Höhe des Armes (Schulterhöhe) das Unbewußte sich für „Zauberhaftes" öffnet und alles so aufnimmt, wie es von außen präsentiert wird. So braucht

man nur zu warten und der Körper des Klienten bestimmt selber den richtigen Zeitpunkt der besten Suggestionsempfänglichkeit.

## Ausführung des posthypnotischen Auftrages

Es gibt vier verschiedene Möglichkeiten, wie posthypnotische Aufträge ausgeführt werden können:

➤ ***Die posthypnotische Suggestion wird befolgt.***
Die posthypnotische Suggestion wird so befolgt, wie sie formuliert wurde. Die Ausführung des Auftrages geschieht also im beabsichtigten Sinne. Wird beispielsweise einem Klienten, der wegen übermäßigem Rauchen in die Therapiestunde kommt, gesagt, daß er keine Zigarette mehr anfassen kann, weil seine Finger sie nicht halten können und der Klient daraufhin in der nächsten Stunde berichtet, daß ihm alle Zigaretten, die er anfassen wollte, aus der Hand glitten, so ist anzunehmen, daß der Klient der posthypnotischen Suggestion positiv gefolgt ist.

➤ ***Die posthypnotische Suggestion wird nur teilweise befolgt.***
Hier wird also die posthypnotische Suggestion nur teilweise befolgt und Teile der Ursprungssuggestion werden ausgeblendet. Es könnte mehrere Gründe geben, warum dies geschieht. Zum einen könnten Teile der Suggestion mißverständlich gewesen sein, so daß das Unbewußte es nicht verstanden hat, was es ausführen soll. Es könnte sowohl inhaltliche, als auch verbale Mißverständnisse geben. Inhaltliche Mißverständnisse sind oft inkongruente, nicht zusammenpassende Aussagen, die zur Folge haben, daß das Unbewußte nur die Teile der Suggestion herausfiltert, die zusammenpassen. Verbales Mißverstehen ist manchmal auf zu undeutliches Sprechen des Hypnotiseurs zurückzuführen.

Zum anderen könnte die Suggestion zwar unbewußt verstanden werden, aber auf inneren Widerstand treffen, der dann Teile der Suggestion einfach nicht befolgen läßt.

Einem meiner Klienten gab ich in tiefer Trance den posthypnotischen Auftrag, daß er innerhalb der nächsten Woche nachts aufwachen, sich an seinen Schreibtisch setzen werde und sein Unbewußtes einen Brief über seine gegenwärtige Lage schreiben lasse, aus dem hervorgehe, wie er (der Klient) Lösungswege bezüglich seiner prekären Lage finden könne. Der Klient kam zur nächsten Therapiestunde übernächtigt und berichtete, daß er jede Nacht, immer um 2 Uhr, aufgewacht sei und dann grübelnd, bis zum Morgen, im Bett gelegen habe. Solche Schlafstörungen habe er noch nie erlebt. Der Klient hatte den posthypnotischen Auftrag nur teilweise befolgt, er wurde zwar nachts wach, schrieb aber nichts über sein Leben und mögliche Lösungswege auf.

Wie sich später herausstellte, waren traumatische Belastungen dafür verantwortlich, daß der Klient nichts aufschreiben konnte. Dieses Beispiel illustriert auf deutliche Weise, wie wichtig es bei posthypnotischen Aufträgen ist, den therapeutischen Prozeß in seinem *ganzen* Umfang sehr sorgfältig zu beobachten.

➤ ***Die posthypnotische Suggestion wird nicht befolgt.***
Oft geschieht es, daß der Klient der Suggestion überhaupt nicht folgt. Es scheint so, als würde der Klient keinerlei Verbindung zu dem posthypnotischen Auslösereiz herstellen können. Die Gründe für dieses Phänomen sind vielschichtig. Da es während der Trance und der Formulierung des posthypnotischen Auftrages viele mögliche Störvariablen gibt (z.B. Auswahl des richtigen Zeitpunktes, exakte Formulierung, sprachliche Verpackung, äußere Strörreize, schwankende Trancetiefe) ist es für den Hypnotherapeuten oft schwierig, die Gründe zu eruieren. Manchmal sind es kleinste Hinweisreize wie z.B. Worte, die beim Klienten inneren Widerstand erzeugen, was wiederum verhindert, daß der Klient dann der Suggestion folgt. Janet (1897) unterschied zwischen dem *somnambulen Zustand* und der *somnambulen Leidenschaft*. Er wies darauf hin, daß posthypnotische Suggestionen hauptsächlich während der Phase des Einflusses im somnambulen Zustand befolgt werden und in der Phase der somnambulen Leidenschaft weniger.

➤ ***Die posthypnotische Suggestion wird ins Gegenteil verkehrt.***
Manche posthypnotischen Suggestionen werden genau gegenteilig befolgt. Der Klient führt genau das Gegenteil von dem aus, was er eigentlich ausführen sollte, ohne daß es ihm bewußt ist. Einem Klienten, der Schwierigkeiten hatte, seine Gefühle adäquat zu äußern, gab ich in Trance den posthypnotischen Auftrag, daß sich nach der Trance

bei einem bestimmten, von mir gesprochenen Wort (verbaler Auslösereiz) seine rechte Hand von alleine auf sein Herz legen sollte, und er sein Herz (Synonym für Gefühle) in diesem Moment spüren sollte. Nachdem ich den Klienten aus der Trance geführt hatte, und kurze Zeit später das Auslösewort nannte, berichtete der Klient erstaunt, daß seine rechte Hand wie gelähmt sei, und er sie überhaupt nicht bewegen könne. Auf meine Frage, ob er das kenne, meinte er, daß er so etwas noch nie erlebt hätte und nicht wisse, was das sei. Ihm war der Mechanismus fremd, mir vertraut. Eine kurze Gegensuggestion („Sie können den Arm jetzt wieder voll bewegen!“) erlaubte es dem Klienten, seinen Arm wieder zu kontrollieren. Was war geschehen?

Das Unbewußte des Klienten konnte der Suggestion nicht folgen, weil, wie sich später herausstellte, der Zeitpunkt für die Gefühlsöffnung des Klienten zu früh gewählt wurde, und die Angst im Klienten vorherrschte, daß seine Gefühle zerstörerisch sind.

## Posthypnotische Seriensuggestionen

Posthypnotische Seriensuggestionen sind eine Reihe unterschiedlicher Suggestionen, die alle ein gemeinsames Ziel verfolgen. Der Kerngedanke dieses Suggestionssets ist, daß der Klient mit Suggestionen derart überhäuft wird, daß er einzelne Suggestionen befolgen muß, auch wenn er gleichzeitig mit Abwehr beschäftigt ist. Der Klient wird also mit Suggestionen überhäuft, so daß die Wahrscheinlichkeit groß ist, daß einzelne Suggestionen an der Abwehr vorbeigleiten und ihre beabsichtigte Wirkung entfalten. So ist es durchaus vorstellbar, einem Klienten während der Trance viele direkte und indirekte Suggestionen zu geben, die allerdings immer in eine ähnliche Richtung zielen sollten, z.B. dem Klienten mehr Mut zu machen, oder ihn innerlich mit Ressourcen zu stärken. Zu viele unterschiedliche Suggestionen werden vom Unbewußten oft nicht voll verstanden, so daß ihre beabsichtigte Wirkung dann nicht zum Tragen kommt.

Einem Klienten, der beispielsweise unter nächtlichem Einnässen leidet, könnten folgende Suggestionen im Set präsentiert werden: „... der Blasenmuskel bleibt während der Nacht fest verschlossen ... die Körperflüssigkeiten bleiben im Inneren ... alles bleibt trocken ... wie trockener, feiner Wüstensand ...“

## Therapeutischer Nutzen posthypnotischer Suggestionen

### ➤ *Interne Attribuierung*

Werden posthypnotische Aufträge formuliert, so ist der Klient gezwungen, etwas auszuführen, was er wahrscheinlich unter normalen Bedingungen nicht ausführen würde. Werden diese Aufträge spontan oder künstlich amnestisch, so ist der Klient gezwungen, für sein eigenes Verhalten eine plausible Erklärung zu liefern. Der Klient muß notgedrungen seine eigene innere Landkarte erweitern, er schreibt das von ihm gezeigt Verhalten sich selber zu. Man stelle sich einfach einmal vor, was in einem Klienten, der jahrelang unter Sprechangst litt, geschieht, wenn er plötzlich vor vielen Menschen aufsteht und seine Meinung sagt – wenn dieser Klient gleichzeitig davon überzeugt ist, daß dieses neue Verhalten aus ihm selber kommt, dann macht er wohl eine elementare neue Erfahrung. Im Unterschied zur einfachen Wachsuggestion („Sie werden aufstehen und sprechen!"), die extern attribuiert wird, sind posthypnotische Aufträge in ihrer Wirkung viel stärker. Der formulierte posthypnotische Auftrag sollte allerdings nicht allzuweit von den potentiellen Möglichkeiten des Klienten entfernt sein, sonst besteht die Gefahr, daß er nicht ausgeführt wird, oder der Klient erwacht. Der Auftrag sollte also im Spannkreis Ich-syntoner Möglichkeiten liegen.

### ➤ *Ablenkung vom Wesentlichen*

Der Widerstand gegen posthypnotische Suggestionen wird von vielen Klienten mit Willensstärke gleichgesetzt. Und dieser Glaube läßt sich therapeutisch utilisieren. Der Therapeut formuliert einen posthypnotischen Auftrag, von dem er ahnt, daß der Klient ihn nicht ausführen wird. Er formuliert also am besten einen Auftrag, der kurz jenseits der Ich-syntonen Möglichkeiten liegen sollte. Er befiehlt streng, diesen Auftrag ausführen zu müssen, um möglichst viel Widerstand des Klienten zu bündeln. Der Klient, beschäftigt damit, wie er den posthypnotischen Auftrag nicht ausführt, ist nun offen für weitere Suggestionen. In dieser Situation sollten dann die sinnvollen therapeutischen Suggestionen folgen.

### ➤ *Suggestibilitätstest*

Um die Suggestionsbereitschaft des Klienten in der ersten Stunde der Kontaktaufnahme zu prüfen, können bereits posthypnotische Aufträge formuliert werden. Die Reaktionen des Klienten geben wertvolle Hinweise auf seine Suggestionsempfänglichkeit. Es ist beispielsweise möglich, dem Klienten den posthypnotischen Auftrag zu erteilen, daß er beim Abschied aus der Therapiestunde dem Therapeuten die linke Hand reicht (ein im alltäglichen Leben unmöglicher Stilbruch!). Der Therapeut sollte dann beim Abschied dem Klienten beide Hände entgegenstrecken und die Reaktion seines Gegenübers genau beobachten. Folgt nämlich der Klient den Suggestionen, so fällt er oft für einen kurzen Augenblick noch einmal in Trance. Hier könnte man dann noch weitere Suggestionen formulieren, weil der Klient in diesem Moment sehr suggestibel und aufnahmebereit ist.

Arbeitet man therapeutisch mit Hypnose, so ist es gerade in den ersten Stunden der Kontaktaufnahme wichtig, den Klienten zu überzeugen, daß er mit hypnotischen Phänomenen in Berührung kommt. Lediglich zu sagen, daß jedes intensive Gespräch hypnotischen Charakter habe, ist oft zu wenig. Der Klient, im Glauben, daß Hypnose etwas ganz besonderes ist, will Beweise, Evidenzerlebnisse. Auch hierzu eignen sich posthypnotische Aufträge vorzüglich.

### ➤ *Eliminierung von Metafragen*

Stark kontrollierte Klienten neigen oft dazu, die therapeutische Gesprächs- und Kontaktsituation zu hinterfragen. Sie sind oft damit beschäftigt, was der Therapeut denn nun mit seinem Verhalten und seinen Interventionen bezwecken will. Jede therapeutische Intervention steht auf dem Prüfstand, der Klient, mißtrauisch, will ständig wissen was der Therapeut macht. Hier nutzt auch wenig das bloße Zurückgeben der Klientenfrage („Was macht das mit Ihnen, wenn Sie jetzt an mich diese Frage stellen?"), weil dieser Kliententyp diesen Fragemechanismus durchschaut und sich mit seinen ernstzunehmenden Metafragen nicht angenommen fühlt. Hier besteht die Gefahr, daß der Rapport zwischen Therapeut und Klient leidet. Sollte es gelingen, diesen Kliententyp in Trance zu versetzen (hierzu eignen sich gut Konfusionstechniken), so ist es geschickter, Teile der Therapie mit posthypnotischer Amnesie zu belegen, um den Klienten aus seinen, für ihn selber hinderlichen Metafragekomplexen zu befreien und ihm neue Erfahrungen zu eröffnen.

➤ ***Schutz vor unerwünschten Hypnosen***
Verschiedene Hypnotherapeuten (MacHovec 1986) benutzen posthypnotische Suggestionen, um den Klienten vor unerwünschten Hypnosen, wie z.B. eine Showhypnose, zu schützen. Die posthypnotische Suggestion beinhaltet, daß die Person, sollte sie mögliches Opfer einer *unerwünschten* Hypnose werden, nicht in Trance fallen kann.

## Grenzen posthypnotischer Aufträge

Nur mit dem ausdrücklichen Einverständnis des Klienten, mit Hypnose arbeiten zu dürfen, sollten posthypnotische Suggestionen formuliert werden. Auf keinen Fall darf der Klient ohne sein Einverständnis mit indirekten Hypnosetechniken in Trance geführt und mit posthypnotischen Aufträgen befrachtet werden. Das könnte den Klienten in eine Krise treiben.

Jede posthypnotische Intervention ist ein Eingriff in das Innenleben des Klienten. Es ist eben sehr schwierig vorherzusagen, ob nun der Klient einer posthypnotischen Suggestion Folge leisten wird oder nicht. Potentiell ist immer damit zu rechnen, daß es im Klienten Teile gibt, die nicht mit der posthypnotischen Suggestion einverstanden sind. Diese Teile sollten während der therapeutischen Arbeit Berücksichtigung finden. Sie sollten angesprochen und ihre Einwände gehört werden. Vielleicht muß mit diesen Teilen zuvor erst verhandelt werden, um das weitere therapeutische Feld zu erschließen.

Therapiesitzungen, in denen posthypnotische Aufträge formuliert werden, sollten sorgfältig dokumentiert werden. Es ist gut, den posthypnotischen Auftrag möglichst wörtlich aufzuschreiben, um den therapeutischen Verlauf übersichtlich zu gestalten und bei unvorhergesehenen Schwierigkeiten mit Gegensuggestionen zu antworten. Posthypnotische Aufträge können über einen langen Zeitraum hin wirksam sein. Sanders (1921) berichtet von Fällen, in denen posthypnotische Aufträge noch nach Jahren zur Wirkung kamen.

Gelegentlich kommt es vor, daß Klienten, denen ein posthypnotischer Auftrag gegeben wurde, nach der Trance verwirrt und ärgerlich sind. Da sie die Gründe ihres Ärgers aber selber nicht voll verstehen, weil vielleicht große Abschnitte der Trance amnestisch blieben, ist es wichtig, daß der Therapeut Klarheit schafft und den Klienten über die vergessenen Geschehnisse aufklärt. Klienten in dieser Situation berichten oft, daß sie sich gezwungen fühlen etwas zu machen, was sie eigentlich nicht wollen – und das schafft verständlicherweise Ärger. Hier wäre zu vermuten, daß der posthypnotische Auftrag zu stark das ökologische Binnengleichgewicht des Klienten durcheinanderbrachte.

Der Therapeut sollte also sehr vorsichtig im Umgang mit posthypnotischen Suggestionen sein und wissen, daß der Rapport zum Klienten hier leicht Schaden nehmen kann.

Erwähnt werden muß zuletzt auch, daß die Militärmaschinerie Interesse an Hypnose und Gedankenkontrolle hat (Watson 1985). In den USA wurden und werden verschiedene Projekte verfolgt, die sich mit Methoden zur Erzeugung von Amnesie, Suggestibilität und hypnotischem Gedächtnisverlust beschäftigen. Zweck war es, z.B. Agenten zu unbewußten Informationsträgern zu machen, wobei sich der jeweilige Informationsträger weder an den Inhalt der ihm hypnotisch eingegebenen Informationen, noch daran, daß er überhaupt als Informationsträger benutzt worden war, erinnern konnte.

Da bisher nur wenige Experimente im Detail beschrieben wurden, ist ein genauer Überblick nicht möglich.

# PRAKTISCHER TEIL

# 6.
# Hypnotische Induktionen

## Die Turboinduktion

Die Turboinduktion ist eine der schnellsten Induktionen. Wenn Sie mit dieser Methode Versuche anstellen wollen, so benötigen Sie eine Taschenlampe und eine gehörige Portion Keßheit. Bitten Sie den Klienten, sich bequem hinzusetzen. Setzen Sie sich ganz nah an den Klienten heran, so daß Sie gut und einfach den Arm des Klienten berühren können. Bitten Sie den Klienten, daß er Ihnen in die Augen schaut und suggerieren Sie, daß sich schon bald Ihr Gesicht verzerren wird. Achten Sie unbedingt darauf, daß der Klient wirklich nur in ein Auge schaut und nicht mit den Augen von einem Auge zum anderen hin- und herwandert. Wechselt er nämlich von einem Auge zum anderen (man kann das deutlich bei genauem Hinsehen erkennen), so fordern Sie ihn ganz direkt auf, wirklich nur in ein Auge von Ihnen zu blicken, oder genau auf den Punkt zwischen Ihren Augen. Sagen Sie dann dem Klienten, er soll es Ihnen sofort sagen, wenn er Verzerrungen in Ihrem Gesicht wahrnimmt. Erfahrungsgemäß geschieht das zügig und dauert selten länger als drei Minuten. Sagt der Klient nun also, daß er Ihr Gesicht verzerrt, seltsam oder verschoben wahrnimmt, so nehmen Sie seinen rechten Arm (oder linken, je nachdem, wo Sie sitzen), katapultieren ihn sehr schnell nach oben, so daß er in die Luft zeigt. Sie halten in dieser Phase der Induktion den Arm des Klienten noch fest und schauen ihm *gleichzeitig* in seine Augen. Der Klient wird in dieser Phase der Begegnung mit Ihnen sehr erstaunt sein. Sie suggerieren nun, während Sie ihm noch in die Augen schauen und seinen Arm halten: „Der Arm wird steif und starr, wie aus Marmor, er bleibt einfach steif und starr in der Luft stehen."

Sie werden sofort mit Ihren Händen merken, ob der Klient Ihren Suggestionen Folge leistet. Nimmt er Ihre Suggestionen an, so wird der Arm natürlich ganz leicht, so daß Sie in Ihren Händen und Armen kein fremdes Gewicht mehr spüren. Ist das der Fall, so nehmen Sie Ihre Hände weg und lassen Sie ihn mit ausgestrecktem Arm auf seinem Stuhl sitzen. Nimmt er Ihre Suggestion nicht an, Sie spüren das deutlich am Gewicht des Armes, so wiederholen Sie die oben genannte Suggestion, bis der Arm des Klienten selbständig in der Luft steht. Die meisten Menschen werden Ihren Suggestionen, vorausgesetzt, Sie haben bis hierher alles richtig gemacht, folgen.

Der Klient sitzt nun mit einem steifen Arm, der in die Luft zeigt, vor Ihnen. Der Arm steht entweder senkrecht oder er zeigt parallel zum Boden oder befindet sich in einer Zwischenposition.

Nehmen Sie nun Ihre Taschenlampe, machen Sie sie an und halten Sie die Lampe etwa 50 cm vor den Augen des Klienten. Bitten Sie nun den Klienten, daß er genau in das Licht der Lampe schauen soll. Zittern Sie ein wenig mit der Lampe, so daß der Blick des Klienten unruhig wird. Suggerieren Sie: „Sie müssen Ihre Augen schließen, Sie können sie nicht mehr aufhalten, es wird Ihnen unmöglich sein, die Augen aufzuhalten. Die Augendeckel werden bleischwer, selbst wenn Sie wollten, Sie können die Augen nicht mehr aufhalten ..."

Bewegen Sie nun Ihre zitternde Taschenlampe zügig vor den Augen des Klienten. Er wird seine Augen schließen, garantiert. Lassen Sie das Licht der Lampe noch vor den geschlossenen Augen hin- und hertanzen und suggerieren Sie weiter: „Sie können Ihre Augen nicht mehr öffnen, sie sind wie zugeklebt, selbst wenn Sie es versuchen würden, es wird nicht möglich sein!"

Laden Sie den Klienten ein, daß er versuchen solle, seine Augen zu öffnen. Fast keiner kann in dieser Lage, mit einer leuchtenden Taschenlampe 10 cm vor Augen, seine Augen öffnen. Macht trotzdem einer die Augen auf, so haben Sie wahrscheinlich einfach halb leere Batterien in der Lampe. Führen Sie das Licht noch näher an die Augen und sagen Sie: „Sehr gut, Ihre Augen besitzen eine enorme Kraft, die sogar dem hellsten Licht standhält. Nehmen Sie nun diese Kraft und lassen sich überraschen, ob es Ihnen mit dieser Kraft möglich ist, die Augen nicht mehr öffnen zu können." (Eine versteckte Suggestion, die einen hypnotischen Störfaktor als Ressource für eine gelungene Trance umdeutet.)

Die weitere Annäherung der Taschenlampe löst noch stärker den Augenschließreflex aus, so daß es schließlich, allein aus physiologischen Gründen, nicht möglich ist, die Augen zu öffnen.

Der Klient sitzt nun mit geschlossenen Augen und erhobenem Arm vor Ihnen auf dem Stuhl. Sie haben den Klienten durch einige Überraschungen in einen sehr suggestiblen Zustand gebracht und können nun beginnen, diesen Zustand in eine Trance münden zu lassen. Hierzu suggerieren Sie, daß der Arm nun nach unten sinkt. Sie sagen: „Sehr gut, der Arm wird nun beginnen nach unten zu sinken, je tiefer er sinkt, desto tiefer fallen Sie in Trance. Der Arm wird ganz von alleine sinken, ohne daß Sie etwas dazu tun müssen."

Nun warten Sie einfach, wie schnell der Arm Bewegungen nach unten macht. Forcieren Sie hier nicht und werden Sie nicht ungeduldig. Normalerweise beginnt der Arm schon nach kurzer Zeit, sich selbständig zu machen und zu sinken. Sollte wider Erwarten der Arm nicht zu sinken beginnen, so können Sie einfach Schwere suggerieren: „Der Arm wird schwerer und schwerer, er wird so schwer, daß sein eigenes Gewicht ihn nach unten zieht und eine schwere Trance beginnen kann, sich auszubreiten."

Hier müßten nun auch die Arme der ganz Hartgesottenen beginnen, sich zu senken. Lassen Sie den Arm einfach weitersinken, bis er eine Ruheposition gefunden hat. Der Klient ist vermutlich in einer mittleren bis tiefen Trance. Sie können auch hier noch mit der Trancevertiefung fortfahren. Sie können beispielsweise immer langsamer und leiser reden und schließlich zu murmeln anfangen, bis Sie dann im Atemrhythmus des Klienten nur noch lautmalerische Töne brummen. Er wird dann aller Voraussicht nach in eine tiefe Trance gesunken sein.

Die Turbomethode dauert oft nur wenige Minuten, bis zu dem Punkt, an dem der Arm wieder gesunken ist und auf der Stuhllehne liegt. Lassen Sie sich aber nicht täuschen und denken, daß der Klient bereits in Trance ist, wenn sein Arm steif in der Luft schwebt. Damit signalisiert er nur die Bereitschaft, Ihre Suggestionen anzunehmen. Sie müssen noch weitere Suggestionen formulieren, die direkt oder metaphorisch in tiefere Zustände weisen, ansonsten riskieren Sie, daß der Klient erwacht.

Die Turbomethode ist nicht ganz unproblematisch. Sie erzeugt manchmal bei bestimmten Klienten das Gefühl, einfach überrumpelt worden zu sein und hinterläßt ein ablehnendes Gefühl gegenüber dem Hypnotherapeuten. Seien Sie also vorsichtig mit der Anwendung dieser Methode und wenden Sie sie nicht bei Klienten an, die Probleme mit Autoritätspersonen haben. Sie riskieren im schlimmsten Fall den Verlust des Rapports. Die Turbomethode basiert auf zwei Effekten:

- Der Klient wird durch das schnelle Hochheben des Armes in eine konfuse Situation gebracht. Er wird durch das plötzliche Hochschnellen desorientiert und hat keine Möglichkeit, aktiv eine andere Körperposition zu wählen. Er ist einfach zu überrascht.
- Die Taschenlampe, schnell vors Auge geführt, löst natürlich den Augenschlußreflex aus, der aber zeitgleich als hypnotischer Effekt gedeutet wird. Der Klient wird dieser Deutung meist glauben, weil er ja bereits in einem prähypnoiden Zustand ist und nicht mehr über ein kritisches Urteilsvermögen verfügt.

## Die Faszinationsmethode

Die Faszinationsmethode ist eine der bekanntesten Arten, eine Trance zu erzeugen. Im erweiterten Sinne ist sie eine Methode, in der ein Gegenstand einfach so lange angeschaut wird, bis optische Halluzinationen entstehen und ein Hypnoid einleiten. Man kann sich allein in einen Faszinationszustand führen, indem man z.B. einfach einen Punkt an der Wand lange genug anschaut, oder man kann sich von einem Hypnotiseur mit dieser Methode in die Tiefe führen lassen. Ich werde die Augenfixationsmethode erklären und sie detailliert beschreiben.

Einer der bekanntesten Augenfixations- und Faszinationshypnotiseure war der portugiesische Abbe Faria, der Anfang des 19. Jahrhunderts in Frankreich wirkte (vergleiche das Kapitel Geschichte der Hypnose). Er hatte eine enorm schnelle Form der Induktion entwickelt, die folgendermaßen aussah: Faria schaute seinen Versuchspersonen aus großer Nähe streng in die Augen. Nach ein paar kurzen Zeitabschnitten sagte er: „Dormez!“ („Schlaf!“)

Bei vielen Versuchspersonen wirkte diese Methode augenblicklich – sie fielen in kürzester Zeit in tiefe, somnambule Trancezustände. Faria machte den Fehler, daß er leichtsinnig wurde in der Anwendung seiner Methode. Er wurde von einem Schauspieler, der nur vorgab, in Hypnose zu sein und in Wirklichkeit den hypnotischen Zustand nur spielte, hinters Licht geführt und der Lächerlichkeit preisgegeben.

Setzen Sie sich vor den Klienten, so daß Ihr Gesicht etwa 40 cm vom Gesicht des Klienten entfernt ist. Bitten Sie den Klienten, Ihnen genau in die Augen zu schauen. Dadurch, daß Sie mit Ihrem Gesicht sehr nahe an das des Klienten gehen, überschreiten Sie seine *Individualdistanz* – die Folge: der Klient gerät in einen prähypnotischen Zustand. Blicken Sie dem Klienten aber nicht in die Augen, sondern blicken Sie genau zwischen die Augen des Klienten. Bitten Sie ihn, sich so entspannt wie möglich hinzusetzen und nichts weiter zu tun, als Ihnen in die Augen zu blicken. Sagen Sie:

„Sie werden bald merken, daß Sie mein Gesicht seltsam finden werden, so, als würde es sich verändern und eine anderer Mensch vor Ihnen stehen. Wenn Sie das merken, dann sagen Sie mir Bescheid."

Während Sie also zwischen die Augen des Klienten schauen, konzentrieren Sie sich auf die Pupillengröße der Augen Ihres Klienten. Anfänglich werden Sie wahrscheinlich merken, daß die Pupillen des Klienten eng wie Stecknadelköpfe sind. Er befindet sich dann in einem Zustand, in dem er sehr aufpaßt, wachsam und konzentriert ist. Sie werden bald merken, daß die Pupillengröße zunimmt und das Gesicht des Klienten sich entspannt. Das ist der Moment, in dem er „abkippt", in dem sich innere Bilder mit den realen vermischen. Hier ist er bereits schon sehr empfänglich für Suggestionen. Sehr oft pendelt die Pupillenweite hin und her, der Klient ist am Abkippen und fängt sich wieder selber auf, was zur Folge hat, daß die Pupille sich wieder verengt. Lassen Sie hier alle Reaktionen zu und verbinden Sie sie mit den richtigen Worten. Sagen Sie z.B.: „Ja, manchmal verschwimmen die Konturen und alles sieht dann wirklich seltsam aus."

Sagen Sie bei einer sich verengenden Pupille: „Und plötzlich wird alles wieder scharf und konturiert, so, wie Sie das gut kennen."

Der Klient wird diese Sätze gerne akzeptieren, weil sie genau seiner subjektiven Erfahrung entsprechen. In Wirklichkeit sind es natürlich Suggestionen, die eine Trance erzeugen sollen.

Wenn der Klient sagt, daß alles zu verschwimmen anfängt, verstärken Sie den Eindruck und sagen Sie: „Gut, lassen Sie alles in Ruhe verschwimmen oder sich ändern. Achten Sie genau auf die Änderungen."

Sie können zusätzlich Augenschwere suggerieren, indem Sie sagen: „Die Augen werden in dem Maße schwerer und schwerer, wie alles immer weiter verschwimmt und verzerrt wird."

Oft fangen die Augen des Klienten an zu flackern oder zu flattern. Das ist der Moment, indem sie sich eigentlich schließen wollen, aber ein Kontrollbedürfnis noch keine Trance zuläßt. Suggerieren Sie: „Lassen Sie einfach zum richtigen Zeitpunkt die Augen zufallen und beginnen Sie dann damit, alles, was wirklich unwichtig ist, wegfliegen zu lassen, so wie im Traum.“

Der Klient, wenn er nun Ihren Suggestionen folgt, gleitet in Trance. Achten Sie bitte beim Anwenden dieser Methode darauf, daß Sie nicht ungewollt selber in eine Faszinationstrance geraten. Versuchen Sie Ihre Aufmerksamkeit absichtlich ein wenig bewußt zu steuern, um aktiv zu bleiben. Der Klient soll in Trance fallen, nicht Sie! Ein kleiner Zwischenfall in einer Hypnosearbeitsgruppe sah so aus, daß die Teilnehmer diese Induktionsform übten und in einer Gruppe ein Hypnotiseur selber in Trance fiel und schließlich bewegungs- und regungslos wurde. Er wurde Opfer seiner eigenen Bemühungen. Schließlich mußte ihn derjenige, der eigentlich hypnotisiert werden sollte, wieder wecken. Würde Ihnen das in der Therapie passieren, käme es wohl einer mittleren Katastrophe gleich. Passen Sie also bei der Faszinationsmethode gut auf.

Und noch ein Hinweis: Sie können diese Methode noch intensivieren, indem Sie sich vornehmen, während Sie in das Gesicht des Klienten schauen, keine nonverbalen Feedbackreaktionen zu geben. Stellen Sie sich einfach vor, daß Ihr Gesicht aus Marmor geformt wurde und alle Gesichtszüge bei Ihnen eingefroren sind. Ihr Gegenüber sieht also etwas Marmorartiges, Maskenhaftes an Ihnen, was zur zusätzlichen Konfusion beiträgt. Im allgemeinen ist es so, daß zwei Gesichter, die sich gegenseitig anschauen, sich auf der unbewußten Ebene taxieren, einschätzen und damit Sicherheit suchen. Kleinste Muskelzuckungen im Gesicht des Gegenüber werden registriert und für das Urteil, wie ich den anderen einzuschätzen habe, herangezogen. Durch maskenhaftes Blicken wird dem Klient diese Sicherheit entzogen und öffnet das Tor, daß ihn für Suggestionen empfänglich macht. Er wird dann froh sein, daß überhaupt etwas passiert und gerne die präsentierten Angebote von Ihnen aufgreifen. Es ist nämlich allemal angenehmer, sich eines präsentierten Angebotes zu bedienen, als nicht zu wissen, wie man seine gesamte Situation einschätzen und einordnen soll. Ein kurzes Transkript einer Faszinationshypnose in einer ersten Therapiestunde:

Frau E. kam zu mir in die Sprechstunde, weil sie hörte, daß ich mit Hypnose arbeiten würde. Sie war in Begleitung ihres Freundes, der im Wartezimmer auf sie warten wollte. Auf meine Fragen hin, ob sie schon einmal Hypnose erlebt hätte und was sie sich darunter vorstelle, sagte sie, daß sie zwar noch nie in Hypnose war, aber aus dem Fernsehen wisse, wie es sei, wenn einer in Hypnose ist. Ich sagte: „Ja, da haben Sie recht, so ungefähr muß man sich das vorstellen. Ich werde gleich, wenn Sie wollen, mit Ihnen eine Hypnose machen."

Sie nickte und schaute erwartungsvoll.

„Stellen Sie sich vor mich hin und schauen Sie mir genau in die Augen!"

Frau E. stellte sich etwa 50 cm von mir entfernt hin und schaute mir in die Augen.

„Gut so", sagte ich, „und nun schauen Sie mich so tief wie es nur geht ganz konzentriert an, ich werde mich gleich vor Ihren Augen auflösen und nicht mehr da sein!"

Frau E. schaute verlegen, schmunzelte und meinte leise: „Das kann doch nicht sein."

„Doch", sagte ich, „Sie werden sich wundern, was alles möglich ist. Ich werde bald immer nebelartiger und verschwommener und schließlich habe ich mich ganz aufgelöst."

Sie war offenbar sehr erstaunt über meine Worte, ihr Mund stand halb offen und wie gewünscht, schaute sie mich tief an. Eine Minute später sagte sie: „Jetzt!"

„Gut, schauen Sie weiter!"

Ihre Augenlider flatterten stark, ihr Blick defocussierte. Ich ging ganz nah zu ihr hin und sagte: „Augen zu!"

Dann nahm ich sie am Arm und führte sie mit geschlossenen Augen zum Stuhl und sagte ihr, daß sie sich jetzt setzen solle. Anschließend vertiefte ich ganz direkt ihren Zustand, indem ich sehr langsam sagte, daß sie immer tiefer und tiefer sinken werde.

Da saß sie nun in sich zusammengesackt und schien in tiefer Trance zu sein. Ich sagte: „Ich mache nun einen Hypnosetest mit Ihnen, ich gehe kurz hinaus, hole Ihren Freund und bitte ihn, daß er Sie aus der Hypnose aufwecken solle. Er wird es nicht schaffen, Sie aus der Hypnose herausholen zu können." Ich ging also aus dem Zimmer und bat den Freund, Frau E. zu wecken. Ein wenig verunsichert kam er herein und versuchte, ein paar Worte zu finden, um Frau

E. zu wecken. Sie rührte sich nicht. Ich sagte zu ihm: „Sie müssen lauter reden und sie schütteln, wir wollen ja schließlich ganz sicher sein, daß sie ganz tief in Trance ist.“ Er tat, was ich sagte, aber sie zeigte keinerlei Reaktionen. Als er wieder aus dem Zimmer war, weckte ich die Frau. Sie sagte, daß sie nichts mitbekommen hätte und sich an nichts erinnern könnte. Sie hatte offenbar eine spontane vollkommene Amnesie.

Es ist manchmal besser, das aktuelle Glaubenssystem des Klienten aufzugreifen und zu nutzen, als ihm eine Lehrstunde über „richtige therapeutische“ Hypnose zu halten. Die Wirkung aus dem Stand heraus ist therapeutisch effektiver.

## Die Schreckhypnose

Unter Schreck- oder Starrhypnose versteht man die plötzliche Reaktionsunfähigkeit eines Menschen infolge einer starken Reizveränderung. Stellen Sie sich vor:

Es wird plötzlich stockdunkel um Sie herum und es riecht nach frischen Rosen. Es ist totenstill. Sie fallen vermutlich in eine Starrhypnose, sind derart konfus, daß Ihr Denken aussetzt und brauchen vermutlich einige Zeit, um sich wieder zurechtzufinden. In dieser Phase der Desorientierung sind Sie ausgesprochen sensibel. Was würden Sie wohl machen, wenn Sie in dieser Situation eine warme Hand an Ihrer Hand spüren würden, eine weiche Stimme Sie gleichzeitig auffordern würde mitzugehen? Sie hätten wohl keine andere Wahl, oder?

Desorientierung entsteht in dem Moment, wo unsere alltäglichen Denkmuster versagen, wo es keinen geistigen Halt mehr gibt, wo ein mentales Vakuum entsteht. Politische Despoten haben dieses Phänomen oft genug ausgenutzt und mit ihren jeweiligen Suggestionen gefüllt. Da es ja in einem mentalen Vakuum keine Kritikfähigkeit mehr gibt, wird schnell und gerne das angenommen und akzeptiert, was gerade da ist, wie z.B. eine bestimmte Vorstellung oder ein Idee. Wenn der Schreck einem in die Glieder fährt, wird der Totstellreflex ausgelöst. Das hatte in unserer Stammesgeschichte durchaus Sinn. Wenn unsere Vorfahren auf der Jagd einem Tiger oder Löwen begegnet sind, waren sie vermutlich zu Tode erschrocken. Sie gerieten in eine Art

Schreckhypnose und wurden starr vor Angst. Wir können davon ausgehen, daß dieses biologische Schutzprogramm vielen unserer Vorfahren das Leben gerettet hat. Traumatische Erfahrungen von Menschen können ebenfalls zu einer Starrhypnose führen (hier spricht man auch von Problemhypnose). Geraten zum Beispiel Menschen in einem therapeutischen Prozeß in traumatisches Erleben, so werden sie oft leblos, und sehen wie versteinert aus.

Machen Sie bitte nicht das folgende, „böse" Experiment, das zu meiner Studentenzeit beliebt war:

Sie sehen zufällig, vielleicht gerade beim Einkaufen, einen Bekannten, wie er vor einem Regal steht und sich verschiedene Waren anschaut. Sie schleichen sich vorsichtig von hinten heran, umfassen dann deutlich spürbar seinen Oberarm und sagen mit bestimmter Stimme: „Herr (Frau) (Name)!" Spätestens dann wissen Sie, wie eine hypnotische Schreckhypnose wirkt. Nach meinen Erfahrungen aus der Studentenzeit funktioniert dieses Experiment fast immer.

Zur Terroristenbekämpfung werden sogenannte Blendschock-Granaten eingesetzt. Sie knallen sehr laut, erzeugen grelle Lichtblitze und setzen die Gegner schachmatt – diese erschrecken derart, daß sie vorübergehend bewegungs- und denkunfähig werden.

Es gibt eine interessante Technik, wie mit dem Prinzip des plötzlichen Schrecks ein Lernvorgang erzeugt wird. Der Reiz, der den Schreck auslöste, soll schließlich gut im Gedächtnis haften bleiben, um im Wiederholungsfalle schnell vor ähnlichen Gefahren zu warnen. Der Klient wird in tiefe Trance geführt, um dort mit seinen Ressourcen in Kontakt treten zu können. Hat er Kontakt zu seinen Ressourcen, so formuliert der Hypnotherapeut die Suggestion, daß nun eine Verbindung zwischen diesen Ressourcen und dem Bewußtsein des Klienten aufgebaut wird. Er kann das Bild von Lichtbahnen oder -spuren präsentieren, die als Verbindungswege dienen. Der Hypnotherapeut zählt von eins bis fünf und sagt: „Bei der Zahl fünf gibt es ein lautes und plötzliches Geräusch, gleichzeitig entsteht ein innerer Blitz, ein Licht, das eine Bahn formt und einen Weg spurt von dem (ressourcenhaften Erleben) hin zur Oberfläche des Bewußtseins. Und es kann sein, daß der Körper zu zucken anfängt, so, als würde ein kleiner Stromstoß durch den Körper fahren."

Daraufhin klatscht der Hypnotiseur bei der Zahl fünf in die Hände und bahnt der unbewußten Ressource einen Weg nach oben. Der „Schreck" des Klatschens hat zur Folge, daß sich diese Erlebnisse ins Gehirn „einbrennen", es erhöht sich die Wahrscheinlichkeit, daß der Klient über seine Ressourcen im realen Leben stärker verfügen kann. So wie der Urmensch nicht mehr den Löwen, dem er begegnete, vergißt, so vergißt der Klient seine Ressourcen nicht mehr.

## Die Carotis-Methode

Die Carotis-Methode gilt als gefährlich. Sie sollte nur zu experimentellen Zwecken und unter fachlicher Aufsicht abgewandt werden. Sie wird manchmal bei Showhypnosen gezeigt, um das Publikum schnell zu überzeugen. Trotz der potentiellen Gefährlichkeit will ich diese Methode beschreiben, um dem Leser einen Anhalt zu geben, wie er gefährliche von harmlosen Methoden unterscheiden kann.

Der Hypnotiseur bittet bei dieser Technik den Klienten, der vor ihm steht, tief Luft zu holen und die Luft anzuhalten. Er sagt weiter, daß der Klient mit seinen geöffneten Augen nach oben schauen soll. Das dient der optischen Desorientierung. Er suggeriert weiterhin Steifheit des ganzen Körpers („Der Körper wird vollkommen steif!") und daß etwas aus dem Körper herauswolle (nämlich die angehaltene Luft). Der Hypnotiseur steht bei dieser Technik oft direkt vor der Person, drückt mit seinen beiden Händen von vorne auf die Halsschlagader, auf den sinus carotis, und suggeriert gleichzeitig Schwindel, Kribbeln und weiche Knie und sagt, daß der Körper nach hinten falle. Da es durch den Druck auf den sinus carotis zu starken Kreislaufveränderungen kommt, ist es eigentlich kein hypnotisches Phänomen, sondern eher ein physiologisches. Die Versuchsperson fällt in sich zusammen und kann sich nicht mehr wehren, bis sie schließlich auf dem Boden liegt, oder auf einen Stuhl gesetzt wird. Danach wird ihr befohlen einfach auszuatmen und alles das zu tun, was der Hypnotiseur ihr befiehlt.

Meine erste Begegnung mit dieser dramatischen Art einer Hypnoseinduktion war eher zufällig. Als ich meine Töchter zum Klavierspielen begleitete, sah ich auf einer Wiese drei etwa 11jährige

Mädchen, die anscheinend ein interessantes Spiel machten. Sie lachten dabei alle sehr laut. Ein Mädchen lag auf dem Boden und zuckte stark mit den Händen und den Beinen. Als ich das Mädchen näher anschaute, sah ich, daß ihrer Augen verdreht waren und sie offenbar nicht spielte. Ein paar Sekunden später machte das Mädchen ihre Augen wieder auf, stellte sich torkelnd hin und lachte. Ich fragte, was sie denn gemacht hätten und sie erklärten mir in aller Ausführlichkeit diese Methode und demonstrierten sie mir noch einige Male. Die Mädchen sagten mir, dieses Spiel sei gerade in ihrer Schule modern und viele würden das sogar im Pausenhof spielen. Die Ohnmachten dauerten so zwischen 10 und 20 Sekunden und das mit den zitternden Gliedern und den verdrehten Augen sei ganz normal, erklärten sie mir freudig. Natürlich wollte ich auch wissen, woher sie denn dieses Spiel kennen. Sie lachten und meinten, daß dieses Spiel doch wohl alle kennen würden, sogar Drittklässler spielten es schon. Ein wenig irritiert ging ich schließlich weiter.

## Vorgestelltes Pendeln

Die direkte Form der Pendelinduktion kennt vermutlich jeder von Ihnen. Der Hypnotiseur hält ein schwingendes Pendel vor die Augen des Hypnotisanden und suggeriert Schläfrigkeit. Dieselbe Methode kann der Hypnotiseur auch mittels der Vorstellungskraft, sozusagen eingebildet, beim Klienten anwenden. Er bittet hier den Klienten, sich einfach vorzustellen, wie vor seinem inneren Auge ein Pendel hin- und herschwingt. Der Klient bestimmt selber die Art und Weise des Pendels, der Schwingungsfrequenz, der Länge usf. Hier wird ihm also von außen kein Bild übergestülpt, sondern der Klient entwickelt sein hypnotisches Instrumentarium selber. Diese Methode ist gut geeignet für Klienten, die Schwierigkeiten damit haben, eine traditionelle Form der Hypnoseeinleitung anzunehmen.

Viele Klienten assoziieren mit einem schwingenden Pendel Hypnose, dies läßt sich gut für eine Tranceinduktion verwenden. Der Hypnotiseur könnte z.B. dem Klienten sagen: „Ja, da haben Sie recht, ein schwingendes Pendel vor den Augen hat schon viele Menschen in die seltsamsten Zustände versetzt, und wir werden uns einmal überraschen lassen, wie schnell es Sie in Trance geraten läßt.

Stellen Sie sich doch einfach vor, daß nun ein Pendel vor Ihren Augen zu schwingen beginnt, ... ein Pendel, das Sie selber, mit Hilfe Ihrer Erfindungskraft, erzeugen, ihr persönliches Pendel ... ."

Diese Induktionsform ist natürlich nicht nur auf Pendel beschränkt, es läßt sich alles in der Vorstellung benutzen, was der Klient mit einer Hypnoseeinleitung assoziiert. Berichtet er z.B. von einem Hypnoseerlebnis, das mit einer rotierenden Scheibe eingeleitet wurde, bittet man ihn einfach, sich diese rotierende Scheibe vorzustellen und in Trance zu gleiten.

## Kinästhetische Verwirrung

Die Aufmerksamkeit des Klienten wird bei dieser Form der Induktion auf seine unterschiedlichen Körperteile gelenkt. Gleichzeitig werden zu den benannten Körperteilen sprichwortähnliche Umschreibungen formuliert. Die benannten Körperteile und die sprichwortähnlichen Umschreibungen werden derart ineinander verwoben, daß ein breit gefächertes Assoziationsnetz entstehen kann, welches die Entwicklung einer Trance begünstigt. Zur Verdeutlichung ein Beispieltext:

(Der Klient sitzt entspannt auf seinem Stuhl)

„... und während Sie beginnen, Ihre Gedanken einfach abzuschalten, spüren Sie Ihre *Finger*, ... Finger, *Fingerspitzengefühl*, ... Sie spüren Ihre *Hand*, ... Hand, und einfach beginnen, die wirklich wichtigen *Dinge in die Hand zu nehmen*, ... den *Arm*, ... sich selber mal *auf den Arm nehmen* dürfen, ... die *Schulter*, ... sich mal ohne Vorurteile *über die eigene Schulter zu schauen*, und sich trauen, auch *die kalte Schulter* zu zeigen, wenn es notwendig wird, ... den *Hals*, ... und nicht immer *halsstarrig* sich selber gegenüber sein zu müssen, ... *Kopf*, ... und zum rechten Zeitpunkt den *Kopf aus der Schlinge zu ziehen*, was muß das wohl für ein Gefühl sein, ... die *Brust*, ... und es ist vollkommen in Ordnung, *einen zur Brust zu nehmen*, ... der *Bauch*, ... *aus dem Bauch heraus entscheiden*, ... der *Rücken*, ... und manchmal läuft es einem *eiskalt den Rücken hinunter*, ... die *Beine*, ... und fühlen, wie es ist, *mit beiden Beinen auf der Erde* zu stehen, ... die *Knie*, ... Knie, manchmal *butterweich* und zitternd, ... die *Fußsohlen*, ... *auf leisen Sohlen* spüren, wie die Veränderungen sich spürbar machen, ... die

*Zehen, ... auf Zehenspitzen daherkommen* und immer tiefer und tiefer, .... tiefer und tiefer sinken zu dürfen ..."

Die kursiv geschriebenen Worte sollten ähnlich ausgesprochen werden, um sie vom übrigen Text unterscheiden zu können (analoge Markierung).

## Räumlich markierte Kommunikation

Der Klient, der uns gegenübertritt, ist kein monolithischer Block, sondern er besteht aus unterschiedlichen Teilen. Nehmen wir an, es kommt ein Klient zu Ihnen, der dickleibig ist, sich dabei unwohl fühlt und abnehmen will. Der konstruierte Klient besteht mindestens aus drei verschiedenen Teilen, die Ihnen gegenübertreten werden:

- ***Der erste Teil ($T_1$)***
  Das ist das Teil im Klienten, der wirklich abnehmen will. Er kann es aber nicht, sonst säße Ihr Klient Ihnen nicht gegenüber, sondern hätte schon alleine abgenommen.
- ***Der zweite Teil ($T_2$)***
  Das ist der Teil, der wirklich gerne ißt, dem es schmeckt und dem alles andere egal ist.
- ***Der dritte Teil ($T_3$)***
  Das ist der Teil, der zwischen dem ersten und zweiten steht und in Form Ihres Klienten Ihnen gegenübersitzt.

Wenn Sie diese verschiedenen Teile Ihres Klienten sauber herausarbeiten, können Sie sie räumlich markieren. Wenn Sie zum Beispiel *über* oder *mit* dem ersten Teil ($T_1$) reden, so können Sie links am Klienten vorbeisprechen, in dem Sie Ihren Kopf einfach leicht, fast unmerkbar nach links drehen. Sie können gleichzeitig auch mit Ihren Augen minimal links am Klienten vorbeischauen.

Reden Sie über oder mit dem zweiten Teil ($T_2$), so drehen Sie Ihren Kopf leicht nach rechts und schauen minimal rechts am Klienten vorbei.

Beim Sprechen mit dem dritten Teil ($T_3$) schauen und sprechen Sie den Klienten direkt an.

Sie tun also so, als würden Ihnen tatsächlich drei unterschiedliche Personen gegenübersitzen. Der Klient wird Ihr gezieltes Ansprechen der „drei Personen“ nicht bewußt mitbekommen.

Führen Sie anschließend Ihren Klienten in Entspannung und bitten Sie ihn, die Augen zu schließen. Sie suggerieren dann eine sich langsam ausbreitende Trance. Gleichzeitig beginnen Sie damit, aus unterschiedlichen Richtungen den Klienten anzusprechen. Wenn Sie Ihren Kopf zum Beispiel nach links drehen, reden Sie so, als würden Sie nur mit dem Teil reden, der wirklich abnehmen will:

***(Sprachrichtung [$T_1$])***

„... Du willst ja wirklich abnehmen, aber ich weiß, daß das nicht so einfach ist, wie es klingt, und du hast schon oft darüber nachgedacht, ohne allzugroßen Erfolg ...“

***(Sprachrichtung [$T_2$])***

„... So ein Quatsch, was der da erzählt. Ich weiß, daß du alles versuchen wirst, alles beim alten zu belassen, dir schmeckt es eben und du kennst verdammt viele Tricks, wie du das bekommst, was du willst. Ob es nachts heimlich die Eisschranktür ist, die du öffnest, oder die Schokolade, alles, was schmeckt, ist genau das Richtige für dich ... „

***(Sprachrichtung [$T_3$])***

„... Du fühlst dich wie eingeklemmt, einerseits, andererseits, ... und du denkst, nichts machen zu können, ... von allen Seiten unterschiedliche Wünsche, da kann man ja verrückt werden, ...“

***(Sprachrichtung [$T_1$])***

„... Doch, du kannst was machen, du willst nur nicht, das ist dein Problem ...“

***(Sprachrichtung [$T_2$])***

„... Nein, verdammt noch mal, du willst wirklich nicht, daß hier mit neuen Moden experimentiert wird. Du kannst dich wirklich auf mich verlassen, wenn's ums Essen geht, da stehe ich dir zur Seite, so wie schon lange, wie ein wirklich guter Freund. Wir werden gemeinsam dafür sorgen, daß sich nichts ändert, alles soll beim alten bleiben ...“

Der Klient wird mit dieser Form der Kommunikation für die Trance vorbereitet. Er bekommt genau das widergespiegelt, was in ihm vorgeht. Die Sätze müssen natürlich inhaltlich richtig sein, dazu müssen Sie den Klienten genau anschauen und auf seine nonverbalen Signale achten. Sie erzeugen mit dieser Kommunikation ein *Pacing*. Wenn Sie feststellen, daß Ihre Aussagen „Volltreffer" sind, dann hat Ihr Klient keinen Grund mehr, Ihren Aussagen Widerstand entgegenzubringen. Beginnen Sie dann, ihn behutsam, vielleicht durch einfaches Herabzählen (10, ...9, ... 8, ... ), in Trance zu führen.

## Mesmers Methode

Mesmer war der Entdecker und erste Anwender von Gruppentherapien (vergleiche Kapitel Geschichte der Hypnose). Die Zusammenkunft der Hilfesuchenden, die um den magnetisierten Bottich saßen und sich gegenseitig berührten, war oft eine Mischung aus Ritual, Spannung und zauberhafter Erwartung.

Während die Gruppenhypnosen eher etwas für das ärmliche Volk waren, wendete Mesmer bei seinen Einzelsitzungen, die meist den wohlhabenden Klienten vorbehalten waren, eine interessante Technik an:

Mesmer setzte sich mit einem Stuhl frontal dem Klienten gegenüber, so daß seine Knie die Knie des Klienten berührten. Er nahm die Daumen des Klienten in seine beiden Hände und schaute den Klienten gleichzeitig mit einem scharfen Blick an. Dann nahm Mesmer seine eigene Hand und strich langsam über den Oberbauch, oder auch andere Körperteile des Klienten. Diese Striche, die sogenannten Mesmer Passes, hatten eine starke hypnotische Reaktion zur Folge. Die Striche wurden, nebenbei bemerkt, knapp über der Hautoberfläche der Klienten gemacht, so daß eigentlich hier kein Körperkontakt bestand. Die Klienten fielen daraufhin in Trance, zitterten heftig oder schrien. Ziel dieser Striche war die *Krise*, die den notwendigen Zwischenschritt zur Erlangung des energetischen Gleichgewichts darstellen sollte.

## Donatos Methode

Donato, ein Showhypnotiseur, der Ende des letzten Jahrhunderts in Belgien, Frankreich und Italien mit großem Erfolg wirkte, und der auch Bernheim mit seinen Kunststücken inspirierte, wendete zur Erzeugung einer hypnotischen Trance oft Gebärdensuggestionen an. Er forderte die Versuchspersonen auf, ihre flache Hand, ausgestreckt, auf die seinige zu legen und ganz bewußt und fest herunterzudrücken. Durch den ungünstigen Hebel des langen, ausgestreckten Armes der Versuchsperson ist viel Kraft notwendig, um den Arm herunterzudrücken. Während also die Versuchsperson mit Leibeskräften drückte, kam Donato näher an die Augen der Person und schaute scharf hinein. Er machte bestimmte Gebärden, manchmal unterstützt durch die Aufforderung an die Person, ihm tief in die Augen zu blicken, und die Hand nach unten zu drücken. Dann fing Donato an, sich zu bewegen, er ging z.B. rückwärts und die Versuchsperson mußte ihm unwillkürlich folgen. Es entstand der Eindruck, seine Augen würden magische Kräfte besitzen und die Versuchsperson zwingend anziehen. Die Versuchsperson folgte im allgemeinen mit weit geöffneten Augen den Anweisungen des Hypnotiseurs. Wenn eine Versuchsperson erst einmal in dieser Weise hypnotisiert wurde, dann reicht bei der zweiten Hypnose bereits lediglich die Augenfixation, um Trance zu erzeugen. Dieser showhypnotische Effekt beruht auf der Tatsache, daß wir unsere Aufmerksamkeit, wenn wir sie absichtlich stark auf ein Thema oder einen Gegenstand richten, nicht teilen können. Es ist ähnlich wie bei einer Kippfigur, die mal Vase, mal Gesicht darstellt. Beides gleichzeitig zu sehen ist unmöglich. Die Aufmerksamkeit richtet die Versuchsperson auf das Drücken ihrer Hand und wird dann anfällig für Fremdsuggestionen. Es ist keine Kraft mehr da, die hier noch regulierend einwirken könnte. Versuchen Sie einmal, während Sie nun diese Zeilen lesen, auf einem Blatt Papier ein paar Zeilen zu schreiben und gleichzeitig mit Ihrem Fuß konzentrische Kreise in der Luft zu ziehen. Sie werden folgendes feststellen: entweder schreiben Sie, dann aber macht Ihr Fuß keine konzentrischen Kreise, sondern eher so etwas wie einen Eiertanz, oder Ihr Fuß macht schöne Kreise, während Ihre Schrift unlesbar wird. Probieren Sie es einfach aus.

## Die Blendschock-Technik

Diese Technik eignet sich gut für selbsthypnotische Experimente. Nehmen Sie sich etwas Zeit. Stellen Sie, wenn nötig, das Telefon ab und sorgen Sie dafür, daß eine helle Lichtquelle, z.B. eine 60-75 Watt helle Schreibtischlampe auf Ihrem Tisch, vor dem Sie sitzen, steht, und Sie den Schalter der Lampe bequem erreichen können. Setzen Sie sich bequem an diesen Tisch und sorgen Sie dafür, daß die Lampe etwa 20-30 cm von Ihrem Kopf entfernt auf Augenhöhe ist. Lassen Sie die Lampe noch ausgeschaltet. Setzen Sie sich so an den Tisch, daß es Ihnen leicht möglich ist, die Ellenbogen auf den Tisch zu stellen und Ihre Hände vors Gesicht zu halten. Holen Sie viermal ganz tief Luft und atmen Sie die Luft wieder langsam aus. Machen Sie nun die Lampe an, so daß die hell erleuchtete Birne Ihnen direkt ins Auge scheint. Stützen Sie nun Ihre Ellenbogen auf dem Tisch ab und bedecken Sie mit Ihren Handflächen beide Augen so, daß es stockfinster wird. Machen Sie einen Augentest: Öffnen Sie die Augen hinter den vorgehaltenen Händen. Wenn Sie nur noch „schwarz" sehen, dann haben Sie es richtig gemacht, scheint noch irgendwo Licht hindurch, so sorgen Sie dafür, daß Sie Ihre Handflächen so über die Augen halten, daß es wirklich dunkel wird.

Atmen Sie weiter tief und langsam aus und ein und konzentrieren Sie sich auf die Wärme, die von Ihren Handtellern auf Ihre Augen abstrahlt. Entspannen Sie sich. Wenn Sie wollen, können Sie diese Übung mit schöner Musik begleiten lassen. Bleiben Sie eine Zeitlang, vielleicht fünf bis zehn Minuten, so sitzen und gönnen Sie sich etwas Ruhe. Lassen Sie die Alltagsgedanken von sich abtropfen und gehen Sie mit Ihrer Aufmerksamkeit zu Ihrem Atemrhythmus. Beginnen Sie dann hinter den vorgehaltenen Handtellern, mit Ihren Augen ganz bewußt ins Schwarze zu schauen – schauen Sie einfach mit *geschlossenen* Augen, ohne zu denken, in diesen schwarzen Raum, der sich da vor Ihrem inneren Auge aufspannt. Dann öffnen Sie die Augen hinter den vorgehaltenen Handtellern. Es sollte nun immer noch alles ganz schwarz sein. Sollten Sie hier überraschenderweise noch Lichtspuren entdecken, so verändern Sie Ihre Handstellung, so daß alles wieder finster wird und die Augen wirklich nur ins Schwarze schauen.

Nun machen Sie bitte folgendes: Nehmen Sie, so schnell wie möglich, Ihre Hände von den Augen und schauen Sie, ganz kurz, in das helle Licht der Lampe. Dann schließen Sie die Augen wieder und legen auf die Ihnen bekannte Weise die Handteller wieder über Ihre Augen. Sie müßten nun ein Nachbild sehen, welches sich ständig verändert, vielleicht kreist es wie ein Planet, vielleicht erinnert es Sie an kaleidoskopische Effekte aus Ihrer Kindheit, oder vielleicht sehen Sie unterschiedliche ineinanderlaufende Farben oder etwas ganz anderes. Jedenfalls sollten Sie etwas sehen! Verfolgen Sie einfach das Gesehene mit Ihrer ganzen Aufmerksamkeit und lassen Sie sich von Ihren eigenen Halluzinationen verführen. Es ist gut möglich, daß diese optischen Effekte sich ausdifferenzieren und komplexere Gestalt annehmen. Es kann sein, daß ganze Szenen, ähnlich einem inneren Film, ablaufen und Sie erstaunt sind. Es kann auch sein, daß diese Effekte langsam verblassen und in den Hintergrund treten. Auch gut. Bleiben Sie aber bitte bei dem, was Sie erleben, was Ihre Augen Ihnen vorgaukeln, das ist genau das Richtige.

Haben Sie diese Übung mehrmals gemacht, so stellen sich die optischen Effekte immer schneller ein. Das kann so weit gehen, daß Sie, bei voller Aufmerksamkeit auf die Übung, nun einfach Ihre Augen schließen und die Bilder sich fast wie von alleine einstellen. Wenn Sie diese Übung beherrschen, dann kennen Sie eine Form der Blitzentspannung, die Sie jederzeit und überall anwenden können. Sie brauchen sich dann nur kurz in sich selber zurückziehen, die Augen schließen, tief und langsam in den Bauch atmen und wieder ausatmen und die Nachbilder hinter den geschlossenen Augenlidern beobachten. Auf diese Weise können Sie eine schnelle Zustandsveränderung herbeiführen. Die Übung, sorgfältig vorbereitet, kann bereits nach fünf Minuten spürbare Veränderungen hervorrufen.

Die Erklärung für diese optischen Effekte ist einfach. Durch das Zudecken der Augen erweitern sich die Pupillen. Werden dann die Hände kurz von den Augen genommen und schauen Sie dabei in eine helle Lichtquelle, so fällt viel Licht durch die noch erweiterte Pupille, die, eher träge, sich nicht schnell genug schließen kann. Die Lichtflut reizt die Sehzellen, die daraufhin aktiv werden und die unterschiedlichsten Effekte vorgaukeln. Wenn Sie mit dieser Methode experimentieren wollen, so stellen Sie sicher, daß Sie wirklich nur ganz kurz in eine helle Lichtquelle schauen, also im wahrsten Sinne des Wortes nur einen Augenblick, um Ihre Augen nicht zusätzlich zu belasten oder gar zu schädigen.

## Die fliegenden Kontrollgedanken

Diese Hypnoseinduktion kann man ebenfalls gut zur Entspannung als Selbsthypnose anwenden:

Sorgen Sie, wie Sie das ja bereits durch die Blendschock-Technik kennengelernt haben, für eine ruhige und entspannte Atmosphäre. Achten Sie darauf, daß Sie in den nächsten 35 Minuten nicht gestört werden. Setzen Sie sich entspannt auf einen bequemen Stuhl oder legen Sie sich auf eine bequeme Unterlage. Wenn Sie sich hinlegen sollten, so achten Sie bitte darauf, daß Ihr Kopf nicht flach auf dem Boden liegt, sondern winkeln Sie ihn ein wenig an, legen Sie ihn z.B. auf ein Kopfkissen. Nehmen Sie, wenn nötig, eine Decke, um die richtige Temperatur zu halten und schließen Sie die Augen. Atmen Sie bewußt nun ganz langsam durch die Nase ein und wieder durch die Nase aus. Verfolgen Sie mit Ihrer Aufmerksamkeit Ihren Atemstrom. Atmen Sie runter, bis in den Bauch hinein, so daß bei jedem Einatmen sich die Bauchdecke spürbar hebt. Machen Sie diese Atemübung zur Einstimmung etwa drei bis fünf Minuten. Wenn Sie feststellen, daß Ihre Aufmerksamkeit wegdriftet und andere, fremde Gedanken sich einmischen, so gehen Sie einfach mit Ihrer Aufmerksamkeit wieder zu Ihrem Atem zurück. Sie werden schnell entspannter werden, eine tiefe Bauchatmung fördert die parasympathischen Körperfunktionen, die für Entspannung verantwortlich sind. Stellen Sie sich nun, ganz bewußt, Ihre Gedanken vor, die Sie gerade in Ihrem Kopf haben. Vielleicht werden Sie jetzt einwenden, wie Sie das denn machen sollen, sich Ihre eigenen Gedanken vorzustellen. Versuchen Sie einfach mit Hilfe Ihrer Fantasie herauszufinden, aus welcher Richtung Ihre Gedanken kommen. Kommen sie vielleicht von rechts? Oder kommen sie von links? Oder kommen sie aus der Mitte Ihres Kopfes, oder aus dem Augenhintergrund oder aus einer ganz anderen Richtung? Stellen Sie sich diese Fragen vorurteilslos und lassen Sie sich von der Antwort überraschen. Vielleicht stellen Sie fest: Ja, dieser Gedanke gerade eben, der kam genau aus der Mitte meines Kopfes. Prima. Dann versuchen Sie, den Gedanken zu sehen, z.B. als Farbe oder als Form oder als Person oder als etwas ganz anderes. Stellen Sie sich dann vor, daß dieser fantastische Eindruck *Flügel* bekommt. Lassen Sie ihn los, lassen Sie ihn einfach wegfliegen, einfach nach oben flattern lassen, immer weiter weg, bis er nicht mehr zu sehen ist. Sie werden feststellen, daß andere Gedanken auftauchen, wie aus einem Nebel und plötzlich vor Ihrer Aufmerksamkeit herumtanzen. Verfahren Sie mit diesen Gedanken genau so, wie mit dem ersten Gedanken, bestimmen Sie also die Gedankenrichtung und lassen Sie dem Gedanken Flügel wachsen und ihn wegflattern. Lassen Sie *allen* Gedanken Flügel wachsen und sie wegfliegen.

Vielleicht stellen Sie fest, daß andere Gedanken Sie ablenken wollen – und plötzlich sind Sie irgendwo anders. Prima, wenn Sie das merken, so können Sie auch diese Gedanken auf die eben beschriebene Weise wegfliegen lassen. Mit jedem Gedanken, der Ihren Kopf verläßt, wird Ihr Kopf ein wenig leichter. Spüren Sie bitte ganz bewußt die eintretende Leichtigkeit.

Es ist wahrscheinlich, daß Sie auch geheime Gedanken haben, die Sie niemandem mitteilen. Warum auch, es ist ja keineswegs nötig, alles über sich preisgeben zu müssen. Vielleicht sind Ihnen diese Gedanken ja bewußt, dann verleihen Sie ihnen ebenfalls Flügel und lassen Sie wegfliegen. Öffnen Sie alle inneren Tore und Türen Ihres Kopfes und lassen Sie einfach alles raus. Entleeren Sie Ihr Gehirn!!! Vergessen Sie dabei nicht, immer noch langsam und tief mit der Nase ein- und auszuatmen.

Gehören Sie zu den Menschen, die Geheimnisse vor sich selber haben, so stellen Sie sich eine fest verschlossene Türe vor, vielleicht so eine Türe wie im Märchen vom Ritter Blaubart, die bei schwerster Strafe nicht geöffnet werden durfte. Sie können sich auch eine Panzerschranktür in Fort Knox oder einen zugemauerten Zugang zu einem alten Bergwerk vorstellen. Sie brauchen auf keinen Fall diese Türe zu öffnen oder öffnen lassen (wenn Sie allerdings neugierig sind, was dahinter sein könnte, so tun Sie sich keinen Zwang an). Stellen Sie sich einfach vor, daß das, was hinter dieser Türe schlummert, nagt oder drückt, in Form eines ganz feinen Nebels hochsteigt, durch Ritzen, Schlitze oder kleine Löcher sich Bahn bricht, in den Himmel hochsteigt und sich immer weiter auflöst, bis es nicht mehr zu sehen ist. Sie sind also nicht gezwungen, sich mit diesen Anteilen befassen zu müssen, sondern Sie lassen einfach alles, sozusagen verwandelt oder verfremdet, verdampfen und entweichen. Versuchen Sie also auf diese Weise, Ihren Kopf vollkommen frei zu bekommen, indem Sie alles eher spielerisch rauslassen.

Es kann sein, daß Sie mit sogenannten Metagedanken konfrontiert werden, die diese Form der Hypnose in Frage stellen. Es sind Gedanken wie: Geht das denn überhaupt? Das kann doch nicht sein! usw. Das sind Gedanken, die aus dem bewußten Verstand entschlüpfen und versuchen, alles berechenbar und kontrolliert zu halten. Weil eben diese Gedanken vermutlich ganz vertraut sind, ist es auch nicht besonders schwer, sich einfach vorzustellen, daß sie immer leichter werden und schließlich ebenfalls beginnen, einfach davonzufliegen. Das sind also nun die *fliegenden Kontrollgedanken*. Machen Sie nun eine neue Erfahrung und gönnen Sie sich mal einen ganz leeren Kopf. Nichts spricht dagegen, noch heute damit anzufangen. Ihr Kopf wird es Ihnen danken.

# 7.
# Hypnosevertiefungstechniken

Die Hypnoseinduktionen unterscheiden sich von den Hypnosevertiefungstechniken. Wie das Wort Hypnosevertiefung bereits suggeriert, sollte sich der Hypnotisand bereits in Trance befinden, wenn Hypnosevertiefungstechniken angewendet werden. Es gibt viele Möglichkeiten, eine Hypnose zu vertiefen. Ich habe im folgenden vier verschiedene Techniken zusammengestellt, die, bei einiger Übung, leicht nachzuvollziehen sind:

## Die Zählmethode

Die Zählmethode zählt zu den bekanntesten Vertiefungstechniken hypnotischer Zustände. Der sich in Trance befindliche Klient wird dazu angeleitet, sich immer tiefer und tiefer in Trance fallen zu lassen, je tiefer gezählt wird. Bieten Sie an, daß Sie von zehn bis null herunterzählen und mit jeder Zahl die Trance sich weiter ausbreitet und tiefer wird. Zählen Sie von oben nach unten und nicht umgekehrt. In manchen Büchern, in denen diese Trancevertiefung dargestellt wird, wird von unten nach oben gezählt. Das halte ich für ungeschickt, weil ein Nach-oben-Zählen mehr mit Assoziationen des Wachwerdens verbunden ist. Zählen Sie bei dieser Methode nicht einfach drauf los, sondern versuchen Sie erst in das Atemmuster Ihres Klienten „einzusteigen", so zu atmen wie er selbst. Sie können, wenn Sie nicht wissen, wie Sie das machen sollen, auf den Brustkorb Ihres Klienten schauen, bis Sie sein Atemmuster entdecken. Dann atmen Sie einfach genau so wie er, also synchron. Versuchen Sie dann, Ihre Zahlen im gleichen Rhythmus, mit sanfter, tiefer Stimme zu sprechen, aber nicht zu schnell. Lassen Sie sich lieber zu viel als zu wenig Zeit fürs Zählen. Sie können zum Beispiel bei jedem zweiten oder dritten Ausatmen immer eine Zahl nennen und zwischen den Zahlen von Vertiefung, Versenkung, Entrückung, usw. sprechen. Achten Sie darauf, dann zu sprechen, wenn der Klient ausatmet. Das hat die stärkste unterschwellige Wirkung! Um zu verdeutlichen, wie eine Trancevertiefung mit Zählen aussieht, hier ein kleiner Mustertext, mit dem Sie experimentieren können:

(Der Klient sitzt oder liegt bereits mit geschlossenen Augen vor oder neben Ihnen.)
„... und ganz langsam werde ich nun von zehn herab bis null zählen, ... und von Zahl zu Zahl dürfen Sie es sich erlauben, immer tiefer und tiefer zu sinken, ... so tief, bis bei null die Träume sich selber träumen, ... zehn (der Klient atmet aus!), ... (nach zwei Atemzügen), ... neun (Klient atmet aus), ... (nach zwei Atemzügen), ... acht (Klient atmet aus), ... ... null."

Bei langsamer werdendem Atmen des Klienten können Sie die Zahlen ebenfalls langsamer aussprechen. Ziehen Sie dafür die Vokale in die Länge. Es wird etwas seltsam klingen, ein Außenstehender, der keine Ahnung hat, was Sie machen, käme möglicherweise durcheinander. Ihr Klient kommt hier nicht durcheinander, weil er sich ja bereits in Trance befindet und seine Reizverarbeitung anders ist, als im Wachzustand. Vermeiden Sie bei Vertiefungstechniken, den Klienten direkt in der ersten Person anzusprechen, in dem Sinne, daß er etwas tun solle. Das fördert nur unnütz sein bewußtes Denken und ist der Entfaltung tiefer Trancezustände nicht dienlich. Sprechen Sie statt dessen direkt sein Unbewußtes an oder sprechen Sie verschiedene Körperteile an. Scheuen Sie sich nicht zu sagen, daß vielleicht der Bauch schon in Trance ist (wenn peristaltische Geräusche hörbar sind), und die Arme beginnen, es dem Bauch nachzumachen (wenn Sie eine entspannte Armmuskulatur wahrnehmen).

## Die Atemmethode

Die Atemmethode könnte man als nonverbale Vertiefungstechnik bezeichnen. Der Klient, bereits in Trance, wird dazu eingeladen, überhaupt nichts machen zu müssen. Es wird dem Klienten gesagt, daß alles, was geschehe, wie zum Beispiel auftauchende Bilder, Vorstellungen, Gefühle und Empfindungen, ausnahmslos richtig sei. Er solle sich einfach seinem Unbewußten anvertrauen, sich treiben lassen, wo immer es ihn hintreibt, wie im Traum. Sie sitzen dem

Klienten gegenüber und beobachten seinen Atemrhythmus. Dann klinken Sie sich, wie bei der Zählmethode, in seinen Atemrhythmus ein – Sie atmen dann einfach im gleichen Rhythmus wie Ihr Klient. Hier spricht man auch von *Pacing*, was bedeutet, daß man einen beobachteten Rhythmus bei einem anderen Menschen widerspiegelt. Wenn Sie nun längere Zeit im gleichen Atemrhythmus mit Ihrem Klienten geatmet haben, so beginnen Sie vorsichtig, absichtlich ein wenig langsamer und tiefer zu atmen. Sie führen Ihr Gegenüber in einen anderen Rhythmus, ohne daß er es bemerkt (hier spricht man auch von *Leading*). Das Atemmuster Ihres Klienten wird sich dem Ihrigen angleichen. Verschiedene biologische Rhythmen streben nämlich nach Synchronisation. Sie beginnen dann, wenn Sie merken, daß Ihr Klient sich Ihrem Atemmuster angeglichen hat, auch etwas *lauter* auszuatmen. Hierzu verengen Sie mit Ihrer Zunge den Luftausströmkanal im Mundbereich, oder Sie pressen zum Beispiel mit der Zungenmitte vorsichtig an Ihren Gaumen, so daß der Luftstrom im Mund umgeleitet wird und dadurch seltsame Geräusche entstehen. Sie sitzen also Ihrem Klienten gegenüber, sagen überhaupt nichts, sondern atmen nur, in einer ganz besonderen Art und Weise ein und aus. Das führt bei vielen Klienten zu tiefen Trancezuständen. Sie werden vermutlich merken, daß Sie selber in einen kleinen Trancezustand rutschen – das ist ganz natürlich, Sie gleiten sozusagen spontan in eine Arbeitstrance, in der häufig Bilder oder Ideen auftauchen, die für den therapeutischen Prozeß wichtig sein können.

## Die Murmelmethode

Da diese Trancevertiefungsmethode sehr befremdlich auf Außenstehende wirken kann, sollten Sie sie erst dann anwenden, wenn Sie sich sicher genug dazu fühlen. Der Klient wird über unverständliche Wortfetzen, die in einem monotonen Rhythmus präsentiert werden, in tiefe Trance versetzt. Auch hier spielt das Atemmuster des Klienten eine große Rolle. Die Murmellaute werden wieder synchron zum Atemrhythmus des Klienten präsentiert. Sie sollten mit tiefer Stimme, ohne große Abweichung in der Lautstärke dargeboten werden. Es ist hier sehr wichtig, darauf hinzuweisen, daß diese Methode nur eine Trancevertiefungsmethode ist und *keine* Induktionsmethode. Erst wenn Sie sichergestellt haben, daß Ihr Klient sich in einer Trance befindet, sollten Sie diese Methode anwenden. Ansonsten riskieren Sie, daß der Rapport zwischen Ihnen und Ihrem Klienten Schaden nehmen kann. Im Wachzustand nämlich wirkt ein Murmeln so seltsam, daß es oft Widerstand mobilisiert und dann der Zuhörer verkrampft gegenübersitzt.

Sie können diese Technik noch verfeinern, indem Sie die Murmellaute auch während des Einatmens erzeugen. Hierzu üben Sie vorher, daß Sie, während Sie *einatmen*, auch Laute mit Ihrem Mund und im Hals erzeugen können. Anfangs klingt es vielleicht noch wie ein verhaltenes Röcheln, aber schon bald werden Sie feststellen, daß Sie diese Geräusche variieren können. Ihr Klient hört dann einen ständigen Murmelpegel, der nicht durch Luftholpausen unterbrochen ist. Er löst sich dann im Murmelteppich auf und gleitet in tiefe Trance.

## Das Fraktionierungsverfahren

Das Fraktionierungsverfahren ist sowohl eine Möglichkeit, eine Trance zu *induzieren*, als sie auch zu *vertiefen*. Die Grundidee ist die, daß das, was der Klient sagt, zur weiteren Vertiefung der Trance herangezogen wird. Der Klient pendelt zwischen Wachzuständen und Trance hin und her. Sein Organismus wird in kurzer Zeit die unterschiedlichsten Zustände erleben, er wird also darauf trainiert, schnell in Trance zu gleiten und wieder wach zu werden.

Das Fraktionierungsverfahren ist ein ständiges Frage- und Antwortspiel. Der Hypnotherapeut stellt, nachdem er den Klienten aus einer leichten Trance herausgeholt hat, die Frage, wie er diese Trance erlebt hat. Der Klient antwortet, daß er etwas (X) gefühlt, gesehen oder gar gehört hat. Dann greift der Hypnotiseur diese Antwort (X) auf und bietet dem Klienten gleichzeitig an, noch ein wenig tiefer in Trance fallen zu dürfen. Danach führt er ihn wieder aus der Trance und fragt ihn, wie er nun diese Trance erlebt hat. Der Klient antwortet wieder (Y), und diese Antwort (Y) wird benutzt, um ihn noch tiefer in die nächste Trance zu führen usf. Hier ein kurzer Mustertext:

(Klient ist bereits in leichter Entspannung)

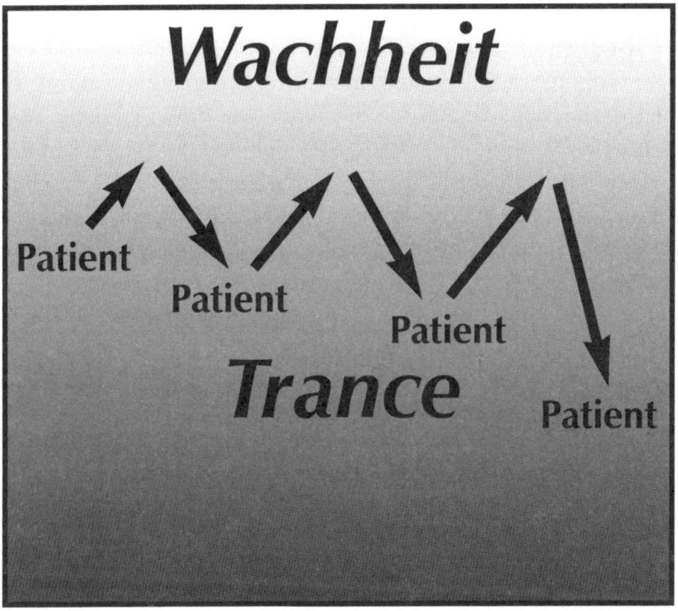


*Abbildung 10:* **Fraktionierung**

*Hypnotiseur:* „Kommen Sie nun zurück und sagen Sie mir, wie Sie diese Entspannung erlebt haben."

*Klient:* „Ich lag am Strand am Meer und sah weiße Vögel."

*Hypnotiseur:* „Gut, gehen Sie wieder zum Strand und schauen Sie die weißen Vögel an und gleiten Sie dabei ruhig noch ein bißchen tiefer."

(Pause)

*Hypnotiseur:* „Kommen Sie nun zurück und sagen Sie mir, was Sie erlebt haben."

*Klient:* „Ich habe den warmen Sand am Rücken gespürt, und es roch nach Salz in der Luft."

*Hypnotiseur:* „Gut, gehen Sie wieder ans Meer, spüren Sie den Sand am Rücken und riechen Sie die Salzluft und lassen sich in aller Ruhe noch ein wenig weiter und tiefer treiben."

(Pause)

und so weiter ...

Gleitet Ihr Klient in einen regressiven Zustand, erlebt er also Szenen seiner Kindheit, so sprechen Sie mit ihm in der Zeitform der Gegenwart. Sprechen Sie mit ihm so, als wären Sie gemeinsam mit ihm in seiner Erlebniswelt. Vermeiden Sie Worte wie *damals, früher, vor langer Zeit* usw. Das sind alles Worte, die sich von der Gegenwart auf die Vergangenheit beziehen. Ihr Klient ist aber nicht in der Gegenwart, sondern er erlebt *Vergangenes in der Gegenwart*. Versuchen Sie auch, einen sprachlichen Übergang vom „Sie" zum „Du" zu bahnen. Wechseln Sie, wenn Sie Ihren Klienten in Trance wissen, auf seinen Vornamen und sprechen Sie ihn in der dritten Person an. Heißt Ihr Klient vielleicht Peter Müller, so sagen Sie: „... Und der Peter sinkt immer tiefer und tiefer, ... weiter und weiter, ... und der Peter erlebt Dinge, die er so möglicherweise lange nicht mehr erlebt hat ..."

Dann springen Sie aufs „Du" und sagen beispielsweise: „... Und du beginnst immer deutlicher und deutlicher zu spüren, wie die wirklich wichtigen Eindrücke in deinem Leben sich dir mitteilen, wie in einem Kinderspiel, ..."

Bei der Reorientierung wechseln Sie natürlich wieder auf das „Sie" zurück.

# 8.
# Zwischenfälle

## Showhypnose

Von Zeit zu Zeit werden Zwischenfälle während oder nach Showhypnosen publik.

Sie ziehen, wenn sie bekannt werden, schnell das Interesse auf sich, und bestätigen manches Vorurteil. Vor kurzem gab es in einer Fernsehsendung eine Hypnoseshow, in der der Hypnotiseur seine Zuschauer vor dem Fernsehapparat hypnotisierte. Sie sollten in einem Zustand der *Fernsehtrance* verlorene Gegenstände in ihrer Wohnung finden. Am gleichen Abend riefen Hunderte von Zuschauern beim Sender an und beklagten sich über die unterschiedlichsten Symptome. Manche hatten Kopfschmerzen, anderen war übel und wieder andere berichteten von Verwirrungszzuständen oder unerklärlicher Müdigkeit. Am nächsten Tag stand dieses Ereignis auf den ersten Seiten der hiesigen Boulevardpresse, und ich wurde von meinen Bekannten und meinen Klienten bestürmt, dazu Stellung zu nehmen. Zwischenfälle dieser Art sind vermutlich nach Showhypnosen häufig, sie werden aber möglicherweise von den Betroffenen nicht mit der Showhypnose in ursächlichen Zusammenhang gebracht. Manchmal treten solche Symptome auch zeitversetzt auf, wie bei einer Pilzvergiftung, und der wirkliche Grund bleibt immer im dunkeln. Der Showhypnotiseur hypnotisiert manchmal Hunderte vom Menschen gleichzeitig und kann unmöglich alles im Blick haben, so daß es hier zu Komplikationen kommen kann. Manche Trancen entwickeln sich bei labilen Menschen spontan zu Problemtrancen oder die Phase der Reorientierung wird nicht gewissenhaft eingeleitet, so daß ein Resthypnoid sich nachteilig auf die Befindlichkeit auswirken kann. Nur in seltenen Fällen kümmert sich der Showhypnotiseur um Probleme seiner „Mitspieler“. Da er im allgemeinen nur gut in Induktionstechniken ausgebildet ist, kann er mit Zwischenfällen, die nach der Trance auftreten, schwer umgehen.

In manchen Ländern, wie z.B. in Israel oder Schweden oder einigen Kantonen in der Schweiz, ist die Ausübung der Showhypnose gesetzlich untersagt.

Der Showhypnotiseur arbeitet mit unterschiedlichen Tricks. Manchmal hat er Helfer im Publikum, die er auf die Bühne lotst und die dann schnell und spektakulär in Trance fallen. Diese Helfer wirken hier wie ein chemischer Reaktionsbeschleuniger. Die Zuschauer identifizieren sich mit den gesehenen Reaktionen und fallen dann auf oft ähnliche Weise in Trance wie die Helfer. Manchmal hat der Showhypnotiseur auch keine Helfer im Publikum. Dann pickt er sich schnell die suggestivsten Zuschauer heraus, die er mit kleinen, versteckten Suggestivtests ausfindig macht, und macht mit ihnen seine Show. Hier ist anzumerken, daß der bloße Bühneneffekt bereits einen tranceähnlichen Zustand beim „Mitspieler" produzieren kann. Der Zuschauer, der plötzlich im Rampenlicht steht und viele andere Zuschauer vor sich hat, fällt oft automatisch in Trance. Es ist ähnlich wie bei den hypnotischen Konfusionstechniken. Man befindet sich schlagartig in einer vollkommen neuen Situation und hat kein geeignetes Reaktionsmuster – man gleitet in Trance.

Vor einigen Jahren hatte ich in Berlin an einer großen Zaubershow teilgenommen. Ich saß scheinbar sicher im Publikum, und trotzdem holte mich der Zauberer auf die Bühne. Warum er sich gerade für mich interessierte, ist mir heute noch ein Rätsel. Ich stand also, vollkommen unvorbereitet, auf einer großen Bühne in sehr grellem Scheinwerferlicht. Der Zauberer stand neben mir und bat mich darum, verschiedene Dinge zu tun. Ich mußte zum Beispiel eine Zitrone untersuchen und einen Hundertmarkschein mit einem Filzstift markieren. Ich glaube im Nachhinein, ich hätte auch noch ganz andere Dinge gemacht, wenn es der Zauberer von mir verlangt hätte. Hätte er beispielsweise zu mir gesagt, in Trance fallen zu müssen, wenn ich ein ganz bestimmtes Wort zu hören bekomme, ich hätte es vermutlich gemacht und es hätte höchstwahrscheinlich sehr authentisch ausgesehen. Wird der Gehorsamsreflex geschickt aktiviert, so werden wohl die meisten Menschen in unserer Kultur, zumindest in einem bestimmten Rahmen, das tun, was von ihnen verlangt wird.

## Therapeutische Hypnose

Zwischenfälle im klinischen Kontext einer Hypnose sind selten und kommen meines Erachtens nicht häufiger vor als bei anderen Therapieverfahren. Werden sie publik, ziehen sie schnell die Aufmerksamkeit auf sich und lösen oft heftige Diskussionen aus. Um dem Leser einen kleinen Einblick über mögliche Formen von hypnotischen Zwischenfällen zu geben, habe ich aus der klinischen Praxis ein paar interessante Fälle zusammengestellt.

## Zwischenfälle während der Trance

### *Der leere Blick*

Einer meiner Klienten glitt in tiefe Trance und sprach davon, mit einem Raumschiff im All herumzufliegen und immer weiter und weiter wegzufliegen. Seine Stimme wurde zuhörens leiser, bis er schließlich ganz still war und ich den Prozeß durch wenige, sorgsam ausgewählte Worte begleitete. Der Kopf des Klienten lag schräg und berührte fast seine Schulter, der Mund stand halb auf und die Haut leuchtete zart rosa. Er atmete ruhig und langwellig und befand sich in tiefer Trance. Völlig unerwartet machte er plötzlich die Augen auf und schaute mich mit einem leeren, fast entseelten Blick an. Ich hatte einen kleinen Schreck bekommen und war für ein paar Augenblicke irritiert, weil ich so etwas nur ausgesprochen selten erlebt habe. Der Klient schaute mich offenbar gar nicht richtig an, vielmehr schien es so zu sein, als würde er durch mich hindurchschauen. Seine Augen reagierten nicht auf meine Körperbewegungen und starrten immer in die gleiche Richtung, ohne daß die Augäpfel sich bewegten. Ich fragte den Klienten vorsichtig, was nun geschehe, aber er gab mir keine Antwort. Dann sagte ich deutlich lauter: „Augen zu!", und er schloß daraufhin die Augen und sah so friedlich aus wie zuvor. Nach der Trance fragte ich ihn, ob er sich daran erinnern könne, daß seine Augen in der Trance offen gewesen seien. Er wies den Gedanken von sich und meinte, daß er seine Augen immer in Trance geschlossen habe, das wisse er genau. Er hatte allerdings das Gefühl, daß er in dieser Trance irgend etwas gesehen habe, was er gegenwärtig nicht benennen könne. Was das allerdings war, konnte nie aufgeklärt werden.

### *No return*

Ein anderer Klient erblickte in Trance ein dicke Glaswand. Er konnte nicht genau erkennen, was hinter dieser Glaswand war, weil sie verschwommen und milchig aussah. Plötzlich berichtete er, daß diese Wand damit beginne, ihn anzuziehen. Er sprach von Angst und wurde zunehmend unruhiger. Die Anziehungskraft dieser Wand wurde so stark, daß er sich nicht mehr dagegen wehren konnte. Er wurde schließlich in diese Glaswand hineingezogen, zitterte und sprach von Schwindelgefühlen und kurzzeitiger Dunkelheit. Kurz darauf meinte er, daß er die Glaswand durchschritten habe und in einem rauchigen häßlichen, menschenleeren, toten Industriegelände stehe. Ich saß dem Klienten sehr nahe gegenüber und hatte das Gefühl, nicht in diesen sich verselbständigenden Prozeß eingreifen zu müssen. Ich wartete einfach ab, was seine unbewußten Gestaltungskräfte zu Tage fördern würden.

Er berichtete, daß er in diesem Industriekomplex herumgehe – es roch nach alten Pommes frites, Rost und heißem Teer. Er sah ausrangierte Straßenbahnen und stillgelegte Hochöfen und sehr viel Industriemüll, der überall herumlag. Er schien während dieses Ausfluges keinerlei Angst zu haben, sondern strich, fast neugierig, über die dunstigen Wege. Er sah keine Menschen oder andere Lebewesen.

Nach etwa 25 Minuten begann ich mit der Phase der Reorientierung und bat ihn, wieder zurück durch die Glaswand in die Realität zu steigen. Er folgte meinem Angebot, bis er vor der Glaswand stand und meinte, daß er nicht mehr zurück könne. Sein Rückweg war aus unerfindlichen Gründen versperrt. Ich bot ihm an, vielleicht eine andere Stelle in der Glaswand zu finden, die ihm die Rückkehr erlauben könnte. Er sucht fieberhaft und fand keine einzige Möglichkeit, wieder durch diese Glaswand zu kommen. Normalerweise kann ein Klient leicht seinen Weg in die Trance wieder rückwärts gehen und somit *aus* der Trance herauskommen. Ich war erstaunt, aber nicht beunruhigt über dieses Phänomen. Der Klient schien, was seine Körpersprache und Stimme betraf, einen ruhigen Eindruck zu machen. Wahrscheinlich spürte er unterschwellig mein leichtes Unbehagen bezüglich des fehlenden Rückweges und sagte zu mir, daß alles in Ordnung ist, daß er jetzt hier sei, und es einfach nicht mehr zurückgehe. Anschließend schlug er spontan die Augen auf und wir sprachen über seine hypnotischen Erlebnisse.

(Wie mir später klar wurde, trat der Klient in abgespaltene Erfahrungsräume ein und erlebte diese als angstmachend und fremd. Es gab in ihm offenbar eine Kraft, die außerhalb seiner bewußten Kontrolle stand, die ihn zu dieser Erfahrung fast nötigte, ohne einen Rückweg offenzuhalten. In den nächsten Stunden rutschte der Klient wie von alleine in dieses Szenen hinein, die schon bald darauf lebendiger und farbiger wurden. Schließlich tauchten die ersten Menschen auf ...)

### *Der Sog ins Nichts*

Dieser Zwischenfall zählt zu den dramatischsten, die ich während meiner therapeutischen Erfahrung erlebt habe. Der Klient, ein etwa 45jähriger Lehrer, wünschte ursprünglich wegen sexueller Probleme mit seiner Frau ein Beratungsgespräch. Wie sich bald herausstellte, ging es primär gar nicht um die Beziehungsproblematik, sondern um etwas ganz anderes. Der Klient war sehr suggestibel und konnte nach sehr kurzer Zeit die von mir präsentierten hypnotischen Bilder sehr plastisch sehen und weiter ausfantasieren. Die kommenden Trancen erlebte er als faszinierend, sprach aber davon, daß er von irgend etwas angesaugt werde. Dieser Sog wurde von Stunde zu Stunde stärker, so daß ich die weiteren Trancen immer kürzer halten mußte, um zu verhindern, daß er zu nah an diesen unheimlichen Sog kam. Mir war vollkommen unklar, woher diese enorme Kraft in der Trance kam, der Klient hatte panische Angst vor dieser Kraft und kannte dieses Gefühl nur aus dem Zusammenhang mit den Trancen, die er bei mir erlebte. Er sprach davon, daß dieser Sog, wenn er ihn richtig erfasse, ihn auflösen werde und er dann nicht mehr da sei. Kam er mit der Kraft von diesem Sog in Berührung, wurde er im Gesicht aschfahl, Schweißtropfen traten auf seine Stirn, er zitterte und konnte nur noch stockend sprechen. Zeigte er diese Reaktionen, brach ich spätestens hier den sich verselbständigenden Prozeß ab und reorientierte den Klienten, was immer schnell und problemlos gelang. Er war absolut ratlos, was das alles zu bedeuten hatte.

Es kam so, wie der Leser wohl ahnt. In einer der nächsten Hypnosesitzungen verselbständigte sich dieser Prozeß und war von mir nicht mehr richtig zu kontrollieren. Der Klient schrie, daß dieser Sog ihn erfaßt habe, ihn immer weiter und weiter in sich hineinzöge und ihn auflöse. Er zeigt sehr starke Angstreaktionen und war kurzzeitig nicht mehr ansprechbar. Ich saß ihm gegenüber, war selber ein wenig aufgeregt und spürte tief in mir, daß es jetzt wohl der richtige Zeitpunkt sein müsse, sich von seinen gewaltigen Kräften des Unbewußten führen zu lassen. Es war meine letzte Arbeitsstunde, so daß ich genügend Zeit hatte, auch über eine längere Phase den Klienten zu begleiten. Es geschah lange nichts, der Klient saß ruhig, mit geschlossenen Augen auf seinem Stuhl. Ich setzte mich ganz nah neben ihn, berührte ihn am Arm und meinte, daß alles vollkommen in Ordnung sei, was immer auch geschehe.

In einer der letzten Stunden hatte der Klient Kontakt zu einem inneren Helfer hergestellt, den er Rumpelstilzchen nannte, und der offenbar viel über ihn wußte und orakelte, daß die Zeit kommen werde, wo ihm die Augen aufgehen würden.

Diese Gestalt erschien plötzlich und führte ihn in eine tiefe Dunkelheit, wo er verschiedene Lichtkegel sah. Die Gestalt lachte und sagte ihm, daß er das nun davon hätte, weil er ja so neugierig sei. Sie sagte, daß ihm das, was er gleich zu sehen bekomme, überhaupt nicht gefallen werde, aber er hätte selber schuld mit seiner Neugier.

Er sah das Haus, in dem er früher mit seiner Schwester und seinen Eltern gewohnt hatte. Er wurde von Rumpelstilzchen zu einem ganz bestimmten Lichtkegel geführt – dort sah er das Gästezimmer des Hauses, das im Keller war. Sein Vater saß auf dem Gästebett und schwitzte. Auch seine etwas ältere Schwester saß auf dem Bett und sein Vater fummelte ihr zwischen den Beinen herum. Der Vater schrie den Jungen an, der zwischen der Türe stand und alles beobachtete. Er stand da und war wie erstarrt, völlig bewegungslos und nicht mehr ansprechbar. Er sprach in Trance davon, daß er eigentlich gar nicht da sei. Er war zum damaligen Zeitpunkt etwa fünf bis sechs Jahre alt. Rumpelstilzchen lachte hämisch und sagte ihm, daß er nun damit zurechtkommen müsse, er hätte es nicht anders gewollt. Dann verschwand das Männlein.

Ich bot dem Klienten anschließend an, wieder zurückzukommen. Er konnte sich an alle Bilder erinnern und machte einen verunsicherten Eindruck. Das erste was er bemerkte war, daß er sein Verhältnis zu seinem Vater, der schon Jahre tot war, gründlich überdenken müsse. Dann wollte er von mir als Fachmann etwas über den Wahrheitscharakter solcher Bilder wissen. Diese Therapiestunde dauerte etwa zweieinhalb Stunden.

## Reorientierungsprobleme

### *Mit Gabel und Messer*

Einer Klientin, die unter Fettleibigkeit litt und die schnell und tief in Trance fiel, gab ich die posthypnotische Suggestion, künftig beim

Essen ihre beiden Hände vertauschen zu müssen. Sie werde alles das, was sie bisher mit der linken Hand gemacht habe, nun mit der rechten machen und umgekehrt. Meine Idee hierbei war, ihr Eßgewohnheiten derart durcheinanderzuwürfeln, daß es ihr schließlich möglich wäre, leichter abzunehmen. Die Klientin hatte bereits die unterschiedlichsten Kuren hinter sich, machte viele Diäten und war auch Mitglied einer Weight-Watcher's-Gruppe, alles ohne durchschlagenden Erfolg. Nach der Trance konnte die Klientin auf meine Frage, ob sie sich erinnern könnte, was in der Trance geschehen war, nichts antworten – sie hatte eine vollkommene Amnesie entwickelt. Sie spielte eine wenig mit ihren Händen, so, als würde sie nicht richtig wissen, was sie mit ihnen anfangen solle. Ich sagte der Klientin, daß sie mich jederzeit anrufen könne, wenn merkwürdige Dinge geschehen würden.

Drei Tage später rief sie mich abends an und meinte, daß sie durcheinander sei und nichts Gescheites mit ihren Händen tun könnte. Sie könne weder richtig essen, noch einen Stift länger in der Hand halten oder andere einfache Dinge tun – es fiel ihr sogar schwer, meine Telefonnummer zu wählen. Aus unerfindlichen* Gründen hatte sich die posthypnotische Suggestion derart verselbständigt, daß sie über den engen Kontext des Essens hinaus auch in anderen Lebensbereichen zum Tragen kam. Am Telefon begann ich die Klientin erneut in Trance zu versetzten und nahm die posthypnotische Suggestion zurück, was reibungslos gelang.

### Der Mann mit den feuerroten Augen

Ein Klient, ein etwa 50jähiger Mann, rutschte in einen tiefen Trancezustand und war offensichtlich in einem Kindheitserlebnis, daß er in der Trance nicht verbalisieren konnte. Er zeigte starke kathartische Reaktionen, schlug wild um sich, schrie abwechselnd laut und jammerte leise. Diese Phase dauerte etwa 25 Minuten, dann beruhigte sich der Klient und entspannte sich zusehens. Nach weiteren zehn Minuten begann ich mit der Phase der Reorientierung, indem ich ein-

* Wie sich im weiteren Verlauf der therapeutischen Behandlung herausstellte, verkörperte der Generalisierungsprozeß der posthypnotischen Suggestion einen indirekten Widerstand gegen jede Form der Bevormundung. Der Körper beginnt nach „Dienst nach Vorschrift" zu arbeiten und torpediert auf diese Weise das therapeutische Angebot.

fach immer lauter und deutlicher von null bis zehn nach oben zählte und gleichzeitig Suggestionen zur Wachheit und Frische anbot. Ich sagte dem Klienten, daß er spätestens bei zehn die Augen aufmachen solle, um dann wieder frisch und munter zu sein. Nachdem ich die Zahl zehn laut und deutlich genannt hatte, passierte nichts. Der Klient regte sich nicht, war nicht richtig ansprechbar und hatte die Augen geschlossen. Ich wiederholte die Aufforderung, die Augen aufzumachen, aber es geschah nichts. Er zeigte keinerlei Reaktionen auf meine Aufforderung. Da ich den Klienten bereits einigermaßen gut kannte, wußte ich, daß er in seiner Kindheit stark an Isolationsängsten und Zurückgezogenheit gelitten hatte. Ich hatte den Gedanken, daß meine doch eher leise Stimme ihn gar nicht erreicht hatte. Ich sprach nun wesentlich lauter und strenger: „MACH JETZT DEINE AUGEN AUF UND KOMME ZURÜCK!"

(Befindet sich ein Klient während der Trance in seiner Kindheit, so ist es trancetechnisch wirkungsvoller, ihn wie ein richtiges Kind anzusprechen, den Klienten also auch zu duzen.)

Er blinzelte und öffnete langsam die Augen, die feuerrot aussahen – seine Augäpfel zitterten fast wie bei einem Nystagmus – und orientierte sich vorsichtig in die Wirklichkeit zurück. Ich fragte ihn, ob er sich an etwas erinnern könne, was in der Trance geschehen sei, aber er verneinte. Er sprach davon, ganz weit weg gewesen zu sein. Ich bot ihm an, noch eine Weile in der Praxis zu bleiben, bis sichergestellt wäre, daß er nun wirklich richtig wach sei und mit dem Auto nach Hause fahren könne. Dieses Tranceerlebnis war ein Ausnahme und blieb in seiner Bedeutung für mich im unklaren. In der weiteren Behandlung erlebte der Klient zwar ähnlich tiefe Trancen, aber nie riß der Beziehungsfaden auf solch dramatische Weise ab, wie in dieser Stunde.

### *Der richtige Riecher*

LeCron (1993) berichtet von einem Fernsehauftritt, in dem er einen Zahnarzt hypnotisiert hatte und ihm in Trance den posthypnotischen Auftrag gab, daß er nur noch Parfüm riechen könne. Dann wurde eine Flasche mit verdünntem Salmiakgeist unter seine Nase gehalten und der Zahnarzt bemerkte, wie gut das rieche.

Ein Jahr später traf LeCron diesen Zahnarzt zufällig wieder, der ganz nebenbei bemerkte, daß er seinen Geruchssinn verloren habe und seit einiger Zeit nur noch Blumen riechen könne. LeCron erinnerte sich an die Hypnosesitzung vor einem Jahr und war sich plötzlich seines Kunstfehlers bewußt. Er hatte vergessen, diesen posthypnotischen Auftrag zurückzunehmen, was er dann schnellstens nachholte. Kurz darauf konnte der Zahnarzt wieder richtig riechen. Nicht sorgfältig zurückgenommene posthypnotische Suggestionen (vergleiche das Kapitel über Posthypnotische Suggestionen) können also über einen sehr langen Zeitraum hin wirksam bleiben. Sie verlangen von Hypnotherapeuten viel Erfahrung und Verantwortungsbewußtsein.

### Sprachlosigkeit

Ein etwa 35jähriger Klient, der von einem mit mir befreundeten Zahnarzt in Trance behandelt wurde, „erwachte“ spontan während der Behandlung. Er schlug die Augen auf und schaute interessiert um sich. Der Zahnarzt fragte den Klienten, was geschehen sei und bekam keine Antwort, weil der Klient, aus unerklärlichen Gründen, die Sprachfähigkeit verloren hatte. Der Klient, offenbar selber erstaunt über seine fehlende Sprache, versuchte sich mehr schlecht als recht mit Gesten zu verständigen, was allerdings kaum gelang. Er zeigte auf seine verschiedenen Finger und deutete auf die Fingerkuppen. Als der Klient nach einigen Minuten noch immer nicht sprechen konnte, hypnotisierte der Zahnarzt den Klienten aufs neue und führte ihn anschließend in den Wachzustand. Nun konnte der Klient wieder fließend sprechen. Die Gründe dieses spontanen Sprachverlustes konnten nicht eruiert werden.*

Ergänzend sei bemerkt, daß es während tiefer Trancen manchmal vorkommt, daß der Klient (genauer: das Unbewußte des Klienten) etwas sagen will, aber nicht kann. Das ist nicht die sogenannte hyp-

---

* Der Verlust der Sprache wird in manchen Fällen extremer Traumatisierung beschrieben. So gibt es Berichte über Kriegsopfer, die aufgrund extremen Schrecks nicht mehr sprechen konnten. Nettelbeck beschreibt in seinem Buch „Der Dolomitenkrieg“ das Schicksal eines österreichischen Soldaten, der als einziger die Sprengung des Col di Lana, eines umkämpften Berges, überlebt hatte und dabei seine Sprache verloren hatte. Der Soldat wurde Hunderte von Metern durch die Luft geschleudert und kämpfte sich anschließend tagelang durch Schnee und Eis zu den österreichischen Linien zurück. Die Österreicher, die sich wertvolle Informationen über die italienischen Linien von diesem Soldaten erhofften, wurden enttäuscht, er konnte nichts mehr mitteilen.

notische *Sprechfaulheit*, die während tieferer Trancen beobachtet wird, sondern eine echte *Sprechhemmung*. Manchmal bewegen sich die Lippen des Hypnotisierten und es sieht von außen so aus, als wolle der Klient etwas sagen, könne es aber nicht richtig. Nach der Trance berichten die Klienten dann, daß sie etwas mitteilen wollten, es aber nicht konnten – sie konnten es im wahrsten Sinn des Wortes nicht über die Lippen bringen. Oft sind die Inhalte traumatischer Natur und so Ich-fern, daß es einige Zeit dauern kann, bis sie hörbar ausgedrückt werden können.

Die Angst vieler Menschen, nicht mehr aus dem Hypnosezustand zu erwachen, ist unbegründet. Immer wieder hört man die Befürchtung, was denn nun sei, wenn der Hypnotiseur während der Stunde einen Herzanfall bekommt oder eine anderer Zwischenfall die Dehypnose behindert. Experimente durch den Hypnoseforscher Bongarts in Konstanz, bei denen tiefe Hypnosen mit verschiedenen Versuchspersonen nicht zurückgenommen wurden, zeigten, daß nach durchschnittlich 17 Minuten die Versuchspersonen selbständig erwachten, oder ganz normal einschliefen, um anschließend, wie am Morgen, natürlich zu erwachen (Eberwein 1996).

# 9.
# Hypnotische Motive

Im folgenden habe ich einige hypnotische Motive zusammenstellt, die bei bestimmten Problembereichen angewendet werden können.

## Motive zur Stärkung und Eruierung von schlummernden Ressourcen

### ➤ *Bunter Regen*

Führen Sie den in Entspannung befindlichen Klienten in ein bergiges Tal. Beschreiben Sie die steilen Hänge und Wälder ringsherum. Vermitteln Sie dadurch ein Gefühl der Naturverbundenheit. Sagen Sie:

> „... und urplötzlich ziehen Wolken auf, Wolken, die Sie so noch nie gesehen haben, Wolken in unendlich vielen Farben ... Die Wolken hängen tief, sehr ti ... ief. Es fängt an, fast unmerklich zu tröpfeln, ... lauter bunte Regentropfen fallen aus den Wolken auf Sie herab, auf Ihren Körper, ... Knallbunte Regentropfen, unglaublich, so wie im Märchen, ... gelbe Tropfen, ... grüne Tropfen, ... blaue Tropfen, ... braune Tropfen, ... orange Tropfen, ... rote Tropfen, ... violette Tropfen, ... unendlich viele Tropfen in unendlich vielen Farben. Der Körper und die Kleidung werden ganz bunt, so bunt wie ein farbiger Traum ... und das Bunte beginnt, in den Körper einzuziehen, wie eine Salbe, die eine Wunde schnell heilt, ... tief in den Körper bis zu den Organen, die bunt gefärbt werden, ... Magen, ... Leber, ... Herz, ... Nieren, ... Blase, ... Galle, ... einfach alles, sogar das Blut beginnt, sich kunterbunt zu färben ... und schließlich das ganze Körpergewebe, ganz bunt, die Zellen, bunt wie ein Papagei, ... die Moleküle und die kleinsten Bausteine des Körpers alle vollkommen bunt, ... und zuletzt sogar die Gedanken, bunt gefärbte Gedanken, blaue Gedanken, ... rote Gedanken, ... gelbe Gedanken, ... grüne Gedanken, ... violette Gedanken, ... tausend Gedanken in tausend Farben, einfach so, wie im Traum ..."

Diese Anleitung ist geeignet für Menschen, die Probleme damit haben, sich auf ihre eigene Fantasie zu verlassen, die übermäßig kontrolliert sind und darunter leiden.

### ➤ *Bunter Schnee*

Dieses Motiv ist gut für Kinder, um sie auf eine spielerische Weise in die fantastische Welt der Trance zu führen:

„... Stell dir vor, es schneit. Es schneit ganz bunten Schnee und du stehst da und schaust nach oben, wie die bunten Schneeflocken fallen, blaue Flocken, gelbe, grüne, und ganz bunte, ... Versuche mal, die Flocken zu zählen, es sind wirklich so viele, daß du schnell merkst, daß du da gar nicht mehr mitkommst, ... versuche nun einmal, deinen Kopf nach oben zu drehen und die bunten Schneeflocken an deinem Gesicht vorbeischneien zu lassen, sicherlich wird auch die eine oder andere Schneeflocke auf deinem Gesicht liegen bleiben, ... stelle dir einfach vor, du beginnst in den Schneeflocken zu tauchen, ... versuche nun einmal, die Flocken mit dem Mund zu fangen und schmecke die Unterschiede, die blauen Flocken schmecken bestimmt ganz anders als die knallroten oder die grünen, die vielleicht nach Waldmeister schmecken könnten, ... die schwarzen schmecken bestimmt nach Lakritze, die roten nach Erdbeere, oder? ... Wenn du willst, dann baue aus dem bunten Schnee einen bunten Schneemann und laß beim Bauen den Schnee ordentlich knirschen, ... bunte Schneebälle, ... Träume, träume, ...“

Wenn die Kinder diese Bilderfolge akzeptieren, und die meisten werden das tun, werden sie mit ihrem ganzen Körper ihren Induktionen folgen, sie machen dann wahrscheinlich wirklich den Mund auf und beginnen damit, die Schneeflocken richtig fangen zu wollen. Haben Sie auf diese Weise Rapport zu dem Kind aufgebaut, so erhöht sich die Wahrscheinlichkeit, daß das Kind Ihre weiteren suggestiven Angeboten akzeptiert.

### ➤ *Regenbogenlicht*

Den blassen, steifen und ängstlichen Klienten kann man in ein Regenbogenlicht stellen und dieses Licht in seinen Körper tauchen lassen:

„... Stellen Sie sich vor, Sie sehen einen Regenbogen, der in den herrlichsten und klarsten Farben leuchtet, die Sie je gesehen haben, ... Gehen Sie auf den Regenbogen zu, ... gehen Sie genau da hin, wo der Regenbogen in die Erde mündet, ... man sagt, da gebe es einen Schatz, ... gehen Sie dorthin, wo man ja eigentlich gar nicht hingehen kann, ... wie im Traum oder im Märchen, ... und wenn Sie da sind, dann spüren Sie, wie es sich anfühlt, wenn Sie direkt in diesem farbigen Licht stehen, ... . Lassen Sie das Licht ganz durch Ihren Körper fahren, durch die Augen, und Ohren, ... atmen Sie das Regenbogenlicht ein, so tief, wie es geht ... lassen Sie die Regenbogenfarben sich in Ihrem Körper verteilen, lassen Sie alles farbig werden, bunt und vielfältig, ... den Kopf, ... die Schultern, ... die Arme bis in die Hände hinein, ... die Brust, ... den Bauch und Rücken, ... den Unterleib, ... die Beine bis zu den Zehenspitzen, ... einfach alles, was zu Ihnen gehört ...“

### ➤ *Lichtbahnen*

Die Lichtbahn wird als Weg benutzt, um dem Klienten auf metaphorische Weise eine Ressourcensituation aus der Vergangenheit nahe zu bringen, um sie in der Gegenwart nutzen zu können. Schicken Sie den Klienten in eine frühere Ressourcensituation, dort hin, wo er sich so richtig wohl gefühlt hat. Lassen Sie ihn dort, voll assoziiert, also mit allen seinen Sinnen, dieses Erlebnis noch einmal nachspüren. Lassen Sie ihm mindestens zehn Minuten Zeit, um dort richtig „auf-zutanken" und suggerieren Sie dann folgendes Bild:

> „... und gleich beginne ich, von null bis minus fünf in den Zahlenraum zu zählen, den es genau genommen gar nicht geben kann, obwohl es ihn gibt, und bei der Zahl *minus fünf* klatsche ich laut in die Hände, ... in diesem Moment, dann wenn der Knall am lautesten ist, entsteht eine Lichtbahn, ein starker Lichtstrahl, eine Art innerer Blitz, ... der eine Verbindung zwischen dem guten, starken Erleben und dem JETZT im Alltag herstellt ... . Es kann sein, daß der Körper zuckt, so, als würde ein Lichtstahl durch ihn fahren oder es zu kribbeln anfängt, ... lassen Sie sich einfach überraschen, ... null, ... minus eins, ... minus zwei, ... minus drei, ... minus vier, ... minus fünf, ... (Händeklatschen). (Hier sollten Sie anschließend eine kleine Pause machen.)"

Sie werden häufig ein erstauntes Zucken beim Klienten wahrnehmen, es kann sogar sein, daß sich die Augen öffnen und er spontan erwacht. Reorientieren Sie ihn dann zur Sicherheit noch einmal.

Es ist oft besser, nach der Trance das Thema zu wechseln und über etwas vollkommen anderes zu sprechen. So haben die neuen Gedanken und Ideen besser Raum, sich unkontrolliert zu entfalten.

### ➤ *Herbststurm*

Dieses Motiv eignet sich für Klienten, die Probleme damit haben, Altes loszulassen. Sie klammern sich oft an alte Vorstellungen und Muster und fühlen sich dabei selber behindert. Sie können hier das Bild eines heraufziehenden Herbststurmes induzieren, der alle alten, verwelkten Blätter wegweht, um den neuen Blättern Platz zu schaffen:

> „... und immer dann, wenn wie im Herbst der Wind zum Sturm wird und braust und pfeift, ... dann beginnen die Bäume zu wackeln, ... biegen sich, ... knarrende Geräusche, ... und die alten, gelben und braunen Blätter werden weggeweht, ... und der Sturm kennt keine Gnade, ... kein Erbarmen, ... er nimmt die alten Blätter und weht sie davon, ... da hilft kein Flehen und Jammern, ... der Sturm läßt sich nicht erweichen, ... er ist radikal, ... und er war es schon immer, ... vor Jahren, ... Jahrzehnten, ... Jahrhunderten, ... Jahrtausenden, ... Jahrmillionen, ... und er ruht nicht eher, bis er das letzte gelbe, braune Blatt durch die Luft gewirbelt hat, ... und er weiß, daß er das tun muß, um den neuen Blättern Platz zu machen, ... daß sie wachsen können, ... das ist der Herbststurm, ... gewaltig und bärenstark, ... und nichts kann ihn erweichen oder von seinem Vorhaben abbringen, ... wenn er stürmt, dann wird immer alles ganz anders ... (Sie können hier auch Wind und

Sturmgeräusche mit Ihrem Mund imitieren, um das hypnotische Bild zu verstärken)."

### ➤ *Müllkippe*

Der Klient wird gebeten, sich eine Müllkippe vorzustellen und damit zu beginnen, seinen inneren Müll über ein ökologisches Entsorgungssystem zu ordnen. Die Induktion könnte folgendermaßen lauten:

„... und nun beginnen Sie damit, Ihren inneren Müll zu trennen ... Stellen Sie sich einfach vor, Sie haben vier verschiedene Behälter für Ihren Mentalmüll. Der erste ist der für Sondermüll, für die wirklich gefährlichen Stoffe in Ihren Gedanken, ... werfen Sie alles in diese Tonne, was Ihr Unbewußtes Ihnen anbietet, dort hineinzuwerfen, ... lassen Sie sich Zeit, ... sorgen Sie für eine wirklich gründliche Entleerung ...

Der zweite Behälter ist für den alltäglichen Müll gedacht, für die immer wiederkehrenden alltäglichen Unwesentlichkeiten, die wirklich nicht mehr gebraucht werden, ... füllen Sie nun Ihre Mülltonne mit diesen Dingen, und lassen Sie sich wieder viel Zeit dabei ...

Die dritte Tonne ist für recycelbaren Müll gedacht. Wertvolle Rohstoffe, die wiederverwertet werden können und sehr nützlich sind ... Bitten Sie Ihr Unbewußtes, nun auch diese Tonne zu füllen, in dem Wissen, daß diese Dinge, verwandelt, Ihnen wieder zur Verfügung stehen werden ...

Die vierte Tonne ist für Mentalkompost. Wiederverwertbare Mentalnaturalien, die einen gesunden Boden für gesunde und kraftvolle Gedanken darstellen, ... beginnen Sie nun, Ihren Kompostbehälter zu füllen ..."

Wenn Sie dieses Mentalmülltrennverfahren anwenden, können Sie sich von Ihrem Klienten das Füllen der Tonne oder des Komposthaufens mit einem ideomotorischen Armsignal bestätigen lassen, um sicherzugehen, daß das Unbewußte diesen Trennungsprozeß steuert und nicht das bewußte Denken. Diese Methode ist gut geeignet für Klienten, die darüber klagen, viel zu viel in ihrem Kopf zu haben und über ihre eigenen Gedanken stolpern.

## Kreativitätsmotive

Diese hypnotischen Motive dienen dazu, neue Ideen, unkonventionelle Gedanken oder nichtalltägliche Problemlösungen und -strategien zu entwickeln. Fehlt Ihnen der zündende Gedanke oder einfach nur ein neuer Einfall, so können Sie die folgenden Techniken auch alleine mit Selbsthypnose für sich erproben, oder Sie leiten andere an und führen sie behutsam durch diesen Prozeß.

### ➤ *Goldwaschen*

Machen Sie die Augen zu und stellen Sie sich vor, daß Sie Ihre ganzen Urteile und Vorurteile über sich und die Welt um Sie herum, wie an einer Theatergarderobe, kurzzeitig abgeben. Tauchen Sie ein in eine innere Welt, in der jeder Gedanke und jede Fantasie gleichwertig ist. Gehen Sie dann zielstrebig in einen inneren Raum, wo Ihre Verrücktheit zu Hause ist, die wirklich seltsamsten und abstrusesten Gedanken. Da sind Sie richtig. Schauen Sie sich dort ruhig ein bißchen um, so wie Sie sich vielleicht in einem Museum umschauen würden. Haben Sie ein ganz bestimmtes *Problem*, oder suchen Sie nach einer ganz bestimmten *Idee*, so formulieren Sie Ihren Wusch, so knapp wie es nur möglich ist und sprechen Sie ihn einfach in diesem Raum, entweder richtig laut oder im stillen. Machen Sie bitte nichts weiter, sondern lassen Sie sich überraschen, was passiert, nachdem Sie diesen Wunsch geäußert haben. Stellen Sie sich einfach vor, daß Sie alle Antworten und Anregungen aus Ihrem inneren Museum der Verrücktheit aufnehmen, sammeln, ohne auch nur irgend etwas bewerten zu müssen. Lassen Sie sich hierzu ruhig ein paar Minuten lang Zeit.

Dann nehmen Sie einfach alle Ideen mit und verlassen diesen Ort. Gehen Sie nun mit Ihren verrückten Ideen zu einem Ort, wo Sie ein großes Sieb sehen und sieben Sie diese Ideen gut durch. Schütteln Sie ruhig das Sieb ein paarmal ganz kräftig, so daß Sie alles, was im Sieb hängenbleibt, einfach wegschmeißen. Gehen Sie dann mit dem Durchgesiebten an einen anderen Ort, wo es ein noch feineres Sieb gibt und wiederholen Sie dann den Schüttelvorgang. Werfen Sie einfach wieder alles beiseite, was ausgesiebt wurde. Wenn nötig, suchen Sie ein noch feineres Sieb, bis Sie das Gefühl haben, daß Sie die wichtigen Ideen von den unwichtigen getrennt haben. Haben Sie nun ein paar Aussiebungsvorgänge hinter sich, und sind ein paar Ideen übriggeblieben, so nehmen Sie diese Ideen und gehen Sie wieder an den Anfangsort, ins „Museum Ihrer eigenen Verrücktheit“. Sie können dort weitere Wünsche formulieren, z.B., daß Sie diese Ideen einmal genauer in Ihrer Zukunft betrachten wollen. Dann nehmen Sie wieder alle Ihre verrückten Einfälle und sieben auf die nun bekannte Weise die wichtigen von den unwichtigen aus.

Sie können, wenn Sie Zeit und Lust haben, diesen Prozeß so oft wiederholen, wie Sie wollen. Vermutlich werden Ihre inneren

Bilder oder Eindrücke nach jedem Durchgang immer klarer und deutlicher.

### ➤ *Die Traumkammer*

Bei diesem Motiv führen Sie den Klienten oder sich selber zu dem Ursprung Ihrer Träume. Beginnen Sie, nachdem Sie Ihren Klienten in Trance gesetzt haben, damit, das Bild einer geheimen Küche, vielleicht einer Hexenküche, zu induzieren. Sprechen Sie davon, daß in dieser Küche alle Träume gekocht werden, die jemals geträumt wurden oder jemals geträumt werden. Animieren Sie Ihren Klienten, sich dort umzuschauen, zu riechen, zu hören, zu sehen und vor allem zu schmecken. Lassen Sie ihn wie einen Küchenjungen zuschauen, wie ein Traum entsteht. Er darf einfach alles ganz genau beobachten. Dann bitten Sie ihn, in den Traumkochtopf, der gerade auf dem Herd steht, einen *Wunsch* zu werfen und zu beobachten, was geschieht. Reichern Sie diese Szene, wenn Sie genug Fantasie haben, weiter an. Wecken Sie Neugier. Sagen Sie dem Klienten, daß er Ihnen Bescheid sagen soll, wenn er Dinge beobachtet, die interessant sind. Achten Sie darauf, daß er mit seinen Fantasien in der Traumküche bleibt und nicht abschweift. Wiederholen Sie einfach die Stichworte, die dieses Bild charakterisieren: Traumküche, ... Kochtopf, ... Herd, ... Gerüche, ... Wünsche, ... Geschmack, ...

### ➤ *Im Spiegelland*

Der Spiegel hat von jeher etwas Magisches. Er zeigt Facetten von uns, die wir schnell übersehen, und sagt uns, zumindest im Märchen, die blanke Wahrheit. Menschen, die sich selber nicht sehen können, haben im wahrsten Sinn des Wortes Schwierigkeiten, sich im Spiegel längere Zeit zu betrachten. Sie können sich selber nur schwer visualisieren. Sie sehen meistens nur Bruchstücke von sich, oft unscharf oder verschwommen.

Bitten Sie nun den Klienten, sich in einem großen Spiegel zu betrachten. Fordern Sie ihn auf, auf sein Spiegelbild zuzugehen, um schließlich selber in die Spiegelwelt zu steigen. Machen Sie ihm Mut, aber drängen Sie ihn nicht. Wenn er nicht will, dann machen Sie etwas anderes. Tritt er in die Spiegelwelt ein, so ermuntern Sie ihn, sich dort einfach umzusehen und weiter hineinzugehen. Sagen Sie ihm ruhig, je verrückter die Eindrücke, desto besser, denn in diesem Land ist schließlich alles ganz anders als in der Wirklichkeit.

Wenn Sie ihn reorientieren, so sorgen Sie bitte dafür, daß er aus dem Spiegel wieder in die Realität tritt. Sie können dieses Motiv noch anreichern, indem Sie ganz bestimmte weitere Motive im Spiegelland erscheinen lassen, die für den Klienten Wichtigkeit haben. Wenn er zum Beispiel Probleme mit Autoritätspersonen hat, so können Sie vorsichtig das Bild eines strengen Lehrers aus der Vergangenheit einweben, den der Klient dann im Spiegelland trifft.

### ➤ *Durchzug (frischer Wind)*

Wer kennt es nicht: Der Kopf ist zum Platzen voll. Es drückt und schließlich schmerzt es. Kein Gedanke kann sich in Ruhe entwickeln. Leidet Ihr Klient unter diesem Problem, so induzieren Sie folgendes Bild:

> „... Stellen Sie sich vor, Ihr Kopf wäre ein Haus mit vielen Fenstern ... Beginnen Sie nun, sämtliche Fenster und Türen dieses Hauses öffnen zu lassen, ... lassen Sie kein Fenster oder keine Türe aus ... Wenn Sie wirklich alle Fenster und Türen geöffnet haben, so sagen Sie mir Bescheid ... (warten Sie, bis der Klient Ihnen signalisiert, daß er alle Fenster und Türen geöffnet hat.)
>
> ... gut, und nun beginnen Sie, den alten Mief abziehen zu lassen und frischen Wind ins Heim zu bringen, ... lassen Sie den alten Stallgeruch vollkommen abziehen und durch frische Luft von außen ersetzen ...
>
> (Sie können hier im gleichen Atemrhythmus des Klienten ein- und ausatmen, immer lauter und lauter und dadurch Windgeräusche simulieren, die eine starke Wirkung auf den Klienten haben. Atmen Sie dann einfach laut hörbar ein und aus und ändern Sie mit Ihrer Backenmuskulatur das Mundvolumen, so daß die Atemgeräusche unterschiedlich laut und hoch sind. Halten Sie auch einmal eine Hand vor den Mund und pusten Sie gegen die Hand, oder durch die Finger. Drehen Sie beim Pusten auch Ihren Kopf, so daß die Illusion unterschiedlicher Windrichtungen entsteht. Lenken Sie den Luftstrom mit Ihrer Hand hin und her.)
> ... Wind, frische Luft, ... Abziehen des Alten, ... neuer Geruch, ... Frische, ... neue Ideen, ...“

Wenn Sie mit künstlichen Windgeräuschen experimentieren, werden Sie feststellen, daß viele Ihrer Klienten in sehr tiefe Trance fallen. Solche Geräusche bieten ein Maximum an Assoziationsmöglicheiten, weil sie inhaltslos sind und gerade deswegen zum grenzenlosen Fantasieren einladen.

## Aufrichtigkeitsmotive

Diese hypnotischen Motive sind für Klienten geeignet, die Schwierigkeiten mit dem Zulassen der Wahrheit gegenüber anderen oder auch sich selber haben, Menschen, die sich in die eigene Tasche lügen.

### ➤ *Die Grotte der Wahrheit*

Der Klient wird behutsam in eine Unterwasserwelt geführt, immer tiefer und tiefer, bis er schließlich am Grund angelangt ist. Dort wird vorsichtig das Bild einer geheimen Grotte induziert, und der Klient wird ermutigt, die Grotte zu betreten. Er trifft schließlich einen ganz alten, weisen Mann (oder eine alte weise Frau) und spricht mit ihm/ihr über seine Probleme und Wünsche. Der Klient soll nichts absichtlich lenken, sondern sich einfach überraschen lassen, was er für Reaktionen bekommt. Hier ist es wichtig, den Klienten zu einer sorgfältigen Beobachtung seiner selbst anzuhalten und auf kleinste Anzeichen oder körperliche Hinweisreize zu achten. Manchmal berichten Klienten davon, daß sie zwar dem alten, weisen Mann gegenübergetreten sind, die Frage stellten, aber keinerlei Reaktionen vom Gegenüber bekamen. Es kann verschiedene Gründe geben:

➤ Vielleicht wurde die innere Repräsentation des alten, weisen Mannes nicht richtig aufgebaut, und der Klient fischt sozusagen im trüben. Schaffen Sie dann auf folgende Weise Abhilfe: Sie können durch gezielte Fragen, z.B. nach dem Aussehen, der Größe, der Kleidung, der Stimme, usw. das innere Bild lebendiger werden lassen, um einen inneren Dialog zu fördern.

➤ Die weise Gestalt ist lebendig, aber trotzdem sagt der Klient, daß nichts geschieht, obwohl er möglicherweise mehrmals seine Frage stellte. Bitten Sie in diesem Fall den Klienten, noch einmal die gleiche Frage, ganz langsam zu stellen, und in *Zeitlupe* die möglichen Reaktionen des Gegenübers abzuwarten. Oft geschehen nämlich Reaktionen, die so schnell oder unterschwellig sind, daß sie quasi am Restbewußtsein vorbeihuschen und nicht richtig registriert werden. Durch gezielte Prozeß*verlangsamung* können solche Reaktionen bewußtseinsnaher gemacht werden.

Hat der Klient eine Antwort bekommen, so kann er sie mit an die Bewußtseinsoberfläche nehmen und frei assoziieren, was ihm dazu so alles einfällt.

### ➤ *Reise ins Zentrum der Welt*

Der Klient wird dazu eingeladen, sich vorzustellen, wie er immer kleiner und kleiner wird, so klein, daß er schließlich durch die Poren der Haut in sein eigenen Inneres steigen kann. Dort soll er sich auf die Suche nach seinem eigenen Selbst, nach seinem Wesen begeben. Auch hier ist wichtig, daß er ermuntert wird, alles so geschehen zu lassen, was seine Fantasie ihm präsentiert und er nichts absichtlich beeinflußt. Der Kern der Suggestion dreht sich lediglich darum, ihn immer näher und näher an sein Selbst zu bringen. Sie können zur Sicherheit ein ideomotorisches Signal etablieren (vergleiche das Kapitel über Ideomotorik), das sicherstellt, daß der Klient nun Kontakt zum innersten Selbst hält. Sagen Sie:

> „... Schauen Sie sich ruhig in Ihrem innersten Kern, im tiefsten Selbst um, ... achten Sie auf Kleinigkeiten, auf Details und mögliche Ungereimtheiten, ... beginnen Sie, wenn nötig, Dinge dort unten umstellen zu lassen oder zu verändern, ... kleine oder größere, ... offene oder verdeckte, ... geheime oder bekannte, ... lassen Sie einfach alles passend machen, bis es in Ordnung ist, bis es sich richtig gut anfühlt, überlassen Sie die Arbeit vollkommen Ihrem Unbewußten ...“

In der Computerterminologie würde man davon sprechen, daß ein neues Betriebsystem des Organismus installiert, oder das alte aktualisiert wird. Wem dieser Vergleich zu technisch ist, der kann sich vorstellen, daß durch diese Arbeit ein neues, ökologisches Gleichgewicht erzeugt wird.

### ➤ *Im Auge des Hurrikans*

Führen Sie Ihren Klienten, nachdem Sie ihn in einer guten Trance wissen, in das Auge eines Hurrikans. Sagen Sie ihm, daß er sich ganz sicher fühlen kann und er nur ein Beobachter der Wirbel und Wirrungen von Raum und Zeit seiner Biographie ist. Setzen Sie dieses Motiv nur bei Klienten ein, die Sie für einigermaßen stabil halten. Das Hurrikanmotiv kann Szenen urplötzlich hervorschleudern, die labilere Menschen belasten. Seien Sie also vorsichtig! Sagen Sie:

> „... Sie stehen nun ganz sicher im Auge des Hurrikans, Sie sehen die Naturgewalten und hören das Brausen und Krachen des Orkans um Sie herum ... . Sie sind völlig sicher, ... Szenen von früher, ... längst vergessen und doch erinnert, ... Menschen, ... Gegenstände, ... Tiere, ... alles ungeordnet, wie im Traum, ...

> Fetzen von Vergangenem im Augenblick verwirbelter Zeit, ... Lärm, ... Spielzeug aus der Kinderzeit, ... und vieles mehr, ... Erinnerungen an nie Erlebtes im Vergessenen des nie Dagewesenen, ... Sehen von Unsichtbarem ...“

Beobachten Sie den Klienten sehr genau und führen Sie ihn, wenn Sie unsicher sein sollten, wie seine Reaktionen einzuschätzen sind, aus diesem Motiv wieder heraus in die Gegenwart.

Eine weitere Variante dieses Bildes besteht darin, daß man dem Klienten nahelegt, sich in die Wirbel der Naturgewalten hineinziehen zu lassen und sich vom Wind forttragen zu lassen, ohne zu wissen wohin die Reise geht.

### ➤ *Hinter den Kulissen*

Der Klient wird ermuntert, hinter die Kulissen seiner Selbst zu blicken. Ihm wird das Bild von einer Lebensaufführung nahegelegt, die viel mit Kulissen oder Fassaden zu tun hat. Das Kulissenmotiv eignet sich für Klienten, die inkongruente Signale an ihre Umwelt absenden, Signale also, die sich selber widersprechen. Sagen Sie:

> „... Stellen Sie sich vor, Sie schauen hinter Ihre eigenen Kulissen, ... Sie entledigen sich einfach aller Fassaden und blicken in die Tiefe und wenn neue Kulissen oder Fassaden sich aufbauen, dann schauen Sie auch hinter diese, ... bis Sie sich selber ungeschminkt erblicken ... . Lassen Sie sich viel Zeit, ... für den Blick hinter die Kulissen Ihres Theaters des Lebens ...“

Bieten Sie am Ende der Sitzung dem Klienten, wenn er den Blick in die Tiefe zuläßt, an, seine Fassaden wieder aufzubauen. Entweder so, wie sie waren, oder anders, wie sie sein sollten, oder auch gar nicht mehr, je nachdem. Überlassen Sie das Ihren Klienten und spielen Sie nicht den Baumeister. Die Gesetze der inneren Statik kennt das Unbewußte Ihres Klienten allemal besser als Sie.

### ➤ *Das Gesichterkabinett*

Der Klient, der Probleme mit seiner Selbstakzeptanz hat, wird in Trance in ein Kabinett, in eine Art „Gesichtergalerie“ geführt. Dort hängen lauter Bilder an der Wand, Bilder, die den Klienten zeigen, gemalte, gezeichnete oder fotografierte. Bilder aus allen nur denkbaren Lebenslagen. Der Klient wird dazu angehalten, sich alle Bilder in Ruhe anzuschauen und auf sich wirken zu lassen:

> „... Gehen Sie einfach neugierig in diesem Gesichterkabinett herum und schauen Sie sich einmal alles an, was Ihnen so ins Auge fällt ... Schauen Sie, wenn Ihnen danach ist, sich selber in die Augen, ... ganz tief und wundern Sie sich nicht, wenn etwas geschieht, was seltsam ist ... Blicken Sie auf die Kleinigkeiten, ... auf Dinge,

die gerne übersehen werden, ... und manchmal kann man Gesichter gar nicht genau erkennen, ... um so besser, ... dann schauen Sie dort einmal ganz genau hin, um sich zu wundern, was genau Sie nicht sehen können, ... Eindrücke, ... Schatten, ... Tiefen, ... Hintergründe, ... Vordergründe, ... Reflexionen, ... Verschwommenes, ... Scharfes, ...“

Der Klient wird hier also angehalten, genau da hinzusehen, wo es kaum etwas zu sehen gibt, um seinen eigenen Blick zu erweitern und zu schärfen, um auch mit Bildern in Kontakt zu kommen, die ihm unangenehm sind.

### ➤ *Spiegel der Wahrheit*

Der Klient wird bei diesem Motiv angehalten, sich vorzustellen, daß er vor einem großen Spiegel steht und sich selber tief in die Augen schaut. Er soll nichts weiter machen, als ruhig dazustehen, seinen Blick auf sich selber zu richten und sein Spiegelbild, oder was immer er auch sieht, auf sich wirken lassen, bis er auf den Grund seines eigenen Selbst blicken kann.

## Flexibilitätsmotive

Diese Motive sind für Klienten geeignet, die an ihren übermäßigen Ansprüchen leiden. Sie leiden schnell unter einem schlechten Gewissen und wollen es immer allen recht machen. Um diesen Menschen zu erlauben, auch einmal in abgespaltene und verdrängte Erfahrungsräume einzutreten und dadurch sich selber ein bißchen näher zu kommen, habe ich vier Motive zusammengestellt, die Sie bei Ihren Klienten anwenden können.

### ➤ *Die verbotene Tür (Ritter Blaubart-Motiv)*

Führen Sie Ihren Klienten wieder behutsam in Trance in eine Traumwelt, in der er von vielen Türen umgeben ist. Alle Türen stehen ihm offen, bis auf eine. Die ist fest verschlossen. Der Klient wird dazu angehalten, diese Türe noch nicht zu öffnen, weil es dazu noch zu früh sei. Die Idee, die diesem Motiv zugrunde liegt, ist, daß der Klient in Trance Erfahrungsräume betreten darf, die er normalerweise, aus den verschiedensten Gründen, *nicht* betritt. Er wird sich also selber besser kennenlernen. Hinter der verschlossenen Türe verbergen sich oft eingeklemmte Affekte wie Wut, Haß, Frechheit usw. Es ist bei der

Induzierung dieses Motivs wichtig, darauf zu achten, daß nach der Trance die Türe sich wieder schließt und alles wieder an seinen alten Platz zurückkommen darf, was zurückkommen will. Zur Verdeutlichung dieses Motivs ein kurzes Induktionstranskript:

„... Und alle Türen in der Tiefe stehen auf, ... bis auf eine, die ist fest verschlossen, oder? ... eine alte Türe, verstaubt und geheimnisvoll, ... faszinierend, ... und erst dann, wenn die Trance beginnt, sich weiter und weiter, tiefer und tiefer zu entfalten, immer tiefer und tiefer, ... erscheint plötzlich auf dem Boden ein goldener, ganz alter Schlüssel, ... und erst dann, wenn das Unbewußte wirklich bereit ist, den Schlüssel in die eigene Hand zu nehmen, ... steigt der rechte Arm wie von allein nach oben, und je höher er steigt, desto deutlicher öffnet sich die Tür, die verschlossene Tür, wie zu den allertiefsten Träumen, ... wie im Märchen, ... seltsame Formen, ... farblose Gestalten, ... gestaltlose Farben, ... fantasievolle Leere, ... gedankenlose Gedanken, ... Schwingungen im Schweigen unendlicher Zeit, ... Kompositionen im Chaos von Raum und Zeit, ...

(Diese Wortspielereien dienen als Füllstoff zur weiteren Trancevertiefung und bildhaften Anreicherung.)

... und alles erleben dürfen, was selten erlebt werden kann, weil alles richtig und erlaubt ist, alles ist einfach richtig, was geschieht ...

(Wenn der Arm des Klienten hochsteigt, und damit signalisiert, daß er bereit ist, die Tür öffnen zu lassen, können Sie an dieser Stelle eine längere Pause machen, so daß Sie es einfach der Fantasie des Klienten überlassen, was ihm präsentiert wird.)

... und wenn sich dann auf ganz natürliche Weise wieder der Arm nach unten bewegt, so geht die Türe wie von alleine wieder zu und alles bleibt einfach an seinem Platz, was noch nicht mitgenommen werden darf, so daß es allein dem Unbewußten überlassen sein darf, wieviel von den neuen Eindrücken bereits JETZT, ... schon mitgenommen werden darf ..."

(An dieser Stelle erfolgt dann eine sehr gründliche Reorientierung.)

Gerade die letzte Aufforderung an das Unbewußte, den Sortierungsprozeß selber zu übernehmen und Integrierbares von Nicht-Integrierbarem zu trennen, ist wichtig. Sonst könnte es geschehen, daß natürliche Filter- und Selektionsprozesse durch dieses Motiv durcheinandergeraten, und der Klient vielleicht durch zu viel hervorquellende Affekte irritiert wird.

### ➤ *Der Verkleidungsraum*

In Trance wird der Klient auf einen Maskenball geschickt, wo absoluter Verkleidungszwang herrscht. Dort wird er dann animiert, außergewöhnliche Erfahrungen zu machen:

„... und ich weiß nicht, wie es genau geschehen ist, aber es scheint ein Maskenball zu sein, wo ausgelassen gefeiert wird, ... und nun gestatten Sie es sich, in die

Garderobe einzutreten und sich dort einmal ganz neugierig umzuschauen, ... die vielen Kleider, ... Masken, ... Farben, ... Geräusche, ... Gerüche, ... Glitzerkram, ... Funkeln, ... Exotisches, ... Kribbelndes, ... Anregendes, ... Erregendes, ... einfach ohne Vorurteile umsehen dürfen, ... hören, ... und langsam das Unbewußte damit beginnen zu lassen sich einzukleiden, je verrückter desto besser, nichts absichtlich auswählen, sondern einfach dem Unbewußten vertrauen, was es in eigener Regie aussucht, ... und wenn das Unbewußte mit der Verkleidung beginnt, so steigt entweder der rechte oder der linke Arm von selber, ohne bewußtes Zutun einfach nach oben, ohne darauf achten zu müssen, welche Hand ausgesucht wird, ... und dann damit beginnen zu dürfen, den Ball zu betreten und sich von den allerverrücktesten Ideen verführen lassen, ..."

(Hier können Sie, wenn der Klient Ihren Anregungen folgt, eine längere Sprechpause machen, während Sie Ihren Klienten einfach nur genau beobachten und nach einiger Zeit dann mit der Reorientierung beginnen.)

Die Anwendung dieses Motivs birgt oft überraschende Reaktionen. So dürfen Sie sich nicht wundern, wenn Ihre Klienten während tiefer Trancezustände ganz plötzlich zu lachen anfangen. Loben Sie dann das Lachen und laden Sie gleichzeitig zu weiterem Lachen ein.

### ➤ *Die Grenze zum Verbotenen*

Dieses Motiv ähnelt dem „Ritter Blaubart-Motiv" der verbotenen Tür. Es eignet sich besonders für Klienten, die sich streng im kontrollierten Rahmen „vorgeschriebener" sozialer Erwartungen bewegen und darunter leiden. Solche Menschen schränken sich selber oft ein, sind zwanghaft, überpünktlich und überangepaßt. Sie berichten darüber, nicht aus ihrer Haut zu können, sind verkrampft und ihre Körperbewegungen sind eckig. Führen Sie den Klienten in Trance zu einer Grenzlinie und sagen Sie etwas folgendes:

„... und je mehr Sie sich entspannen, desto deutlicher dürfen Sie die Grenze sehen, die das Erlaubte vom Unerlaubten trennt, ... und manchmal ist an dieser Grenze ein Fluß, ... manchmal auch Niemandsland, so daß man ein Fernglas benötigt, um das andere Ufer zu erblicken, ... weit weg und doch ganz nah, ... und manchmal gibt es überraschend einfache Wege, um zum anderen Ufer, zu dem anderen Land zu kommen, ... oft geben Träume wertvolle Hinweise, ... Ideen, die urplötzlich auftauchen und Wege weisen, ... Bilder, die Ungewohntes beinhalten oder auch ganz andere Dinge, ... und lassen Sie sich, wie in einem Traum, ins Land des Unerlaubten führen und stellen Sie sich einfach vor, Sie machen da einen kleinen Ausflug, einen Spaziergang, wie ein Forscher, der fremdes Land betritt und nicht der Landessprache mächtig ist, ... lassen sie sich viel Zeit für Ihren Gang ..."

Sie können den Ausflug des Klienten wieder an ein ideomotorisches Signal koppeln, um sicherzugehen, daß das Unbewußte den richtigen

Weg ins Land des Unerlaubten gefunden hat. Anschließend reorientieren Sie Ihren Klienten gründlich.

### ➤ *Der Traumkönig*

Auch dieses Motiv zielt in abgespaltene Bereiche und kann zu einer Selbsterkenntniserweiterung führen. Der Klient wird in Trance in eine Märchenwelt geführt hin zu einem Land, wo der König der Träume residiert. Dieser König sitzt immer auf seinem Traumthron und wacht über alle Träume, die je geträumt wurden und werden. An der Seite seines Traumthrones steht ein kleines goldenes Tischchen, auf dem ein goldener Schlüssel liegt. Dieser Schlüssel führt zu den allergeheimsten Träumen und darf nur vom Traumkönig selber benutzt werden. Der Traumkönig, weil er ja soviel wachen muß, schläft nur einmal im Jahr für ganz kurze Zeit. Und nur dann besteht die Möglichkeit, sich den Schlüssel einmal kurz „auszuleihen" und damit die allergeheimsten Traumtüren zu öffnen. Aber Vorsicht, der Traumkönig darf von alledem nichts mitbekommen, der Schlüssel muß nach dem „Ausleihen" wieder an die gleiche Stelle zurückgelegt werden, so daß nichts bemerkt werden kann. Hier ein kurzer Beispieltext:

> (Sie haben den Klienten bereits ins Traumschloß geführt, er steht vor dem Königsthron.)
>
> „... und gerade heute ist ein besonderer Tag, ... es ist so weit, ... nur einmal im Jahr beginnt der König zu schlafen, immer tiefer und tiefer, ... und der goldene Schlüssel für die allergeheimsten Träume liegt da und wartet nur darauf, in die Hand genommen zu werden, ... gut so, lassen Sie sich von diesem Schlüssel die allergeheimsten Träume aufschließen, ... leise und sanft, ... und fangen Sie an, sich zu wundern, ... Überraschungen, ... Merkwürdigkeiten, ...Veränderungen, ... Seltsames, ... Zauberei, ... Übergänge, ... Magie, ... Unvorstellbares, ...
>
> (Hier können Sie eine kleine Pause machen und den Klienten träumen lassen.)
>
> ... und langsam, aber deutlich lassen Sie sich wieder von dem Schlüssel aus dem Reich der geheimsten Träume hinausführen und gehen vorsichtig und leise zum Traumschloß, ... zum Traumkönig zurück, um den Schlüssel wieder an dieselbe Stelle zu legen, wo Sie ihn ausgeliehen haben, ... seien Sie vorsichtig und schweben anschließend auf sanften Sohlen davon, ... immer weiter und weiter zurück ..."
>
> (Hier eine sehr gründliche Reorientierung folgen lassen.)

Wenn Sie dieses Motiv in einer geeigneten Weise märchenhaft aufbereiten, dann können Sie Ihren Klienten hier in sehr tiefe Trancezustände hineinführen. Hat der Klient das Bedürfnis, über erinnerte

Inhalte zu sprechen, so räumen Sie ihm genug Zeit ein, um gewissenhaft die Bilder und Sequenzen zu bearbeiten.

## Versöhnungsmotive

Diese Motive fördern das gegenseitige Akzeptieren von einander befremdeten Teilen und zielen auf Verständigung und Versöhnung. Berichtet Ihr Klient zum Beispiel davon, daß er sich selber in ganz bestimmten Lagen nicht leiden kann, so kann man davon ausgehen, daß es in ihm widerstrebende Teile gibt, die man einander näherbringen kann. Ebenfalls könnte zum Beispiel ein Raucher davon berichten, daß er sich das Rauchen abgewöhnen wolle, es aber nicht richtig könne. Auch hier dürfen wir einen Teil im Raucher vermuten, der rauchen will und noch keinen geeigneten Kompromiß mit dem Nichtraucher-Teil geschlossen hat. Es versteht sich von selbst, daß diese Versöhnungsarbeit mit unversöhnlichen Teilen nur dann gemacht werden sollte, wenn der Klient es ausdrücklich wünscht. Es gibt nämlich Menschen, die sich in ihrem innerlich erlebten Streit durchaus wohl fühlen und eine Menge sozialer Vorteile genießen. Würde man hier eine Versöhnungsarbeit leisten, würde man den Klienten über seinen Kopf hinweg manipulieren.

### ➤ *Der runde Tisch*

Setzen Sie Ihren Klienten, nachdem Sie sich über streitende, belastende Anteile informiert haben, in Trance. Induzieren Sie das Bild eines rundes Tisches:

> „... und nehmen Sie sich die Freiheit, sich einfach einen runden Tisch vorzustellen, um den lauter Stühle stehen, ... bitten Sie den Teil »X«, der für das Erleben »X« verantwortlich ist, Platz zu nehmen, ... sich einfach bequem und gut hinzusetzen, ... bitten Sie weiterhin den Teil »Y«, der für das Erleben »Y« verantwortlich ist, ebenfalls bequem Platz zu nehmen, ... (falls noch weitere Teile von Relevanz sind, bitten Sie auch diese Teile zu Tisch) und beauftragen Sie nun Ihr Unbewußtes, einen Schiedsmann oder eine Schiedsfrau oder eine andere Gestalt, die von allen Teilen, die am Tisch sitzen, akzeptiert wird, ebenfalls Platz nehmen zu lassen, ...
>
> (Lassen Sie sich das Erscheinen des Schiedsrichterteils vom Klienten bestätigen und fahren Sie mit Ihrer Trance fort.)
>
> ... und wenn nun alle Teile am Tisch sitzen, so gehen alle Teile an einen streng geheimen Ort in Klausur, ... jeder Teil darf nun seine Wünsche *ohne Vorurteile*

äußern, ... jeder bekommt die Zeit, die er für seine Fürsprache benötigt, ... und der Schiedsteil darf erst dann beginnen, wenn *alle* Teile sich ausgesprochen haben, *Kompromisse* zu formulieren, ... Kompromisse, die ohne Vorurteile angehört oder angesehen werden können, ... und erst dann, wirklich erst dann, wenn ein Kompromiß gefunden wurde, der von *allen* getragen wird, erst dann sorgt der Schiedsteil dafür, daß alle Teile aus der Klausur zurückkommen und der rechte Arm, ohne bewußtes Zutun, in die Höhe steigt, ... und andeutet: NUN IST ES SOWEIT ..."

(Hier benötigen Sie unter Umständen sehr viel Geduld. Um zu verhindern, daß Ihr Klient assoziativ abschweift oder einschläft, ist es empfehlenswert, immer wieder bestimmte Ankerworte von Zeit zu Zeit in den hypnotischen Prozeß einfließen zu lassen, so daß der Prozeßstrom seine Richtung beibehält.)

Wenn Sie also einen Kompromiß angedeutet bekommen, so sorgen Sie dafür, daß er in die Gegenwart transformiert wird und machen Sie anschließend mit Ihrem Klienten einen kleinen Ausflug in die Zukunft (future pace), wo er seinen neu gewonnenen Kompromiß erproben kann.

### ➤ *Gefaltete Hände*

Dieses Motiv ist geeignet, um *zwei* einander widerstrebende Teile zu integrieren. Der Klient wird in Trance dazu angehalten, seine Hände zu öffnen und in je eine Hand einen imaginären Teil zu legen. Er wird dazu eingeladen, die Teile, die er mit Hilfe seiner Fantasie in die Hände gelegt hat, sinnlich zu beschreiben, so, als könnte er sie richtig sehen, hören, schmecken oder fühlen. Dann beginnen Sie mit dem hypnotischen Integrationsprozeß oder der Versöhnungsarbeit, indem Sie an das Unbewußte appellieren, die Hände ganz langsam zusammenzuführen und eine neue Erfahrung zu machen. Nicht immer registriert der Klient, was seine Hände tun. Führt sein Unbewußtes seine Hände zusammen, so kann es sein, daß er sich nach der Trance wundert, was seine Hände „angestellt" haben. Klären Sie den Klienten dann über das auf, was Sie beobachtet haben.

## Erkenntnismotive

Diese Motive eignen sich für Selbsterfahrungsgruppen. Sie dienen der Erkenntniserweiterung und reichen in die tiefsten Schluchten der Fantasie hinein. Da diese Motive oft in regressives Erleben münden, ist Erfahrung mit hypnotischen Prozessen notwendig. Sind Sie sich nicht sicher genug, mit diesen Motiven zu arbeiten, so ziehen Sie einen Kollegen hinzu, der Erfahrung mit Hypnose besitzt, um bei auftretenden Affektausbrüchen helfend zur Seite zu stehen.

### ➤ *Die andere Seite*

Führen Sie die Zuhörer in eine tiefe Trance, unterlegen Sie Ihre Gruppenhypnose mit Trancemusik. Behalten Sie bei der Gruppenhypnose die Teilnehmer gut im Auge. Dieses Motiv kann bei empfänglichen Teilnehmern sehr starke Emotionen freisetzen und Erfahrungen der Unsicherheit hinterlassen. Leiten Sie das Motiv etwa so ein:

> „... und ganz ganz langsam bewegen Sie sich auf den Horizont zu, hin zur Grenze des Unbekannten, ... immer weiter und immer weiter, ... Nebel, der plötzlich auftaucht, ... Dunst, wo kein Durchsehen möglich ist, ... immer weiter und immer weiter, ... und während Sie sich vom Unbewußten begleiten lassen, fängt der kosmische Wind an zu wehen, ... lauschen und horchen, ...
>
> (Hier können Sie mit Ihrem eigenen Atem Windgeräusche imitieren, die das von Ihnen induzierte Geschehen noch wesentlich verstärken.)
>
> ... und nur ganz selten besitzt man das Glück, durch den Nebel auf DIE ANDERE SEITE zu gelangen, ... DIE ANDERE SEITE zu erleben, ... der Wind, kosmisch, beginnt, den Nebel langsam verflüchtigen zu lassen, ... deutlich fühlbar, ... und DIE ANDERE SEITE wird immer sichtbarer, ... Erstaunen, ... Brillanz, ... Glück, ... Sehnsüchte, ... Zauber, ... Hoffnungen, ... Urgefühle, ...“

Achten Sie, wenn Sie den hypnotischen Prozeß beenden, auf eine sehr gründliche Reorientierung und nehmen Sie sich hier Zeit.

### ➤ *Das Buch des Lebens*

Die Teilnehmer werden in einen dunklen Berg, in einen geheimnisvollen Raum geführt, wo auf einem alten, verstaubten Tisch ein sehr altes Buch liegt, in dem ihr ganzes Leben niedergeschrieben steht. Die Teilnehmer werden dazu angeregt, in diesem Buch spielerisch herumzublättern und in ihrer Vergangenheit bestimmte Schlüsselszenen nachzulesen. Sie dürfen auch in der Zukunft blättern und lesen, was dort geschrieben steht.

Eine ähnliche Version dieses Motivs ist das Buch, das in Geheimschrift geschrieben wurde. Die Teilnehmer sehen also ein Buch vor sich, dessen Schrift sie erst einmal nicht entziffern können. Trotzdem werden sie in Trance dazu angehalten, das Buch genau durchzusehen, ohne auch nur irgend etwas verstehen zu müssen. Die „Übersetzungsarbeit“ wird vollständig an das Unbewußte der Teilnehmer delegiert, das in den folgenden Nächten das Buch Stück für Stück transparenter macht. In den nächsten Sitzungen haben die Teilnehmer dann die Gelegenheit, über ihre Erfahrungen zu berichten. Das Motiv könnte z.B. folgendermaßen eingeleitet werden:

> „... und alles in diesem seltsamen Buch ist in einer fremden und doch merkwürdig vertrauten Schrift geschrieben, ... einfach durchblättern und nichts verstehen müssen, ... alles ist in Ordnung, ... und nur dem Unbewußten alles überlassen, was geschieht ...
>
> (Hier vielleicht eine längere Sprechpause.)
>
> ... und nichts spricht dagegen, wenn das Unbewußte in den Träumen der kommenden Nächte beginnt, das Buch an bestimmten Stellen sorgfältig übersetzen zu lassen, ... Stück für Stück, ... und vielleicht dafür sorgt, daß die wirklich wichtigen Punkte aufgeschrieben werden und als Brief oder loses Papier mit in die nächste Stunde gebracht werden, ... wie auch immer, alles einfach dem Unbewußten überlassen ..."

Sie können, wenn die Teilnehmer in die nächste Stunde etwas Schriftliches mitbringen, dieses Schrifttum in die Trance einbauen, indem Sie das gleiche Motiv, also das Buch in der Geheimschrift, wieder induzieren und suggerieren, daß auch die weitere Übersetzungsarbeit vom Unbewußten in der Zukunft übernommen wird.

### ➤ *Der wartende Tod*

Die Teilnehmer werden vorsichtig dazu angeregt, sich einmal vorstellen zu dürfen, wie es wohl wäre, wenn der Tod, in einer menschlichen Gestalt, an die Lebenstüre klopft und zu ihnen sagt, daß er irgendwann einmal kommt, um sie zu holen. Die Teilnehmer werden dazu ermutigt, sich selber absolut ehrlich gegenüberzutreten und eine Art Lebensbilanz zu ziehen. Die zentrale Frage hier lautet: *Was würde ich anders machen, hätte ich noch einmal die Möglichkeit, geboren zu werden?*

Dieses Trancemotiv stellt ein Tabu dar und erzeugt gerade deswegen viele neue Gedanken und Fantasien, die man gewöhnlich nicht zuläßt. Der tabuisierte Umgang mit dem Tod ist eine Erscheinung aus neuerer Zeit. Blicken wir z.B. zurück in die alten Märchenbücher der Gebrüder Grimm, so finden wir hier viele Motive, in denen der Tod in menschlicher Gestalt auftritt und die Menschen, die er trifft, zum tiefen Nachdenken anregt. Scheuen Sie sich also nicht, dieses Motiv einfühlsam anzubieten. Lassen Sie die Teilnehmer viele Gedanken dazu formulieren und Ideen sammeln.

Nehmen Sie dann diese Ideen und bieten Sie den Teilnehmern an, in einer neuen Trance diese Ideen zu erproben. Lassen Sie die

Teilnehmer sozusagen noch einmal „neu auf die Welt kommen“ und ihre Gedanken und Einfälle ausleben.

### ➤ *Licht der Erkenntnis*

Die Teilnehmer werden in Trance in eine Grotte, die sich unter Wasser befindet, geführt. Dort sollen sie sich wie neugierige Kinder umschauen. Dann wird ein blaues Licht, das aus dem Boden strahlt, märchenhaft präsentiert. Das LICHT DER ERKENNTNIS! Die Teilnehmer werden dazu angehalten, sich in dieses Licht hineinzustellen und sich äußerlich und innerlich beleuchten zu lassen:

> „... und mitten in der Grotte strahlt ein blaues, königblaues Licht aus dem Boden der Grotte, ... und wie wäre wohl das Gefühl, sich in dieses Licht hineinzubegeben, sich anstrahlen zu lassen, ... vom LICHT DER ERKENNTNIS, ... das Licht in den Körper hineinstrahlen zu lassen, ... die Moleküle zum Leuchten zu bringen, ... die Zellen mit Licht zu umspülen, ... Organe, ... Körperteile, ... den ganzen Körper erleuchten, ... Licht, um den Körper herum, ... erleuchtet, bis hinaus in die Unendlichkeit, ...“

Auch hier können Sie die sinnlichen Eindrücke ihrer Teilnehmer in die Gegenwart und in die Zukunft übertragen, so daß auch in anderen Zeiten Erfahrungen damit gemacht werden können und das neu Erlebte nicht nur am therapeutischen Kontext klebt.

### ➤ *Die Taxifahrt*

Der Klient wird behutsam über Entspannung in Trance geführt. Ihm wird das Bild einer Taxifahrt nahegelegt. Er steigt in Trance in ein Taxi und läßt sich wie in einer fremden Stadt herumfahren. Der Taxifahrer entpuppt sich im Verlaufe dieses Prozesses als das Unbewußte des Klienten und fährt ihn wie einen Gast zu den wichtigen biographischen Stationen seines Lebens, ohne daß der Gast weiß, wohin es geht:

> „... und es ist schon ein merkwürdiges Gefühl, sich ähnlich wie bei einer Stadtrundfahrt einfach die wirklich wichtigen Sehenswürdigkeiten zeigen zu lassen, ... sich herumfahren zu lassen, immer weiter und weiter, ... und immer deutlicher und deutlicher fühlen dürfen, wie es ist, in einem Taxi zu sitzen, in dem das Unbewußte die Route plant, ... Erinnerungen, die aufsteigen, um sich zu verändern und zu verwandeln, ... immer weiter und weiter, ... immer näher zu den wirklich wichtigen Ereignissen, ... ohne wissen zu müssen, wo man genau ist, ... Vertrauen in das eigene Unbewußte haben, ... scheinbar Vergessenes nicht mehr als Vergessenes in Erinnerung zu haben, ...“

Da dieses suggestive Angebot nicht zielgerichtet ist, sondern allen Assoziationen Platz läßt, müssen Sie Ihren Klienten gut beobachten. Er kann sowohl mit den brillantesten Erfahrungen, als auch mit traumatischen in Berührung kommen. Sind Sie bezüglich der Reaktionen Ihres Klienten unsicher, so steuern Sie die hypnotische Taxifahrt in Richtung angenehmer Erlebnisse.

### ➤ *Sich selber treffen*

Hier schicken Sie die Teilnehmer in einen tiefen, schwarzen Wald, bis sie an einen Grenzstein kommen. Dort erscheint, weit im Hintergrund, eine kleine, blasse Gestalt, die immer deutlicher und größer wird und auf den Teilnehmer zuschreitet. Hier erzeugen Sie dann die Illusion, daß dieser Mensch ja der Teilnehmer selber ist, er tritt sich also selber, unvorbereitet, gegenüber. Suggerieren Sie hier keine weiteren Bilder und überlassen Sie die weitere Steuerung dieses Prozesses dem Unbewußten des Teilnehmers. Sagen Sie:

> „... und im Hintergrund sehen Sie beim genauen Beobachten eine Gestalt, die langsam aber deutlich immer näher und näher kommt, ...
>
> (Lassen Sie sich an dieser Stelle das Erscheinen der Gestalt von den Teilnehmern, z.B. durch ein Handsignal bestätigen.)
>
> ... je näher, desto deutlicher, ... immer näher und näher, ... und ob es eine Überraschung ist oder nicht, vermag ich nicht zu beurteilen, ... jedenfalls sehen Sie sich selber, ... Sie treten sich selber gegenüber und schauen sich gemeinsam tief, ganz tief in die Augen, ... was hätten Sie sich wohl zu sagen? ..."

Hier beenden Sie Ihre Induktion und überlassen das weitere Geschehen den unbewußten Gestaltungskräften der Teilnehmer. Anschließend kann das Erlebte thematisiert werden.

### ➤ *Zug der Zeit*

Führen Sie Ihre Teilnehmer in Trance zu einem Bahnhof, wo eine alte Dampflokomotive steht. Sie laden die Teilnehmer dazu ein, in diesen alten Zug zu steigen und sich durch die Zeit fahren zu lassen und alles anzuschauen, was das Auge präsentiert bekommt. Lassen Sie sich das Einsteigen und Losfahren Ihrer Teilnehmer durch ein Signal bestätigen. Sagen Sie dann etwa folgendes:

> „... und einfach damit beginnen, sich fahren lassen dürfen, durch die Unendlichkeit der Zeit, ... und alles, ohne Vorurteile anschauen dürfen, ... aus dem Fenster, das gezeigt wird, ... hören, ... sehen, ... fühlen, ... jenseits der Grenzen zum Verständlichen, ... Bilder, ... Szenen, ... Farben, ... Flächen, ... Vergangenheit, ... Zukunft, ... Gegenwart, ... und manchmal hält der Zug an und lädt zum Aussteigen

> ein, ... Umsehen, ... Vertrautes in Unvertrautem entdecken, ... Vergessenes im Erinnerten, ... Vergangenes im Gegenwärtigen, ... in den undurchsichtigsten Tiefen vollkommener kristalliner Klarheit ...“

Sie können, wenn Sie sich das zutrauen, Ihr induziertes Dampflok-Motiv mit Mundgeräuschen begleiten. Schnauben Sie Ihre Atemluft ruckartig durch die Nase und pusten Sie dabei die Luft durch Ihre nur minimal geöffneten Lippen hindurch, so entstehen täuschend echte Dampflokomotivlaute. Üben Sie vielleicht vorher ein wenig und nehmen Sie, wenn Sie sich unsicher sind, diese Geräusch auf einen Kassettenrecorder auf, um sich selber hören zu können und eventuell zu verbessern. Machen Sie bitte diese Geräusche wirklich erst dann, wenn Sie Ihre Gruppenteilnehmer (oder den Klienten) in einer guten Trance wissen, ansonsten riskieren Sie, daß der Rapport zwischen Ihnen und Ihrem Gegenüber leidet. Hört Ihr Gegenüber nämlich diese Geräusche im Wachzustand, so kann das befremdlich klingen und unnötig Widerstand, Unbehagen oder Angst auf sich ziehen.

## Magische Problemumwandlung

In diesen Trancen erlebt der Klient in Form märchenhafter Assoziationen die Umwandlung eines Problems in eine Ressource. Der Klient wird angehalten, sich sein Problem plastisch vorzustellen und dann, durch spezifische Interventionen, eine magische Änderung zu erfahren.

### ➤ *Rauch in der Zauberkugel*

Führen Sie Ihren Klienten in einen angenehmen Entspannungszustand. Dann bitten Sie ihn, sich sein Problem vor Augen zu holen und zu beschreiben. Dann wird er ermuntert, sich auf dem Boden eine Zauberkugel vorzustellen, die ähnlich wie eine Seifenblase aussieht und Zauberrauch enthält. Der Klient sieht also sein Problem und unter seinem Problem befindet sich die Zauberkugel mit dem Rauch innen drin. Erzeugen Sie anschließend eine Trancevertiefung mit einer Armlevitation. Geben Sie vorher dem Klienten eine Münze oder einen anderen, kleineren Gegenstand in die Hand und leiten Sie die Armlevitation etwa folgendermaßen ein:

> „... und zwischen Daumen und Zeigefinger der rechten Hand befindet sich eine Münze (oder der andere kleinere Gegenstand), ... und langsam, wie im Traum, be-

> ginnt die Hand höher und höher zu steigen, je höher sie steigt, desto deutlicher darf sich die Trance entwickeln, ohne daß auch nur irgend etwas absichtlich gemacht werden muß oder geschieht, ...
>
> (Hier müssen Sie sich unter Umständen gedulden.)
>
> ... und erst dann, wenn der Arm bereits nach oben gestiegen ist, sorgt das Unbewußte dafür, daß die Münze hörbar herunterfällt, richtig nach unten fällt, ... direkt auf die Zauberkugel, die dann platzt, ... Tsch...tsch...tsch...zsch...zsch..., Rauch entweicht, ... Zauberrauch, ... Umhüllungen, ... Nebel, ... Dunst, ... Undurchsichtigkeit, ... immer dichter und dichter, ... und alles verschwindet in diesem Zauberrauch, ... Konturen, ... Farben, ... Formen, ... ja sogar das Problem selber wird plötzlich unsichtbar, ... einfach im Nebel verschwunden, ... Zeit, viel viel Zeit, ... lassen, ...
>
> (Hier können Sie eine Pause machen.)
>
> ... und langsam, aber deutlich verflüchtigt sich der Zaubernebel und hinterläßt seine Spuren, ... alles wird wieder klarer und deutlicher, aber ganz anders als es war, oder? ... Zauberhaft anders, oder? ...“

Sie können anschließend Ihren Klienten, der sich noch in Trance befindet, dazu einladen, in diese veränderten Bilder einzutauchen und zu erleben, wie sich das anfühlt. Hier müssen Sie selbstverständlich den Klienten genau beobachten, um sicher zu sein, daß sich sein Problem zum Positiven hin verändert hat. Sind Sie unsicher, so fragen Sie einfach nach, was Ihr Klient erlebt. Machen Sie dann, wenn Sie genug Zeit haben, den Prozeß mit ihm noch einmal durch.

### ➤ *Der Wasserfall*

Hier bieten Sie dem Zuhörer an, daß er sich mit all seinen Problemen unter einen Wasserfall stellen darf und das Wasser seine Probleme einfach wegspült. Lassen Sie den Zuhörer so lange unter dem Wasserfall stehen, bis Sie ein ideomotorisches Signal, wie z.B. eine Handlevitation bekommen, die Ihnen bestätigt, daß nun alles abgespült wurde.

Danach bitten Sie Ihren Zuhörer, mit diesen neuen Erfahrungen ein wenig durch die Zeit zu schlendern und zu erproben, wie sich das Neue anfühlt. Bei der Reorientierung lassen Sie es dem Teilnehmer einfach offen, wie viel er von seinen neuen Erfahrungen mit in den Alltag nehmen will.

### ➤ *Die Problemmetamorphose*

Die Problemmetamorphose ist eine Kombination aus verschiedenen hypnotischen Techniken und Metaphern. Hypnotische Teilearbeit wird mit Sinnesmodalitätenveränderungsarbeit derart kombiniert, daß das Ursprungsproblem des Klienten in eine Ressource verwandelt werden kann. Die Problemmetamorphose besteht aus sechs Schritten:

1. genaue Problembestimmung, so knapp wie möglich;
2. Problem im Körper fühlen lassen und das Gefühlte beschreiben;
3. Etablieren eines inneren Teils, der das Gefühlte aus Schritt (2) in etwas Hörbares* übersetzen kann (Übersetzer-Teil);
4. Etablieren eines weiteren inneren Teils, der einen weisen Rat für die Zukunft geben kann (weiser Teil);
5. den Rat aus Schritt (4) im Körper fühlen;
6. Induzierung einer Trance mit dem Ziel, den weisen Rat im ganzen Körper zu fühlen.

Nach Durchlaufen dieses Prozesses können Sie Ihren Klienten in Trance in seine Zukunft schicken und ihn dort, mit seinem neu gewonnenen Körpergefühl, Erfahrungen sammeln lassen.

Eine Klientin berichtete zum Beispiel über starke Prüfungsängste. Das ging so weit, daß sie kaum noch schlafen konnte und sich infolge dessen auch nicht richtig vorbereiten konnte. Das Problem konnte leicht mit einem Wort benannt werden: *Prüfungsangst* (1).

Nach der Aufforderung, die Prüfungsangst zu spüren, sagte die Klientin, daß es sich so anfühlen würde, als wenn jemand gleichzeitig *an allen Knochen im Körper sägen würde* (2).

Im nächsten Schritt wurde das Gefühlte von einem inneren Übersetzter folgendermaßen übersetzt: „Du bist nichts wert!“ (3)

Der weise Teil, der anschließend auf den Plan gerufen wurde, gab hierzu folgenden Rat: „Fühle dein Lebensfeuer!“ (4)

Im nächsten Schritt spürte die Klientin den Rat. Sie berichtete, daß es im Bauch knistern und brennen würde, wie in einem Ofen (5).

---

* Manche Menschen haben Schwierigkeiten, etwas Inneres zu hören. Beharren Sie dann nicht darauf, unbedingt etwas hören zu müssen. Sie bekommen dann höchstens eine Gefälligkeitsreaktion Ihres Klienten, die wertlos für die weitere Arbeit ist. Weichen Sie statt dessen auf andere Sinneskanäle aus. Fragen Sie zum Beispiel, wie das Körpergefühl schmecken würde, wenn man es schmecken könnte, oder wie es riechen würde, könnte man es riechen. Sie müssen dann bei der Rückübersetzung des Rates in Schritt (5) darauf achten, daß Sie die gleiche Sinnesmodalität anbieten wie in Schritt (3).

In der darauffolgenden Trance erlebte die Klientin, wie sich das Lebensfeuer über den ganzen Körper legte, und alles anfing zu knistern (6).

Als letzten Schritt wurde sie in einer weiteren Trance von mir dazu animiert, mit diesem Gefühl im Körper in ihre bevorstehenden Prüfungen zu gehen und darauf zu achten, daß sie ihr Lebensfeuer ständig lodern läßt.

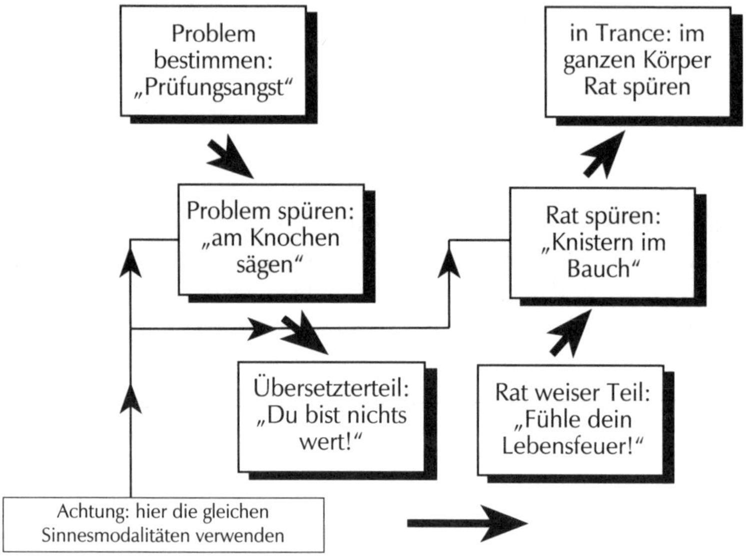


***Abbildung 11:* Problemmetamorphose**

## Klärungsmotiv (Schlichtungsmotiv)

### ➤ *Klärungsmotiv (Schlichtungsmotiv)*

Dieses Motiv ist dazu gedacht, scheinbar unlösbare Probleme einer Lösung näher zu bringen. Sie setzen Ihren Klienten in Trance und erzählen auf märchenhafte Weise eine Geschichte über den sagenumwobenen König Salomo, wie er Probleme löste, die ihm vorgetragen wurden. Erzählen Sie z.B. diese Geschichte:

„... und eines Tages kamen zwei Frauen mit einem kleinen Säugling zu König Salomo, die eine sagte, daß sie ein Kind geboren habe, das die andere ihr weggenommen habe, ... die andere erzählte, auch sie habe ein Kind geboren, daß ihr die andere weggenommen habe, ...und beide behaupteten, daß sie die leibliche Mutter des kleinen Säuglings seien, ... und ruhig und gelassen hörte sich König Salomo die beiden Frauen an, ... er verlangte schließlich ein Schwert, um das Kind, um das es ging, zu teilen und jeder Frau gerechterweise die Hälfte zu geben, ... die erste schrie, ja, zerteilt es, die letztere bat darum, es ganz der ersten zu geben und nicht zu zerteilen, ... da befahl der König, der letzteren das Kind zuzusprechen, denn sie sei die richtige Mutter ..."

Sie bitten dann Ihren Klienten, wenn Sie ihn auf diese plastische Weise mit der Klugheit des Königs vertraut gemacht haben, sich mit seinem „unlösbaren" Problem auf den Weg zu König Salomo zu machen. Lassen Sie sich das „Auf-den-Weg-Machen" von Ihrem Klienten bestätigen und bitten Sie sein Unbewußtes, Ihnen ein Hand- oder Kopfsignal zu senden, so daß Sie Bescheid wissen, wann der Moment kommt, wo der Klient dem König Salomo gegenübertritt. Dann soll er dem König von seinem Problem berichten und einfach abwarten, was geschieht. Leiten Sie diese Sequenz etwa so ein:

„... und nun beginnen Sie, ehrfürchtig mit Ihrem Problem beim König vorzusprechen, ... erklären Sie ihm so knapp wie möglich, worum es geht, so knapp wie möglich, ... und warten Sie einfach, was geschicht, ... seien Sie sehr sehr offen für jedmögliche Reaktionen, ... für Seltsames, ... Orakelhaftes, ... Symbolträchtiges, ... Unerklärbares, ... Zeichenhaftes, ... und sagen Sie mir einfach, wenn etwas geschieht, was erwähnenswert ist ..."

(Hier warten Sie ab und lassen dem Klienten Zeit.)

Berichtet der Klient, daß nichts geschieht, so kann das zwei Ursachen haben:

- es passiert wirklich nichts, dann müssen Sie ihm mehr Zeit geben oder das Motiv wechseln, oder
- der Klient ist noch nicht richtig sensibilisiert, um kleinste Körperhinweise zu erkennen. Machen Sie dann diesen Prozeß mit dem Klienten noch einmal durch, ganz langsam, wie in Zeitlupe, bis Sie Reaktionen bekommen.

## Motive zur Unterstützung von körperlichen Genesungsprozessen

Im folgenden habe ich zwei Motive zusammengestellt, die Sie zur Unterstützung von körperlichen Genesungsprozessen heranziehen können. Sie können psychosomatische Beschwerden, wie zum Beispiel Hautleiden, Warzen, nervösen Zuckungen oder Verkrampfungen ebenso wie innere Unruhe oder Schlafprobleme damit positiv beeinflussen. Diese hypnotischen Motive sind keine Medikamente und ersetzen auch nicht den Gang zum Arzt.

### ➤ *Das heilende Licht*

Hier bieten Sie Ihrem Klienten an, daß er sich mit dem erkrankten Körperteil in ein imaginiertes Licht stellt und dieses Licht auf das erkrankte Organ oder die erkrankte Zone wirken läßt. Sie imaginieren, daß das Licht von außen auf die Körperstelle fällt und dann langsam nach innen sich weiter ausbreitet, um allumfassend seine heilende Kraft entfalten zu können:

> „... und während Sie beginnen dürfen, sich immer mehr und mehr zu entspannen und immer tiefer und tiefer zu sinken, ... stellen Sie sich vor, daß ein heilendes, warmes, gelbes Licht entsteht, ... und dieses Licht fällt direkt auf (das erkrankte Organ) und entfaltet dort langsam, aber deutlich eine spürbare, heilende Wärme, ... wie im Märchen, ... wie im Traum, ... so als würde sich etwas über (das erkrankte Organ) legen wie eine heilende Salbe, die einzuziehen beginnt, ... und eine spürbare Änderung sich fühlbar, ... empfindbar, ... wahrnehmbar macht, ...
>
> (Pause)
>
> ... und während sich das Licht auf (das erkrankte Organ) legt, ... beginnt es, in das Organ hineinzuleuchten, ... warm, ... gelb, ... heilend, ... immer mehr und mehr, ... deutlicher und deutlicher, ... tiefer und tiefer, ... und entfaltet Heilung, ... Linderung, ... Besserung, ... ohne verstehen zu müssen, wie es wirkt, ... einfach so, ... immer deutlicher und deutlicher, ... Änderung, ... Veränderung, ... Wechsel, ... Wandel, ... Übergänge, ...“

Sie können Ihrem Klienten darüber hinaus nahelegen, sich für die entfaltenden Körperprozesse etwas Symbolhaftes mitteilen zu lassen, so daß er mit selbsthypnotischen Techniken dieses Symbol zu Hause aufgreifen kann, um den Genesungsprozeß noch zu beschleunigen.

### ➤ *Das heilende Wasser*

Hier bieten Sie Ihrem Klienten an, daß er sein erkranktes Organ von dem übrigen, gesunden Körper loslöst und es in ein heilendes, magisches Wasser taucht und es dort einige Zeit läßt. Dann darf er es wieder herausnehmen und, verändert, an seinen ursprünglichen Platz bringen. Sagen Sie:

> „... und während die Trance sich auf ihre Weise weiter und weiter ausbreitet, ... immer tiefer und tiefer wird, ... beginnen Sie damit, einen tiefen, schwarzen Wald

sehen zu dürfen, ... und noch kein Mensch ist in diesen Wald hineingegangen, ... es gibt nur Geschichten und Gerüchte, ... aber mitten in diesem Wald soll sich ein alter, ... steinalter Brunnen befinden, der ein ganz bestimmtes Wasser beinhaltet, ... man sagt, es besitze Zauberkräfte, es sei magisch, ... das WASSER DES LEBENS, ... (Lassen Sie sich zur Sicherheit von Ihrem Klienten das Erscheinen des Brunnens mit einem Zeichen der Hand bestätigen.) ... und wie im Traum dürfen Sie nun beginnen, Ihr (erkranktes) Organ vom übrigen, gesunden Körper zu lösen, ... langsam, aber gründlich, um es in das Wasser des uralten Brunnen zu tauchen, so daß es ganz im Wasser verschwindet, ... und es ist nicht wichtig, ob Sie es sehen können oder nicht, ... denn das Wasser entfaltet auf unsichtbare Weise seine Wirkung, ... wie in den kühnsten Träumen, ... unglaublich, ... zauberhaft, ... fantastisch, ...

(Pause)

... und langsam das veränderte, verzauberte (erkrankte) Organ aus dem Wasser des uralten Brunnen auftauchen lassen, ... und es ansehen, ... anfühlen, ... daran riechen, ... um es behutsam wieder an seinen Platz im Körper führen zu können, ... und die Veränderung spüren, die jetzt bereits beginnt, sich spürbar zu machen, ..."

Auch hier haben Sie die Möglichkeit, sich für die veränderten, positiven Empfindungen wieder ein Symbol geben zu lassen, mit dem Sie, wenn nötig, weiter arbeiten können.

## Motive und Techniken zur Reduzierung von chronischen Schmerzen

Das Schmerzgeschehen ist ein recht komplizierter Vorgang mit vielen Einflußgrößen. Einflußgrößen sind zum Beispiel: Die *Erwartung* eines kommenden Schmerzes (denken Sie an Ihren letzten Zahnarztbesuch), die erlebte *Hilflosigkeit* gegenüber Schmerzen, die *Bedeutung*, die Schmerzen beigemessen wird, die *Art und Weise* des Schmerzes (Oberflächenschmerz, Tiefenschmerz, dumpfer oder stechender Schmerz), die *Erfahrung*, mit starken Schmerzen umzugehen, usw.

### ➤ *Die Schaltzentrale*

Schmerzen sind dann ausgesprochen unangenehm, wenn man ihnen hilflos gegenübersteht. Um diese Hilflosigkeit zu überwinden, können Sie Ihren Klienten in Trance anregen, mit seinen erlebten Schmerzen zu experimentieren. Das ist natürlich nur dann möglich, wenn die Schmerzen nicht zu stark sind und Ihr Klient Ihren Anregungen folgen kann. Erzeugen Sie ein Bild von einer Schaltzentrale im Gehirn, in der der Schmerz weitergeleitet wird. In dieser Zentrale gibt es eine große Schalttafel mit vielen verschiedenartigen Knöpfen und Reglern, über die der Schmerz beeinflußt werden kann. Regen Sie Ihren Klienten an, mit den verschiedenen Knöpfen und Reglern zu experimentieren und gleichzeitig auf die Schmerzen im Körper zu achten:

„... und während Sie sich gönnen, einfach in Trance zu gleiten, ohne wissen zu müssen, wann die Trance sich in eine richtige Trance verwandelt, ... dürfen Sie sich vorstellen, eine große Schaltzentrale zu sehen (lassen Sie sich das von Ihrem Klienten bestätigen) ... hier werden Ihre Körperempfindungen und Gefühle wie auf einer großen Straßenkreuzung umgeleitet, ... gestaut, ... durchgelotst, ... aufgehalten, ... gestoppt, ... wie im Traum, ... und lassen Sie sich überraschen, wie Ihre Schmerzen im Körper hier geführt werden, ... an dieser Straßenkreuzung mit der Schaltzentrale, ... lassen Sie Ihr Unbewußtes mit den Knöpfen und Reglern spielen, wie ein Kind, das mit einer Fernbedienung spielt und verschiedene Programme herbeizappt, ... ein ganz bestimmter Knopf oder Regler reguliert den Schmerzfluß, ... lassen Sie sich diesen Regler zeigen, ...

(Pause, eventuell das Finden dieses Reglers vom Klienten bestätigen lassen)

... und wie wäre es, am Regler mal so zu drehen, daß der Schmerzfluß ein wenig größer wird, ... deutlicher und stärker, ...

(Hier müssen Sie den Klienten sehr genau beobachten, spürt er stärkere Schmerzen, so erkennen Sie das an seinen nonverbalen [oder auch verbalen] minimalen Hinweisreizen. Loben Sie dann Ihren Klienten.)

... gut, ... und nun lassen Sie sich überraschen, wie es sich anfühlt, wenn der Regler in die andere Richtung gedreht wird und der Schmerzstrom sich vermindert, ...

(Auch hier: genaueste Beobachtung Ihres Klienten und ihn loben, wenn Sie sehen, daß er sich äußerlich entspannt – ein Zeichen nachlassender Schmerzen.)

... und nichts spricht dagegen, ... die weitere Arbeit in dieser Schaltzentrale vollkommen dem Unbewußten überlassen zu dürfen, ... so daß auch in Zukunft gewährleistet ist, daß die innerlichen Dinge sich von selber auf ihre Weise regulieren ...“

Der Klient wird über diese Bilder damit vertraut gemacht, daß er seinen Schmerzen nicht hilflos ausgeliefert ist. Er macht die Erfahrung, daß es in ihm eine tiefe Instanz gibt, die das Schmerzgeschehen positiv beeinflussen kann.

### ➤ *Arbeit mit Submodalitäten*

Auch diese Form der Schmerzbeeinflussung eignet sich für chronische Schmerzen. Sie bieten dem Klienten die Fantasie an, daß er sich seinen Schmerz vorstellen solle. Fragen Sie ihn zum Beispiel, wie sein Schmerz aussehen würde, wenn er ihn sehen könnte, oder fragen Sie, wie sich der Schmerz anhören würde, wenn er ihn hören könnte. Hiermit bereiten Sie bereits den Boden dafür, daß der Klient die Erfahrung macht, daß er mit seinem erlebten Schmerz umgehen kann, daß er aktiv daran teilnehmen kann. Sprechen Ihre Anregungen den Klienten an und liefert er Ihnen optische oder akustische Fantasieprodukte über seinen Schmerz, so können Sie die geschilderten Eindrücke benutzen, um sie submodal zu ändern.* Wenn Ihr Klient zum Beispiel von einem Bild berichtet, wie sein erlebter Schmerz aussieht, so können Sie ihn anregen, sein Bild dunkler oder heller, schärfer oder unschärfer, näher oder weiter usw. zu machen. Diese Veränderung auf submodaler Ebene hat oft eine reale Veränderung des Schmerzempfindens zur Folge. Lassen Sie den Klienten so lange experimentieren, bis er Ihnen von Veränderungen berichtet. Nicht alle Veränderungen, die er submodal vornimmt, werden Wirkung zeigen. Haben Sie Geduld und bieten Sie möglichst viele submodale Varianten zur Änderung an.

---

* Submodalitäten sind die qualitativen Untergliederungen innerhalb der verschiedenen Sinnessysteme. Wenn Sie sich zum Beispiel ein inneres Bild von einer Landschaft vorstellen, so sehen Sie das Bild möglicherweise im folgenden Untergliederungsraster: farbig, scharf, bewegt, nah, hell, zweidimensional. Akustische Untergliederungen eines vorgestellten Geräusches sind zum Beispiel: Lautstärke, Richtung des Geräusches, Konstanz, Tonhöhe.

# 10.
# Geschichten für Kinder

## Wie konstruiert man eine hypnotische Kindergeschichte?

Um eine hypnotische Kindergeschichte zu konstruieren ist es wichtig, das *Problem* des Kindes genau zu umreißen. Wurde nun das Problem bestimmt, so kann man damit beginnen, es metaphorisch zu übersetzen. Nehmen wir an, wir haben ein Kind vor uns, das über Ängste vor Dunkelheit berichtet. Eine *metaphorische Übersetzung* dieses Problems wäre zum Beispiel folgende: Sie erzählen eine Geschichte von einem merkwürdigen kleinen Regenwurm, der sich vor Feuchtigkeit und Wasser fürchtet. Dem Kind wird nun eine Geschichte erzählt, in der *ein kleiner Regenwurm aus der Erde krabbelt und sich vor der Feuchtigkeit draußen fürchtet.* Zugleich ist diese Geschichte auch eine *Stellvertretergeschichte*, in der das Kind sich mit dem Regenwurm identifizieren kann.

Das weitere Vorgehen innerhalb der Geschichtenkonstruktion zielt auf eine *positive Lösung* des Problems in der Geschichte. Unser kleiner, ängstlicher Regenwurm könnte zum Beispiel an mehreren Tagen aus dem Erdreich schauen und ein wenig ältere Regenwürmer beobachten, wie sie eine Wasserschlacht in einer Pfütze machen. Er hört sie sprechen und erfährt, daß sie sich über einen kleinen Regenwurm lustig machen, der Angst vor dem Wasser der Regenpfützen hat. Der kleine Regenwurm fängt an, sich über sich selber zu ärgern, weil er noch nie draußen in der Regenpfütze und Feuchtigkeit war.

Dieser Ärger wir nun als weiterer Schritt in unserer fiktiven Konstruktion benutzt, um *Energie für Veränderung* zu aktivieren. Der kleine Regenwurm ärgert sich schließlich so über die großen Angeber, daß er beschließt, einmal ganz alleine nach draußen zu der Regenpfütze zu gehen und so zu sein wie die größeren.

Beim nächsten Schritt macht er die Erfahrung, daß alles doch ganz anders ist, als wie er sich das vorgestellt hatte. Hier macht er nun eine *korrigierende Erfahrung*.

Dann erlebt unser kleiner, mutiger Regenwurm, daß diese außergewöhnlichen Erfahrungen auch *Auswirkungen* auf andere Bereiche in seinem Leben haben. Er spürt zum Beispiel, wie es sich anfühlt, mutig, tapfer oder einfach nur ein bißchen größer zu sein.

Als nächsten Schritt könnte man unseren tapferen Regenwurm von seiner *Zukunft* träumen lassen, in der mit seinem neu gewonnenen Mut Erfahrungen sammeln kann (future pace).

Zusammenfassend lassen sich diese Punkte folgendermaßen darstellen:

- Genaue Problembestimmung,
- Problem metaphorisch, kindgerecht übersetzen,
- Konstruieren einer Gestalt, mit der das Kind sich identifiziert,
- Eine metaphorische Lösung andeuten,
- Aktivierung von Energie für die notwendige Veränderung,
- Erleben der Veränderung, der korrigierenden Erfahrung,
- Generalisierung der korrigierenden Erfahrung,
- Erproben des Neuen in der Zukunft.

Wenn Sie solche Geschichten für Kinder konstruieren, so können Sie sich mit dem Aufbau und Inhalt an den realen Interessen des Kindes orientieren. Jungen haben andere Vorlieben als Mädchen, was den Inhalt Ihrer Geschichte beeinflussen wird. Desweiteren spielt das Alter des Kindes eine große Rolle. Geschichten, die Sie wie die obige kindgerecht erzählen, können schon bei Fünfjährigen eine positive Wirkung erzielen. Erzählen Sie diese Geschichten vor dem Einschlafen, dann werden Sie die größte Wirkung erreichen. Die folgenden Kindergeschichten sind nicht streng an dem oberen Raster orientiert, enthalten aber alle wichtigen Elemente.

## Kindervorlesetrancen für ausgewählte Problembereiche

### *Der Ohrwurm*

Diese Gute-Nacht-Geschichte für Kinder dreht sich um das Problem *Konzentrationsschwierigkeiten*. Der kindliche Zuhörer wird auf bildhafte Weise in die elementaren Funktionen seines Denkens geführt, und erfährt durch Nachfühlen die Arbeitsweise seines Kopfes. Es wird eine in sich verschachtelte Geschichte von einem Jungen erzählt, der auf zauberhaft Weise eine Veränderung erlebt. Diese Geschichte ist interaktiv gestaltet und verlangt vom Vorlesenden, daß er das zuhörende Kind direkt anspricht, um verschiedene Fantasien auszumalen:

Hast du schon mal erlebt, daß du aufpassen solltest, aber nicht aufpassen konntest? Vielleicht ist es dir ja so gegangen wie dem kleinen Jan, der immer in der Schule nicht richtig aufpassen konnte. Immer dann, wenn die Lehrerin ihn etwas fragte oder sagte, und Jan drannahm, immer dann wurde es ihm ganz heiß im Kopf und sein Herz pocherte so, als wäre draußen ein großes Sommergewitter. Weil er nicht richtig aufgepaßt hatte, wußte er auch keine richtige Antwort – und das war ganz schön blöde, sage ich dir. Manchmal lachten ihn die anderen Kinder aus und verspotteten ihn auf dem Heimweg. Es ging schließlich so weit, daß er gar nicht mehr zur Schule wollte, aber irgendwie hatte er auch Angst, denn er hatte mal vom Nachbarsjungen gehört, daß einer mit der Polizei in die Schule gefahren wurde, der auch nicht in die Schule wollte. Und das beunruhigte ihn sehr. Aber ob diese Geschichte nun wahr ist oder nicht, das spielt keine große Rolle, jedenfalls ging Jan nicht gerne zur Schule.

Jan spielte oft allein, er war zwar klug, aber gleichzeitig auch ängstlich – manchmal spielten ihm die Nachbarskinder böse Streiche, einmal haben sie ihm sogar eine volle Tube Klebstoff in seine Schultasche gedrückt und dabei tierisch gelacht, das tat richtig weh, sage ich dir. Und weil Jan eben am meisten alleine spielte, kannte er auch einige Dinge, die die anderen nicht kannten. Da war hinter dem letzten Haus im Ort ein kleiner Weg, der in einen Fichtenwald führte. Immer wenn der Wind mit den Fichten spielte, immer dann klapperte das Holz und Jan bildete sich fest ein, daß dann die Bäume miteinander sprechen würden. Einmal sprachen die Bäume mit Jan sogar selber, und da hatte er eine ganz schöne Gänsehaut bekommen, sage ich dir. Die größte Fichte in der Schonung sagte zu ihm:

„Jan, du weißt es nicht, aber wenn du weiter immer geradeaus gehst und dann bei dem Baumstumpf rechts abbiegst, da kommt ein großer Feldstein. Und wer sich auf diesen Feldstein setzt, der kann den Stein reden hören, wenn er die Ohren spitzt."

Trotz Gänsehaut und Herzklopfen fühlte Jan, daß er zu dem Stein mußte. Eigentlich wollte er gar nicht so richtig, aber etwas in ihm trieb ihn weiter in die Fichtenschonung – er hatte das wirklich seltsame Gefühl, daß er dahin mußte.

Es war ein schöner Tag, es war warm und Jan hatte ein rotes T-Shirt an, mit einem großen Fußball auf dem Rücken. Natürlich wußte er genau, daß er keinem von dem sprechenden Baum etwas sagen sollte, denn er war ja eigentlich schon groß mit seinen neun Jahren und er wußte ja auch, daß Bäume nicht sprechen konnten, oder? Fest stand, daß er keinem davon etwas sagte, daß war eben sein Geheimnis – und auch du sollst diese Geschehnisse nicht weiterverraten oder anderen erzählen, denn was denkst du, was die anderen Kinder über dich sagen werden, wenn du über sprechende Bäume sprichst?

Jan ging in den Wald zum Baumstumpf und dann nach rechts, bis er den Feldstein sah, von dem die Rede war. Der Stein sah komisch aus. Jan war überrascht, denn er glaubte, daß er bis dahin die ganze Fichtenschonung kannte, aber dieser graue Feldstein, kaum größer als ein Basketball, war ihm noch nie aufgefallen. Sonderbar. Er zögerte weiterzugehen, bis er all seinen Mut zusammennahm und sich vor den Stein stellte. Das Sonnenlicht fiel auf den Stein durch die Bäume hindurch und der Stein sah aus, als ob er leuchten würde. Eine ganze Weile stand er da vor dem Stein und starrte ihn an. Der Wind pfiff durch die Bäume, und es roch nach süßlichem Harz. Jan war plötzlich ganz ruhig und setzte sich auf den vom Sonnenlicht angewärmten Stein. Erstaunlicherweise saß er ganz bequem, hier mitten im Wald. Er war nun ganz leise und spitzte seine Ohren – zuerst hörte er nur den Wind und das Knarren der Bäume, die wie Schwerter aneinanderstießen. Eine Biene brummte, und das klang doch tatsächlich so, als würde ein kleines Modellflugzeug über die Bäume fliegen.

Er saß da und seine Augen wurden immer schwerer und schwerer, das war fast so, als wäre er kurz vorm Einschlafen. Er wurde müder und müder. Er träumte davon zu träumen, wie der Stein, auf dem er saß, ihm folgende Geschichte erzählte:

„Du kannst doch bestimmt deinen Kopf fühlen, deine Wangen, ... deine Augen, ... deine Zunge, ... die Spucke im Mund, ... und vielleicht ja auch dein Gehirn, das fühlt sich manchmal ganz leicht an, manchmal aber auch ganz schön schwer – je nachdem. Du hast dich bestimmt schon einmal gefragt, warum das so ist, daß sich das so unterschiedlich anfühlt. Ich werde dir dazu eine kleine Geschichte erzählen, wie es dazu kommt:

Stell dir vor, in deinem Kopf wohnen viele kleine Zwerge und auch einige Riesen. Ja, da ist einiges los in deinem Kopf – das erinnert manchmal an Rummel oder Volksfest. Da geht es oft drunter und drüber. Und wenn es da nicht nach gebrannten Mandeln riecht, so schmeckt es oft so, als könne man es hören, ... und das Schwindelgefühl sehen. Ja, so ein Rummel ist wirklich schön, die vielen Farben, die Musik, das Schwindligsein, der süße Geruch und die vielen anderen Dinge, ... .

Manchmal aber sprechen die Riesen und die Zwerge eine unterschiedliche Sprache, das geht sogar so weit, daß sie sich selber nicht verstehen, wenn sie zueinander reden. Und dann gibt es, du ahnst es ja bestimmt, eine Menge Mißverständnisse.

Du kennst das doch bestimmt aus der Schule. Da steht deine Lehrerin vor der Tafel und erklärt irgendwas und will, daß du aufpaßt. Na ja, wenn es langweilig ist, da gehen einem eben ganz andere Dinge durch den Kopf – oder eben die Zwerge und die Riesen. Da gibt es z.B. den Spielzwerg, der am allerliebsten nur spielt, z.B. Fußball, Tischtennis, Basketball, Schiffe versenken, Puppenstube usw. Wenn der Spielzwerg gerade einmal nicht schläft, dann meldet er sich in so einer Situation und zeigt dir Bilder aus seiner riesigen Bilderkiste. Oder er erzählt Geschichten wie diese:

Es war einmal eine wunderschöne Nachtigall. Die konnte derart anmutig singen, daß die Klänge einem nicht mehr aus den Ohren gingen. Ein Klang wurde gar zu einem Ohrwurm, der es sich richtig heimisch im Kopf von Jan machte. Eines Tages sagte der Ohrwurm:

»Immer nur in den Ohren herumkriechen, das ist doch langweilig auf die Dauer, ich schaue mich mal in den anderen Teilen des Kopfes um.«

So kroch also unser Ohrwurm, Otto hieß er, im Kopf herum. Da waren die Augen, die an seltsamen weißen kleinen Schnüren hängen, ich glaube, man sagt dazu Muskeln, und hinter dem Auge da geht ein kleiner Faden direkt ins Gehirn und verzweigt sich da so, daß es aussieht, als wäre der Faden immer dünner und unsichtbarer. Den Faden nennen die Menschen Sehnerv, das hatte Otto mal irgendwo gehört. Und überhaupt sieht das Gehirn mehr nach Schokopudding aus, auf dem viel Zahnpasta raufgedrückt wurde, als nach etwas anderem.

Der Ohrwurm Otto wunderte sich, denn als er sich durch das Gehirn von Jan schlängelte, stellte er fest, daß manche Teile des

Gehirns, und überhaupt ist es ja da stockdunkel, manchmal so komisch knistern, so, als würde ein kleines Feuer lodern. Immer wenn Jan z.B. sprach, stellte Otto fest, immer dann knisterte ein kleiner Teil rechts vorne im Schokopudding. Otto lernte es einfach nicht, statt Schokopudding Gehirn zu sagen, verzeihen wir es ihm, er ist ja bloß ein gewöhnlicher Ohrwurm. Otto hatte eine lustige Idee: Er dachte, wie es wohl wäre, wenn er in diesen Teil des Gehirns gehe und immer dann, wenn Jan sprechen will und der Teil knistern will, das Knistern ausstellt. Irgendwo wird es ja dafür einen Knopf geben, dachte Otto.

Gesagt, getan. Den gelben Knopf, er sah aus wie die Nase von Donald nach einem Spiegeleiessen, fand Otto schnell und gerade, als Jan etwas sagen wollte, drückte Otto, der wirklich Spaß an der Sache fand, auf den gelben Knopf. Jan verschlug es in diesem Moment die Sprache. Er konnte kein Wort mehr sagen. Es war so, als würde man plötzlich das Radio ausstellen.

Jan war auf dem Weg zur Schule, und Otto experimentierte noch ein wenig weiter da oben, manche Teile im Gehirn knisterten ein wenig mehr, andere waren erstaunlich ruhig. Plötzlich aber, und das war wirklich seltsam, war es ganz ruhig da oben. Du mußt wissen, daß das Gehirn wie ein Kloß in eine Suppe schwimmt, und wenn eben gelaufen oder gerauft wird, dann ist das so, als würden große Wellen dauernd aufeinanderplatschen. Es war jetzt zu ruhig, fast unheimlich. Otto hatte richtig beobachtet, denn Jan hatte sich gerade ins Klassenzimmer gesetzt – der Unterricht fing an. Otto dachte, daß er sich jetzt auch mal ein wenig ausruhen könnte und als er gerade die Augen zumachen wollte, wurde er durch lautes Knistern, irgendwo über ihm, geweckt.

»Nanu, was ist denn das?«, fragte Otto sich selber. Plötzlich sah er lauter bunter Bilder, die von oben herab in die Mitte des Schokopuddings sprangen. Es waren tolle Bilder: Bilder vom Fußballspielen, Zuschauern, Rennautos, Handball und viele andere.

»Au Backe«, sagte Otto.

»Der paßt ja bestimmt nicht richtig im Unterricht auf, wenn der jetzt drankommt, dann kann er etwas über Fußball sagen, aber nichts über Mathe.« Otto wußte nämlich, daß in der ersten Stunde Mathe war, denn er hatte heimlich den Stundenplan studiert. Eigentlich konnte Jan ja gut rechnen, er konnte blitzschnell Punkte und Tore zusammenzählen und sie mit anderen Mannschaften vergleichen, aber wenn man nicht richtig aufpaßt, dann weiß man nicht, was gefragt wurde und dann steht man oft wirklich dumm da.

Jedenfalls wollte Otto der Sache auf den Grund gehen und das ändern. Wenn er es schaffen könnte, die Bilder von Fußball und Handball auf den Nachmittag zu legen, so könnte Jan vielleicht besser aufpassen, dachte er. Also nahm er eine Zeitschaltuhr und montierte diese Uhr ungefähr so wie einen Knoten zwischen dem Teil des Gehirns, aus dem diese Bilder kommen und dem Teil, der diese Bilder sah. Die Zeitschaltuhr schaltete er auf 14 Uhr. Dann würde es klingeln, so daß diese Bilder ungehindert hin- und herlaufen könnten. Otto war gespannt wie ein Flitzebogen, ob das auch funktionieren würde. Er hatte so etwas noch nie gemacht.

(Direkte Ansprache an den kindlichen Zuhörer:)
*„Mach jetzt mal deine Augen kurz zu! Wenn du willst, dann forsche bei dir mal nach, wo deine Bilder und Fantasien herkommen, das ist nämlich bei jedem Menschen anders. Bei den einen kommen sie von unten in der Mitte, bei anderen von links oder rechts oder genau umgekehrt. Fühl mal nach, wie das bei dir ist.“*
(Pause)

Es war sehr erstaunlich. Die vielen bunten Bilder blieben doch tatsächlich im oberen Bereich des Gehirns – sie konnten nicht mehr richtig in die Mitte springen, weil ja diese Uhr dazwischengeschaltet war. Ab und zu blitzte noch ein Bild da oben auf, aber das war schon alles. Statt dessen sah Otto lauter Zahlen rumfliegen, die, und das war wirklich verrückt, lauter Flügel hatten und sich zusammentaten. Otto hatte das Gefühl, daß Jan rechnete. Es funktionierte.“

(Direkte Ansprache an den kindlichen Zuhörer:)
*„Sei jetzt mal ganz leise, ... fühle dein Denken, auch du hast einen Ohrwurm, der dir helfen kann, deine Gedanken zusammenzuhalten und sie so zu ordnen, wie du das willst ... Ruf ihn mal und laß ihn ein bißchen arbeiten, nur so zum Spaß ...“*

Jan saß immer noch auf seinem Zauberstein mitten im Wald und träumte. Er hörte ein seltsames Rauschen und dann sprangen plötzlich seine Augen auf. Der Wald, in dem Jan war, sah plötzlich ganz anders aus. Die Bäume waren irgendwie kleiner geworden, die Gerüche waren auch anders und das Vogelgezwitscher klang mehr nach Frühling als nach ... .

Jan hatte das Gefühl, daß er geträumt hatte, als er wieder aus dem Wald ging. Aber er wußte nicht mehr genau wovon. Du kennst das doch auch, daß du morgens aufwachst, dich noch ein bißchen an deine Träume erinnerst, und dann alles schlagartig vergißt, ja, so ging es auch Jan in dieser Geschichte.

Als er schon fast wieder aus dem Wald war und die Wiese in der Sonne sah, sah er am Rand der Wiese einen kleinen Regenwurm in einer Pfütze schlängeln. Für einen kurzen Moment stand Jan ganz still da. Es war ihm, als würde ihn dieser Regenwurm an irgend etwas erinnern, nur an was – je mehr er sich anstrengte, desto weniger konnte er sich erinnern. Also beschloß er, es zu lassen, das mit dem Erinnern-Müssen.

Er dachte kurz daran, wie er einmal im Hallenbad einen Jungen aus dem Tischtennisverein getroffen hatte und sich nicht mehr an seinen Namen erinnern konnte. Er strengte sich wirklich an, aber der Name fiel ihm nicht ein. Erst als er mit dem Fahrrad auf dem Weg nach Hause war, erst da fiel ihm der Name des Jungen plötzlich ein, er hieß Andreas.

Die nächsten Tage in der Schule waren ganz anders, als Jan das kannte. Etwas hatte sich verändert, nur was?

Jan jedenfalls konnte seine Gedanken viel besser zusammenhalten, als er das gewohnt war. Genau genommen wissen wir ja, woran das lag, aber ob das Jan auch weiß, kann ich wirklich nicht sagen. Und eigentlich ist es nicht wichtig zu wissen, ob Jan das nun weiß, oder nicht. Wichtig ist nur, daß sich etwas verändert hat. Ohrwürmer kommen und gehen wieder. So, nun wünsche ich dir eine gute Nacht ...

### Der Liebesbrief

Diese Geschichte eignet sich für Kinder, die *Probleme mit der Rechtschreibung* haben, und Buchstaben beim Schreiben auslassen (Legasthenie). Sie ist als Unterstützung gedacht und führt auf bildhafte Weise in den mentalen Sortierungsprozeß, der für eine richtige

Schreibweise verantwortlich ist. Auch diese Geschichte ist interaktiv aufgebaut, so daß das zuhörende Kind nach den Aufforderungen des Erzählers seinen Sortierungsprozeß fühlen kann, um dadurch eine positive Erfahrung machen zu können:

Benjamin war eigentlich ein ganz normaler Junge. Er war elf Jahre alt und interessierte sich wie die meisten seiner Klassenkameraden sehr für Fußball. Sein Opa, der im gleichen Haus wohnte, war immer erstaunt, was Benjamin so alles über Fußballtaktik wußte, denn immer samstags saßen sie gemeinsam vorm Fernsehschirm und verfolgten die Spiele. Was der Opa nicht so genau wußte, war, daß Benjamin alle zwei Wochen eine Fußballzeitung kaufte, in der immer das allerneueste über die Spieler, deren Hobbys und Fußballtaktik stand. Benjamin las gerne diese Zeitung und redete mit seinen Freunden oft über die verschiedenen Spieler. Er konnte gut und schnell lesen, aber er konnte auch gut und schnell Tore schießen, wenn er auf dem Sportplatz war. Er interessierte sich sogar schon, ja man höre und staune, für Mädchen. Die Carola aus der Parallelklasse, auf die hatte er ein Auge geworfen. Ein Auge? Nein, eher alle beide. Es ging sogar so weit, daß er manchmal von Carola nachts träumte. Ihre langen braunen Haare und die Sommersprossen auf der Nase und die Augen, ja die Augen, Benjamin war, sagen wir es doch ganz klar, Hals über Kopf in Carola verknallt. Er hätte ihr bestimmt schon einen Liebesbrief geschrieben, wenn da nicht dieses dumme Problem gewesen wäre.

Benjamin wußte ja auch nicht genau, woran das lag, er bemühte sich ja wirklich, aber diese komische Sache hatte sich seit der ersten Klasse nicht viel geändert. Benjamins Eltern hatten ihn sogar schon zu einem Psychologen geschickt, da gab es so was wie einen Spezialunterricht, aber das hat ihm wirklich nicht besonders gefallen. Da kam er sich immer so blöd vor – er versuchte das natürlich in der Klasse zu verschweigen, sonst wäre er bestimmt ausgelacht worden, dachte er. Immer wenn er zu diesem Unterricht mußte, und das war ja schließlich einmal der Woche, immer dann erfand er ein Ausrede, wenn seine Freunde ihn fragten, ob er mit zum Tischtennis nach den Hausaufgaben kommen wollte. Einmal sagte er, daß er für Opa einkaufen müsse, einmal sagte er, daß er Musikunterricht hätte und so weiter. Er fühlte sich natürlich auch komisch dabei, aber er hatte richtige Angst davor, ausgelacht zu werden, deshalb sagte er nicht, wohin er wirklich mußte. Nein, zu diesem Psychologen wollte er wirklich nicht mehr hin.

Sicherlich hast du dich gefragt, was Benjamin eigentlich für ein Problem hatte. Genaugenommen hatte er selber ja gar kein Problem, Probleme hatten damit mehr seine Eltern und seine Lehrer. Immer dann nämlich, wenn Benjamin etwas schreiben sollte, immer dann passierte Merkwürdiges. Immer dann verschwanden Buchstaben. Mal waren es die N's, die einfach weg waren, mal waren es die R's oder auch schon mal ganz andere. Sie waren einfach nicht mehr auf dem Blatt zu sehen, auf das Benjamin kurz zuvor geschrieben hatte. Es war wie verhext, es war fast so, als hätte sie jemand von dem Papier weggezaubert. Benjamin merkte das gar nicht. Sein Gefühl sagte ihm meistens, daß die Buchstaben, die er schrieb, richtig waren, aber das täuschte.

(Direkte Ansprache an das Kind:)
*„Kennst du das auch, daß dein Gefühl dir sagt, daß alles richtig ist und du doch etwas falsch gemacht hast? Das ist doch dann ein ganz komisches Gefühl, oder!?"*
(Pause)

Die Lehrer, der Psychologe und die Eltern hatten dafür ein merkwürdiges Wort – sie sagten „Legasthenie" dazu. Sie sagten, Benjamin sei ein Legastheniker. Dieses Wort erinnert dich bestimmt an Lego, und auch Benjamin spielte gerne Lego, aber trotzdem mochte er das Wort Legastheniker nicht.

Benjamin hatte ja mal einen Liebesbrief geschrieben, aber als er ihn seinem besten Freund zeigte, und das kostete ihn schon ziemliche Überwindung, entdeckte sein Freund, Paul hieß der, einige fehlende Buchstaben, und danach wollte Benjamin diesen Brief nicht mehr Carola heimlich in die Schultasche stecken. Er hatte Angst, sich zu blamieren.

Es war schon 10 Uhr abends und Benjamin lag noch wach im Bett. Er las noch, doch seine Augen wurden immer schwerer und schwerer. Die Buchstaben im Buch begannen seltsam zu tanzen, und die Zeilen bewegten sich, so, als ob sie allesamt seilspringen würden. Er wurde immer müder und müder. Plötzlich fielen die Augendeckel herunter und Benjamin schlief ein. In dieser Nacht schlief er ganz tief, ... ganz tief. Es war seltsam, aber ein Traum schlich sich heran, und dieser Traum wurde immer deutlicher und deutlicher:

Ein dicker, runder, glänzender, glitschiger, sprechender, brauner Klumpen erschien und sagte:

„Mein Name ist Bodo, der Buchstabenfresser. Ich wohne schon seit längerer Zeit hier oben im Kopf von Benjamin und glaub mir, ich wohne hier ganz gut. Mein tägliches Brot sind Buchstaben, am liebsten mag ich die N's und R's, aber auch die anderen schmecken manchmal ganz lecker. Zum Nachtisch nehme ich gerne noch mal ein M oder auch schon mal ein S. Ja, ich bin dick und unbeweglich, aber was soll's. Ich freue mich, wenn Benjamin sich bemüht zu schreiben, dann ist hier oben für mich Essenszeit. Wenn ich nur dran denke, läuft mir das Wasser im Mund zusammen. Du willst wissen, was hier oben vor sich geht! Ha ha, ich erkläre es dir, ha, ha, ha.

Stell dir mal den Kopf von Benjamin vor, wie der innen aussieht. Der sieht so ähnlich aus wie eine große Wohnung. In einem Raum entstehen die Gedanken, die wachsen da manchmal wie Sonnenblumen aus der Erde. In einem anderen Zimmer da oben, da sind die vergangenen Gedanken und Erlebnisse, wie in einer Tiefkühltruhe aufbewahrt.

Und in wieder einem anderen Raum werden Buchstaben, wie in einer Schmiede, zusammengesetzt, die später deine Hand dann schreiben soll. Und hier genau wohne ich, Bodo der König der Buchstabenfresser. Ich habe mir sogar sagen lassen, daß es in jedem Kopf Buchstabenfresser gibt, mal sind sie stärker, mal schwächer. Ich, Bodo, ich will jedenfalls der König der Buchstabenfresser sein, was immer auch geschieht. Ich habe sogar ein Lied erfunden, das ich vor jedem Essen freudig singe:

»Wenn Benjamin in der Schule sitzt,
und dann sein Kopf so richtig schwitzt,
und Wort und Satz sich formen will,
bin ich hier oben ganz ganz still
und stürze mich dann voller Gier
auf N's und R's, so wie ein Stier,
und als Dessert gibt's obendrein
ein M, ein R, ein Hühnerbein.

Und wenn die Hand schreibt aufs Papier,
bleiben viele Buchstaben einfach hier.
Ha, ha, ha. Haaaaaa.«

(Direkte Ansprache an das zuhörende Kind:)
*„Ja, der Bodo ist wirklich hinterhältig. Hat sich da einfach eingenistet und freut sich über die Fehler der anderen. Sei jetzt mal ganz leise und still und fühle, wo der Bodo wohnt. Jeder hat ja mal von Zeit zu Zeit einen Bodo da oben als unerwünschten Gast, und wenn du willst, so fühle mal wie er sich anfühlt ...* (Pause)

*Manchmal fühlt sich Bodo ganz schwer an, so als wäre da ein zusätzliches Gewicht gelagert. Manchmal fühlt er sich stechend an, so als würde einer mit einem Zahnstocher piksen. Aber manchmal ist es auch ein Gefühl, als würde sich Bodo brennend anfühlen, so wie eine Brennessel. Oder vielleicht ganz anders? Fühle einfach, wie du es spürst ...*“ (Pause)

Ja, hier fühle ich mich richtig zu Hause, für mich ist das hier wie im Schlaraffenland. Statt gebratener Hühner fliegen mir hier Buchstaben in den Mund.

Einmal allerdings habe ich mich wirklich geärgert. Da hatte doch Benjamin vor einem halben Jahr ein Diktat geschrieben und dabei keinen Fehler gemacht. Ich hatte hier oben Bombenhunger und hatte noch nicht mal ein einziges N, mein Lieblingsgericht, abbekommen. Ich war stinksauer, sage ich dir. Gott sei Dank wußte Benjamin nicht genau, woran das lag, denn wüßte er es, oh Gott oh Gott ...“

An diesem Tag, vor einem halben Jahr, saß Benjamin in der Schule und sollte ein Diktat schreiben. Benjamin dachte wohl kurz vorm Schreiben an seine Gedanken. Bodo war es an diesem Tag so richtig heiß – er hatte Heißhunger. Benjamin fühlte diese Hitze im Kopf und machte diese Hitze einfach kleiner – er stellte sich vor, daß er wie an einem Elektroherd dreht und die Hitze kleiner macht. War Bodo sauer, sage ich dir. Er schaltete ihn sozusagen einfach aus. Bodos Glück war, daß Benjamin nicht genau wußte, wie er das mit dem Runterstellen der Hitze eigentlich machte. Hätte Benjamin es gewußt, so wären Bodo viele leckere Buchstabengerichte entgangen. Bodo hofft natürlich, daß Benjamin nie wieder ähnliche Gedanken hat. Er ist bestimmt sehr wütend, wenn du das jetzt Benjamin verraten würdest, dieses Geheimnis ...

(Direkte Ansprache an den kindlichen Zuhörer:)
*„Denke jetzt einfach mal an Bodo und stell dir vor, du könntest ihn fühlen. Ist er mehr schwer, stechend, brennend oder anders? ... Fühle ihn, wie im Traum, ... nun stell dir vor, daß es, wie an einer Heizung oder einem Herd oder einem Wasserhahn einen Drehknopf gibt, ... dreh mal dran, ... und versuche, in verschiedene Richtungen zu drehen. Mit dem Drehknopf kannst du nämlich die Empfindungen, wie Bodo sich anfühlt, verstärken oder abschwächen. Mach doch mal deinen Bodo größer und merke dir, in welche Richtung du dabei gedreht hast, ... gut so, nun mache ihn mal kleiner, drehe einfach in die andere Richtung, ...“*

Bodo hatte einen knallroten Kopf. Er fühlte sich so, als hätte er auf dem Fußballplatz die rote Karte bekommen. Er knirschte mit den Zähnen und vieles erinnerte an Rumpelstilzchen, als es mit dem Fuß auf den Boden stapfte und im Erdboden versank. Merkwürdig ...“

Benjamin hatte beim Frühstück besonders viel Hunger. Er hatte das Gefühl, daß er eigentlich ganz gut geschlafen hatte, aber gleichzeitig fühlte er sich auch anders als sonst. Er konnte nicht genau sagen, weshalb.

Carola erzählte es erst einmal ihrer Freundin Biggi. Es war ja schließlich etwas besonderes, und es war das erste Mal überhaupt. Sie hatte ganz schön Herzklopfen – und gleichzeitig war sie auch ganz schön stolz. Es war der allererste Liebesbrief, den sie erhalten hatte, und manche Menschen heben sich diesen Brief sogar ihr ganzes Leben lang auf. Sie brauchte über zehn Minuten, bis sie ihn ganz gelesen hatte. Sie freute sich riesig. Als Benjamin sich entschloß, den Liebesbrief zu schreiben, fühlte er sich richtig gut. Sein Kopf fühlte sich leicht an – anders als sonst. Benjamin konnte zum ersten Mal klar erkennen, daß auch die N's und R's und M's und S's aus dem Schreibstift fast wie von selber herausflossen. Und das war das Erstaunlichste. Er strengte sich gar nicht richtig an, es passierte fast wie von selbst.

Du willst wissen, was mit Bodo passiert ist? Er ist immer noch da, doch er ist viel kleiner geworden. Ihm ging es wie einem Luftballon, der ein paar Tage herumliegt und dann mehr wie ein geschrumpelter Apfel aussieht.

Hast du eigentlich schon mal einen Liebesbrief geschrieben? Du brauchst gar nicht so zu lachen, denn fast jeder schreibt ja mal solche Briefe – manchmal natürlich auch nur in der Vorstellung. Schreiben ist eben Schreiben. Und manche Sachen ändern sich wie von alleine, da braucht man gar nicht viel zu machen, oder? Wenn du das nächste Mal Spaghetti kochst, oder deiner Mutter dabei zusiehst, so wirst du feststellen, daß, nachdem der Herd angedreht wurde, der Herd wie von alleine weiterkocht.

So, und nun wünsche ich dir eine gute Nacht, träume von Spaghetti, Tomatensoße, Buchstaben, Schreiben oder von deinem ersten Liebesbrief.

## *Löffelhans*

Diese Geschichte richtet sich an Kinder, die Probleme mit ihrem *Selbstwertgefühl* haben. Erzählt wird eine Geschichte von einem kleinen „Außenseiterhasen“, der häßlich und verwachsen ist. In dieser Geschichte verwandeln sich die Probleme des Hasen in ungeahnte Ressourcen:

Hans war nicht gerade der schönste Hase im Hoppelland – er hatte so lange Ohren, daß die anderen Hasenkinder ihn oft den Löffelhans nannten und sich über ihn lustig machten. Daß Hans natürlich mit seinen langen Ohren besser hören konnte als die anderen, das interessierte keinen so recht.

Im Hoppelland lebten viele Hasen. Da gab es einen Hasenbürgermeister, der hatte, sage ich dir, ein schneeweißes Fell. Wenn du den Bürgermeister vor einem weißen Rosenfeld stehen sehen würdest, dann könntest du eigentlich nur die Augen von ihm erkennen und denken, daß das zwei Hummeln wären. Einmal wurde der Bürgermeister sogar von einer Horde junger Hasen umgerannt, die alle steif und fest behaupteten, sie hätten ihn nicht erkannt, als sie vor der Rosenhecke Fangen spielten.

Es gab auch eine kleine Hasenschule und sogar einen kleinen Hasenspielplatz, wo die Allerkleinsten bereits in ganz lockerem Sand Buddeln üben konnten.

Eigentlich konnte man im Hoppelland ganz gut leben. Das war vor 100 Jahren noch anders, da kamen nämlich regelmäßig noch Wölfe in die Gegend und verbreiteten Angst und Schrecken. Aber seit Jahren wurden hier keine Wölfe mehr gesichtet und man erzählte sich, daß es gar keine Wölfe mehr gebe, und fast alle Hasen glaubten das auch. Im Hoppelland gab es alles, was ein Hase so braucht. Das wußte auch Löffelhans und trotzdem war er oft nicht in guter Stimmung, ja, er war sogar oft sehr traurig. Du mußt wissen, daß die Hasen keine Spiegel kannten und sich, wenn sie sich selber ansehen wollten, in einer Wasserpfütze betrachten mußten. Das tat Löffelhans nicht oft, denn immer, wenn er sich anschaute, wurde er traurig.

Das letzte Mal, als er sich in einer großen Regenpfütze betrachtete, da bekam er einen richtigen Stich in den Bauch. Er sah seine kurzen Hasenhaare und hörte innerlich dabei, was ihm schon andere Hasenkinder öfters zuriefen: „Glatzenhans!“ Das war zwar übertrieben, aber irgendwie war es doch wahr. Hans hatte wirklich ganz kurze Hasenhaare, die einfach nicht länger werden wollten. Aber auch die Beine von Löffenhans waren anders als die seiner Spielgefährten. Er hatte viel zu lange Beine und wenn er damit versuchte zu hoppeln, so sah das wirklich komisch aus. Es erinnerte eher an das Springen von Spatzen, die auf der Erde nach Brotkrümeln jagen, als nach Hasenhoppeln. Er hatte mit seinen guten Ohren ja schon so manches gehört, zum Beispiel auch, wie sich die anderen über in lustig machten, als er einmal vor einer Wespe davonrannte. Darüber erzählen die anderen noch tagelang. Ja, gute Ohren zu haben ist nicht immer unbedingt ein Segen, dachte Löffelhans. Sei mir bitte nicht böse, daß ich Hans ständig Löffelhans nenne, aber alle nennen ihn so. Und was alle machen, das kann doch nicht verkehrt sein, oder?

Nein, in die Pfütze wollte er nicht mehr so schnell schauen. Löffelhans wußte auch nicht so genau, woran das wohl lag, daß er so sonderbar aussah. Er hatte noch zwei Schwestern und drei Brüder, die, so meinte er, ganz normal aussahen. Jedenfalls schämte er sich manchmal, daß er so häßlich war.

Es war Ferienzeit. Und alle Hasen zwischen 7 und 10 Jahren gingen, wie jeden Sommer, ins Zeltlager. Diesmal war es etwas ganz Besonderes, das Zeltlager sollte nämlich im Tal des Todes aufgebaut werden. Die Hasen nannten dieses Tal deshalb so, weil erzählt wurde, daß dem ersten Hasen, der dieses Tal betrat, sein Herz vor Schreck fast stehengeblieben wäre. Das Tal sah nämlich so verwunschen aus, daß die vielen Dornenhecken am Ende dieses Tals wie Gesichter, ja wie Fratzen aussahen und man sich da schon fürchten mußte. Kam man allerdings diesen Hecken näher, so sahen sie aus wie ganz normale Büsche, und manch einer wunderte sich dabei über seine eigene Fantasie.

Löffenhans freute sich schon auf die Zeltfahrt – mit seinen 9 Hasenjahren waren noch etliche Hasen jünger als er selber.

Der Hasenmarsch zum Tal des Todes war sehr mühsam, und alle Hasen mußten viel trinken, weil es an diesem Tag sehr heiß war. Jeder Hase mußte sein Gepäck selber tragen, das war die Bedingung für die Teilnahme. Es war Brauch, daß das älteste unter den Hasenkindern die Leitung des Zeltplatzes übernahm. Ihr müßt nämlich wissen, daß die Hasenkinder dort eine Woche ganz alleine sind. Die Eltern gehen wieder zurück ins Hoppelland – und nach einer Woche kommen sie wieder, um ihre Hasenkinder abzuholen. Beim Abholen fühlen sich dann die Hasenkinder schon richtig erwachsen – Hasenfuß gilt dann als richtiges Schimpfwort.

Es war soweit. Als die ersten Zelte aufgebaut wurden, verabschiedeten sich die Eltern, und der älteste unter den Hasen, Franki, übernahm die Leitung des Zeltplatzes. Es ist wichtig zu wissen, daß es genau genommen nur einen Weg hin zum Tal des Todes gab, den Weg nämlich, der immer an dem kleinen Bach entlang ging und direkt auf die Talsohle führte, wo die Zelte stehen. Am anderen Ende des Tals, da sind die dicken Dornenhecken und dazwischen ist Sumpf, da geht es nicht weiter. Zwar ist auf der Landkarte dort noch ein kleiner Pfad zu sehen, aber das muß, weiß Gott wie lange schon her sein, daß sich da einer durchwagte.

Du fragst dich bestimmt, was in Notfällen ist, wenn z.B. ein Hasenkind krank wird und die Eltern informiert werden müssen. Das ist wirklich ein Problem. Für solche Notfälle haben die Hasen ihren kleinen Käfig mit den zwei Brieftauben dabei. Aber, Gott sei Dank, mußten sie bisher noch nie losfliegen. Außerdem darf kein Nordwind wehen, denn gegen diesen starken Wind können die Tauben nicht anfliegen. Aber es gibt ja nur selten Nordwind, noch seltener im Sommer.

Die ersten drei Tage im Zeltlager waren bereits vorbei und alle Hasen saßen lustig ums Lagerfeuer herum und erzählten sich

Gruselgeschichten. Je gruseliger, je schöner. Und wenn man langsam eine Gänsehaut bekommt, ja, dann ist die Stimmung am Lagerfeuer so richtig gut.

Löffelhans saß, wie meistens, etwas abseits. Plötzlich sagte er ganz aufgeregt:

„Da heulen Wölfe!"

Alle lachten und dachten, daß Löffenhans einen Scherz mache. Wölfe, ja, das paßt zur Lagerfeuerstimmung, Wölfe, wahrscheinlich so groß wie Pferde, ha, ha, ha. Löffelhans wurde ausgelacht, als er zum zweiten Mal sagte, daß er Wölfe heulen hörte. Aber trotzdem, es war seltsam, denn alle wußten ja, daß Löffelhans besonders gut hören konnte.

Keiner merkte so richtig, daß der Wind gedreht hatte, er blies nun aus nördlicher Richtung.

„Ich höre Wölfe heulen, ganz deutlich", sagte Löffenhans mit zittriger Stimme zum dritten Mal, „sie sind nicht mehr weit weg vom Zeltplatz."

Und tatsächlich, niemand lachte mehr, denn nun hörten es auch zwei weitere Hasenkinder, das schreckliche Wolfsgeheul.

„Wir müssen was unternehmen", sagte Franki, der Zeltplatzälteste.

„Wir schreiben einfach eine kleine Botschaft auf den Notzettel und lassen die Brieftauben los, dann sind unsere Eltern in ein paar Stunden hier und wir verstecken uns in der Zwischenzeit", sprach Franki. Gute Idee, jubelten alle. Als die Brieftauben mit dem Zettel nun in die Luft gingen, wurden sie vom Nordwind erfaßt und genau in die andere Richtung getragen. Der Wind pustete heftig über die Köpfe der junge Hasen und für einen Moment war es ganz still im Hasenlager. Kein Hase lachte mehr – aus dem Gruseln wurde Angst.

Die Wölfe schienen langsam, aber stetig auf dem Talsohlenweg neben dem Bach immer näher zu kommen. Und es gab ja dummerweise nur einen Weg ins Tal des Todes. Kurzum: Alle saßen wie Mäuse in der Falle. Die Zeit verstrich und keinem Hasen fiel eine richtige Idee ein, was man Kluges hätte tun können. Das Wolfsgeheul war mittlerweile so laut, daß es auch die Hasen mit den schwächsten Ohren deutlich hören konnten.

„Wir müssen Hilfe holen", sagte Franki, weil ihm nichts Besseres einfiel.

„Ich gehe den auf der Karte eingezeichneten Weg durch die Dornenhecke und den Sumpf und versuche, dann mit dem Kompaß den Weg ins Hoppelland zu finden und die Eltern zu verständigen.“

Der Himmel zog sich langsam zu und in der Ferne konnte man bereits die ersten Blitze sehen. Franki kam nicht weit, bereits im ersten Dornbusch blieb er mit seinen langen Hasenhaaren hängen und mußte mit Gewalt von den anderen Kindern herausgezogen werden. Schließlich versuchte der Stellvertreter von Franki, der Hase Keule, auch diesen Weg zu gehen. Keule nannten sie ihn deshalb, weil er so mutig wie eine Keule war und außerdem galt er als der stärkste im ganzen Lager. Keule kam zwar am ersten Dornbusch vorbei, doch er unterschätzte die Tiefe des Sumpfes direkt hinter dem Busch und mußte von den anderen herausgezogen werden, weil das Wasser ihm schon bis zum Hals stand und er fast versunken wäre.

Das Heulen der Wölfe wurde lauter und lauter und die Blitze am Himmel heller und heller, so daß man, wenn man genau schaute, sogar die ersten Schatten der Wölfe im Hintergrund erkennen konnte.

„Keiner kann jetzt noch was tun, wir hoffen einfach, daß noch ein Wunder geschieht“, sagte Franki mit leiser Stimme. Alle weinten und schrieen, nur einer weinte nicht Löffelhans.

„Ich gehe durch die Dornenhecken und den Sumpf“, sagte Löffelhans, „mit meinem kurzen Fell bleibe ich nicht an den Dornen hängen und mit meinen langen Beinen sinke ich nicht so tief im Sumpf ein und komme durch.“

Bevor die übrigen Hasen überhaupt verstanden, was denn nun Löffelhans meinte, war er bereits hinter dem ersten Dornbusch verschwunden. Man hörte noch ein kurzes Plätschern und Löffelhans sagte, daß er gut durch den Sumpf mit seinen langen Beinen waten könne. Dann war von Löffelhans nichts mehr zu hören, geschweige denn zu sehen. Er war einfach weg. Und als die anderen den Kompaß suchten, so fanden sie ihn nicht, weil ihn Löffelhans heimlich mitgenommen hatte.

Die Zeit verging und alle hofften, daß Löffelhans durchkäme. Das Heulen der Wölfe war mittlerweile so laut geworden, daß die Hasen viele ihrer eigenen Worte selber nicht mehr verstehen konnten. Die Wölfe waren nur noch wenige Meter von den ersten Zelten entfernt.

Plötzlich zerriß lautes Krachen die Luft – es krachte so laut, daß es in den Ohren richtig pikste. Die Wölfe liefen vor Schreck zwischen den Zelten hin zu den Dornenbüschen und verschwanden dort. Manch ein Wolf mußte Haare lassen, denn als später die kleinen Hasen die Dornenbüsche näher anschauten, fanden sie manch lange, graue Haare daran, Wolfshaare.

Löffelhans hatte es also doch geschafft – und dafür sind sie ihm im Hoppelland heute noch dankbar. Den Krach übrigens machten die Haseneltern, die mit Sylvesterkrachern und Kochtöpfen so viel Radau machten, daß die Wölfe wohl dachten, es seien Jäger im Anmarsch und Hals über Kopf flüchteten.

Seit dieser Zeit wurde kein Wolf mehr in der Nähe des Tals des Todes gesichtet.

# 11. Fallgeschichten

Es folgen einige Falldarstellungen, in denen mit hypnotherapeutischen Mitteln Veränderungen erwirkt wurden. Ich habe verschiedene biographische und einige wenige inhaltliche Punkte verändert, so daß die Anonymität der beschriebenen Personen gesichert ist. Um einem falschen Eindruck gleich entgegenzuwirken: Der Dreh- und Angelpunkt der hypnotherapeutischen Veränderungsarbeit ist der Zustand der Trance. Der Erleben von Trance setzt Vertrauen voraus, das dem Therapeuten gegeben wird. Die Zeit allerdings, die notwendig ist, daß der Patient Vertrauen fassen kann, ist unterschiedlich lang. Es ist durchaus möglich, daß diese Vertrauensbildung mehrere Monate (oder auch länger) in Anspruch nehmen kann und der Patient erst dann tiefere Trancen erleben kann.

Nicht immer ist es möglich, die Wege des Unbewußten retrospektiv bewußt nachvollziehen zu können – manches bleibt für immer im dunkeln. Ich habe mich bemüht, die hypnotischen Interventionen und deren Resultate so weit wie möglich transparent zu machen.

## Der Papagei

Mit seinen fast 1,90 Metern und seinen breiten Schultern wirkte Herr T. hünenhaft. Sein Händedruck war so enorm, daß es kurzzeitig schmerzte. Er hatte blonde Haare, ein etwas eckiges Gesicht und eine starke Brille, unter der seine Augen auffällig nervös hin- und herblickten. Er war verheiratet und hatte einen pubertierenden Sohn, mit dem es zum gegenwärtigen Zeitpunkt Probleme gab. Herr T. war an der Universität tätig, promoviert und auf dem besten Wege, eine gute akademische Laufbahn einzuschlagen. Kurz vor der Habilitation mußte er noch einen wichtigen Vortrag vor einem großen Auditorium halten. Je näher dieser Termin rückte, desto verrückter machte sich Herr T. Er konnte tagelang nicht mehr schlafen und sah sich bereits in seinen Tagträumen als Versager. Mit seinem Sohn hatte er zu dieser Zeit handfeste Auseinandersetzungen, weil er mit ihm nicht mehr zurechtkam und einfach keine Nerven mehr hatte. Er fantasierte immer wieder ähnliche Szenen: Er steht im Hörsaal, 200 Zuhörer einschließlich seiner Fachkollegen hören ihm zu und plötzlich versagt bei ihm die Sprache. Sein Hals ist wie zugeschnürt, er wird vor Angst ganz starr und steif und hört, wie der ganze Hörsaal lacht – alle machen sich über diese Jammergestalt lustig.

Er sieht schon etwas mitgenommen aus, als er dies erzählt. Es sind zwar noch ein paar Wochen bis zu diesem Termin, aber für ihn stellt es sich so dar, als sei der Termin schon morgen. Er hatte schon mit Bachblüten und Tabletten experimentiert, verspürte aber keinen durchschlagenden Erfolg. Hypnose hatte er noch nie erlebt, er hatte ein wenig Erfahrung mit Autogenem Training.

Die erste Hypnosesitzung verlief eigenartig. Herr T. glitt schnell in Trance. Seine Arme und Beine zuckten ähnlich wie die abgetrennten Beine eines Frosches, durch die elektrischer Strom gejagt wird. Jedes Zucken war mit einem knackenden Geräusch verbunden. Er war voll ansprechbar, spürte die Zuckungen und hatte selber keine vernünftige Erklärung für dieses seltsame Phänomen. Ich regte bei ihm die Vorstellung an, wie er sich am Tage des Vortrages auf den Weg zu dem Hörsaal machen würde. Dabei wurde er zunehmend unruhiger und schilderte die Szene, die er, als er vor der Hörsaaltür stand, erlebte:

„Ich habe Angst, ... meine Hände sind ganz kalt und zittern."

(Pause)

„Ich gehe in den Saal, alle schauen mich an, ..."

„Was geschieht?" fragte ich ihn.

„Die Augen, sie schauen mich alle so feindselig an, ... ich will wieder weg, meine Knie werden weich, mir ist schlecht."

(Pause)

„Mir bleibt die Luft weg, die ersten Worte kommen stockend aus meinem Mund, ... Hals ist dick, ich stottere, ... alle lachen, ... ich will wegrennen ..."

Ich führte Herrn T. aus der Trance, er sah sichtlich mitgenommen aus. Schweißperlen standen auf seiner Stirne und er rang sich ein mühsames Lächeln ab.

Während der Anamnese erzählte er über seine Hobbys. Er hatte ein recht ungewöhnliches. Er interessierte sich für Papageien und deren Verhalten. Er hatte zu Hause selber einen Papagei, mit dem er und seine Familie sich oft, so zum Spaß, unterhielten. Während er von seinem Papagei erzählte, leuchteten seine Augen und seine

Stimme klang voller und sehr lebendig. Ich hatte in diesem Moment bereits die Idee, das Papageieninteresse in einer der nächsten Hypnosesitzungen einzubauen. Nur *wie* war mir noch nicht klar.

In der nächsten Hypnosesitzung schickte ich Herrn T. wieder in seine Prüfungssituation, jedoch sagte ich gleich zu Beginn der Sitzung, daß diesmal alles anders werde, als er sich das denke.

„Sie stehen vor der Hörsaaltür und haben auf Ihrer Schulter Ihren Papagei, spüren Sie jetzt sein Gewicht auf Ihrer Schulter?“

(Pause)

„Ja, ... hm, ich spüre es.“

„Gut so, und nun hören Sie mal, was der Papagei quatscht, er quatscht Ihnen direkt ins Ohr, wo Sie doch gerade vor der Hörsaaltür stehen, ...“

Herr T. fängt an zu lachen.

„Das ist wirklich noch nicht alles, Sie werden sich noch so richtig wundern, was geschieht, wenn Sie den Hörsaal betreten. Sie werden Ihren Augen nicht trauen, ... . Sobald Sie die Tür zum Hörsaal aufmachen, werden Sie lauter Menschen mit den verschiedensten Papageienköpfen sehen und alle sehen ganz bunt aus, ... rot, ... blau, ... gelb, ... grün, ... lila, ... orange, ... pink, ... und tausend andere Farben. Der ganze Raum ist ein riesiger Papageienkäfig ...“

Herr T. hörte aufmerksam zu, seine Gesichtszüge erhellten sich, er schien sich zu amüsieren.

„Sobald Sie dann den Hörsaal der Papageien betreten und Ihren Papagei auf der Schulter spüren, hören Sie ein lautes Durcheinanderquatschen der unterschiedlichsten Papageien.“

(Pause)

Ich sagte zu ihm, daß er nun den Hörsaal betreten solle.

„Es kribbelt so komisch in meinem Bauch“, meinte er.

„Ja, lassen Sie es nur kribbeln, ... .“

Herr T. fing an zu lachen.

„Die sehen alle wie wirkliche Papageien aus“, scherzte er.

„Gut, gehen Sie weiter in diese Szene hinein“, forderte ich ihn auf.

(Pause)

„Ich bin jetzt ein paar Augenblicke ganz still, so daß Sie in aller Ruhe beginnen dürfen, sich in dem Papageienkäfig umzuschauen.“

(Es folgte eine Pause von etwa zehn Minuten. Herr T. lachte zwischenzeitlich mehrmals laut.)

Am Ende der Sitzung erzählte er, daß seine Berufskollegen, die unten in der ersten Reihe saßen, während seines Vortrages im Hörsaal hin- und hergeflogen seien und nach Vogelkörnern Ausschau gehalten hatten, die auf dem Boden herumlagen. Das hätte ihn, als Vortragenden, außerordentlich erfreut.

Er hatte einen kleinen Sack mit Vogelfutter dabei und warf von Zeit zu Zeit ein paar Körner auf den Boden. Die Zuschauer mit den Papageienköpfen pickten sich gegenseitig unter großem Geschimpfe die Körner weg.

In der nächsten Sitzung baute ich das Papageienmotiv während der Hypnose nochmals ein. Diese Stunde verlief ähnlich wie die vorhergehende.

Herr T. fiel wieder in Trance, es war die sechste Hypnosesitzung. Er saß wieder auf seinem Stuhl und sein Körper zuckte auf die bekannte Art und Weise.

„Gehen Sie wieder in den Hörsaal mit den Papageien“, sagte ich zu ihm.

„Stellen Sie sich vor, daß Sie gerade dabei sind, Ihren Vortrag zu halten und plötzlich reißt der Faden, das Gefühl des zugeschnürten Halses beginnt sich auszubreiten, es wird unangenehm, die Knie beginnen zu zittern, ... .“

(Pause)

Herr T. wurde unruhig, seine Finger bewegten sich zur Handinnenfläche, so, als wolle er seine schweißnassen Hände abtrocknen.

„Gut so“, sagte ich.

„Spüren Sie nun ihren Papagei auf der Schulter und spitzen Sie Ihre Ohren, was er Ihnen in dieser Lage wohl zu sagen hat. Lauschen Sie! Horchen Sie!“

(Pause)

„Er sagt nichts!“ meinte der Patient.

„Gut, schauen Sie ihn an!“

„Es scheint ihn nicht zu interessieren, er quakt wie ein Frosch“, sagte er.

Herr T. drehte seinen Kopf nach rechts (der Papagei saß in seiner Einbildung auf der rechten Schulter). Plötzlich lachte er laut los. Der Papagei sagte:

„Schneide eine Grimasse und mach dann weiter!“

Er verzog sein Gesicht, die Augen waren geschlossen, dann lachte er.

(Pause)

Nach der Trance meinte ich zu ihm, daß er seinen Papagei ruhig ernstnehmen solle, er hätte ihm ja mit aller Deutlichkeit gesagt, was er in einer Problemsituation tun solle.

Der Prüfungstermin nahte und Herr T. hatte mit mir noch ein paar Hypnosesitzungen zur Stabilisierung seiner Gefühlslage vereinbart. Diese Sitzungen verliefen ähnlich wie die vorangegangenen. Wir vereinbarten zusätzlich noch eine Sitzung nach dem Prüfungstermin, um zu einem runden Abschluß zu kommen.

Am Ende des Tages des Prüfungstermins bekam ich folgendes Fax zugeschickt:

*Lieber Herr Schütz,*

Shiva tanzte nicht besser
als ich heute.
Es war souverän,
besser geht es wohl kaum.

*Herzlichst* ........

Als er in die letzte Stunde kam, erzählte er, was geschehen war. Er erlebte seinen Vortrag ähnlich wie in den Trancen der letzten Sitzungen. Es gab gleich zu Anfang bei ihm ein kleines Problem: Nach ein paar Sätzen schien er den Faden verloren zu haben. In diesem Moment drehte er den Kopf nach rechts, sah vor seinem geistigen Auge den Papagei und hörte nur noch die Worte „Grimasse schneiden“. Daraufhin runzelte er die Stirn, tat so, als ob er niesen müßte, und schnitt so auf indirektem Wege eine Grimasse (man spricht hier von einem Separator, einer *absichtlichen* Unterbrechung einer Verhaltenssequenz). Danach fuhr er problemlos mit seinem Vortrag fort. Er sah im Hörsaal einen Haufen bunter Papageien sitzen und wunderte sich über die Stärke seiner Einbildungskraft.

Er hat einen ausgezeichneten Vortrag gehalten, wie ihm mehrere Hörer danach bestätigten.

***Kommentar***

Ziel dieser therapeutischen Interventionen war die Suche nach geeigneten Ressourcen, die in das aktuelle Problemgeschehen des Patienten gewebt wurden. In Trance hatte der Patient die Möglichkeit, neue Erfahrungen mit diesen eingewebten Ressourcen zu erproben, um mehr Flexibilität erleben zu können. Die Ressource „Papagei“ wurde mit einem „Kopf nach rechts drehen“ geankert, so daß sie jederzeit für den Patienten abrufbar wurde.

## Über den Wolken

Mit seinen 53 Jahren wirkte Herr A. um einiges jünger. Er hatte eine sportliche Figur, ein gepflegtes Äußeres, war braungebrannt und höflich. Er war zum zweiten Mal verheiratet und hatte zwei fast erwachsene Kinder. Zu kämpfen hatte er mit einer *Flugphobie* und das bei seinem Beruf als Geschäftsmann, der internationale Kontakte pflegte. In Europa fuhr er meistens mit dem Zug und nahm die langen Fahrzeiten notgedrungen in Kauf. Nur einmal in seinem Leben flog Herr A., und das war Anfang der siebziger Jahre. Er flog nach Lissabon, zurück fuhr er mit dem Zug und schwor sich, nie wieder in ein Flugzeug zu steigen. Er hatte im Flieger Todesängste ausgestanden und war noch Wochen später depressiv. Jahre vergingen, ohne daß sich an diesem Problem irgend etwas änderte.

Ein Freund bot ihm schließlich an, ihn mit einer kleinen Propellermaschine herumzufliegen, um ihn langsam an die Flugatmosphäre zu gewöhnen. Er nahm Beruhigungstabletten, aber in der Luft bekam er wieder die gleichen Panikanfälle wie damals auf dem Weg nach Lissabon. Sein Bekannter mußte die Maschine schnellstens landen, sonst wäre er vor Angst gestorben, meinte er.

Er liebte Tangomusik und ging regelmäßig zur Tanzschule. Man kannte sich dort gut, und es herrschte eine fast familiäre Atmosphäre. Er wollte unbedingt mit nach Argentinien, dort die Tangocafes besuchen und sich die Nächte mit Tanzen versüßen. Er hatte nicht mehr viel Zeit. In drei Monaten startete das Flugzeug in Richtung Argentinien, den Flug hatte er in einem *Anflug von Leichtfertigkeit* im Tanzclub mitgebucht.

Da saß er nun vor mir und erzählte mir von seinen höllischen Ängsten. Er schilderte seine Flugangst als die schlimmste Angst, die er kenne. Natürlich kenne er die Absturzstatistiken und Berechnungen, nach denen ein Flugzeug wirklich sicherer ist als fast alle anderen Transportmittel, aber das helfe ihm überhaupt nicht weiter. Er habe seinen Lissabonflug noch so in Erinnerung, als sei es erst gestern gewesen, das Knarren des Rumpfbodens, die Turbulenzen einer Gewitterfront, das Absacken im Luftloch und die Angst abzustürzen, nichts tun zu können, festgeschnallt im Sitz sich dem Boden immer weiter zu nähern, das waren seine Horrorvisionen.

Die ersten Hypnoseversuche, die er erlebte, waren durch die Angst vor Kontrollverlust charakterisiert. Er sprach von inneren Aufpassern, die es nicht zuließen, eine tiefere Trance zu erleben. Er kenne das Gefühl gut, immer alles im Griff haben zu müssen und könne dagegen wenig tun. Ich entschloß mich, Herrn A. mit Konfusionstechniken in Trance zu führen. Diese Techniken sind bei Menschen gut geeignet, die sehr zur Selbstkontrolle neigen:

„Lehnen Sie sich einfach zurück und stellen Sie sich vor, alles im Griff zu haben."

(Pause)

„Sie sitzen hier und haben die Freiheit, alles, wirklich alles kontrollieren zu dürfen. Lassen Sie sich Zeit, um auch damit zu beginnen, diese Dinge zu kontrollieren, die noch nicht richtig kontrolliert werden, ... wie unbewußte Gedanken, ... geheime Erinnerungen, ... sexuelle Fantasien, ... unaussprechbare Eindrücke, ..."

(Pause)

„Gut so ... und nun beginnen Sie Ihre eigene Kontrolle zu kontrollieren, ob die kontrollierende Kontrolle der Kontrolle entspricht, die kontrollierende Kontrollgedanken während einer Kontrolle der kontrollierenden Gedanken haben, ... gut, ... alles einer Kontrolle unterziehen, was jetzt noch nicht richtig kontrolliert wird, ... nicht unkontrolliert an der kontrollierenden Kontrolle vorbeiziehen lassen, ... aufpassen, ... Kontrolle der *Atmung*, ... Kontrolle der *Körpertemperatur*, ... Kontrolle der *Augenbewegungen* (die Augen waren geschlossen, die Augäpfel bewegten sich unter den Lidern hin und her, ein Zeichen, daß er dabei war, zu visualisieren), ... Kontrolle des *Speichelflusses*, ... Kontrolle der *Blutzirkulation*, ... Kontrolle des *Herzschlages*, ... Kontrolle der *Gefühle*, ... einfach alles kontrollieren zu dürfen, ... wie im *Traum*, ..."

(Herr A. fiel tiefer in Trance. Meine Betonung der Worte lag nicht so sehr auf dem Wort Kontrolle, sondern mehr auf den kursiv geschriebenen, die die Aufmerksamkeit auf die vegetativen Körperfunktionen lenken.)

Als er sich in einer tieferen Trance befand, induzierte ich das hypnotische Bild einer Flugsituation. Ich suggerierte ihm, daß er im Flugzeug sitzt und auf dem Weg nach Argentinien ist. Er wurde dabei zusehends unruhiger, seine Atmung wurde flacher und plötzlich gingen seine Augen auf und er sagte:

„Das geht nicht!"

„Was geht nicht?" fragte ich ihn.

„Ich kann mir das nicht vorstellen", sagte er.

„Als Sie sagten, daß ich im Flugzeug sitze, kam ich plötzlich zurück, ich war schlagartig wach und hatte Angst, und dann ging nichts mehr."

Die Flugangst war derart stark, daß der bloße Gedanke, im Flugzeug sitzen zu müssen, Panik auslöste. Manche, eher harmlosere Flugängste kann man auf diesem Wege reduzieren, das war allerdings bei Herrn A. nicht möglich.

In der nächsten Stunde führte ich ihn wieder in Trance. Diesmal allerdings führte ich ihn zum Tanzen auf einen Tangowettbewerb. Seine Lieblingsmusik würde spielen und er würde sich mit seiner Tanzpartnerin vollkommen vergessen.

„Tanzen Sie Tango!" forderte ich ihn auf.

„Tanzen Sie und vergessen Sie einfach alles um sich herum. Tanzen Sie in Ihre kühnsten Träume hinein."

Ich ließ ihn lange tanzen und ganz unauffällig webte ich Worte in das Hypnoid ein, die mit Fliegen zu tun hatten.

„Tanzen Sie, bis Sie zu *schweben* anfangen. Tanzen Sie, bis die Füße sich *vom Boden lösen*. Tanzen Sie *über den Wolken*. Tanzen Sie bis *in den siebten Himmel* hinein. Tanzen Sie *in der Luft* und lassen Sie sich von Ihren eigenen, geheimsten Gedanken *in den Kosmos* Ihrer Sehnsüchte entführen ... ."

Herr A. war in tiefer Trance, was man an seinen symmetrischen Gesichtszügen, dem halb offen stehenden Mund und einer leichten Körpervibration gut beobachten konnte.

In der nächsten Stunde wiederholte ich diese Hypnoseidee und webte zusätzlich zu den induzierten Bildern des Fliegens noch die typischen Fluggeräusche ein (z.B. „Tanzen Sie, bis *der Boden knarrt* ...“). Ich bat den Patienten zusätzlich, daß er seine Tangomusik auf Cassette aufnehmen solle und sie täglich, vor dem Einschlafen hören solle, um bei Tanzmusik einzuschlafen.

Die Probe aufs Exempel folgte, es war schon knapp vor dem realen Abflugstermin und ich bat Herrn A., sich in seine Musiktrance zu begeben. Nachdem ich sicher war, daß er in einem guten Zustand war, ging ich mit ihm im Schnelltempo die verschiedenen Flugsituationen durch. Ich schickte ihn mit einem Taxi zum Flughafen, ließ ihn mit dem Gepäck in die Halle gehen, einchecken und das Flugzeug betreten. Er schnallte sich fest, setzte sich die Kopfhörer auf und machte die Augen zu. Dann ließ ich die Maschine rollen hin zur Warteschleife. Herr A. hörte seine Tangomusik und träumte mit geschlossenen Augen. Dann beschleunigte der Flieger und hob ab. Er wurde ein bißchen unruhiger, blieb aber insgesamt in einem stabilen Zustand, er hatte immer noch die Augen geschlossen. Dann ließ ich die Maschine landen und er durfte sich abschnallen. Schließlich berichtete er mir, daß er, wie erwartet, getanzt hatte.

Es war die letzte Sitzung vor dem richtigen Flug. Ich sagte ihm, daß er, sobald er im Flugzeug Flugerregung spüre, die Kassette mit der Tangomusik hören solle. Dann solle er mit dem Tanzen beginnen, so, wie wir es hier gemeinsam geübt hätten.

Sechs Wochen später bekam ich folgende Karte aus Argentinien:

> *Sehr geehrter Herr Schütz,*
> die Medizin half: ich habe den Flug gut überstanden. Bei jedem Rütteln tanzte ich Tango. Allerdings war anschließend mein Immunsystem so angegriffen, daß ich eine Woche mit Herpes simplex zu kämpfen hatte, wie nach einer überstandenen Grippe.
> Vielen Dank für 1995!
>
> *Ihr* .........

Seitdem habe ich nichts mehr von ihm gehört.

### Kommentar

Auch in dieser therapeutischen Intervention wurde eine Ressource gesucht, die geeignet schien, um sich in das Problem des Patienten einfädeln zu lassen. Zusätzlich übte der Patient zu Hause vor dem Einschlafen mit Kassetten, um die Ressource in der Problemsituation so intensiv wie möglich zu erleben. Weitere angstauslösende Reize, wie z.B. ein knarrender Flugzeugboden, wurden umetikettiert und in Zusammenhang mit der Ressource gedeutet. Der Herpes simplex war vermutlich die Folge seiner Streßverarbeitung, der körperliche Preis seines überstandenen Fluges.

## Die Insektenphobie

Daniel war 11 Jahre alt und ein ausgesprochen intelligentes Kind. Er hatte eine etwas stärkere Brille, eine leicht bräunliche Haut und kam aus Israel. Seine Mutter war Wissenschaftlerin und forschte in der Pharmazeutik. Er lebte zwischenzeitlich auch in Italien und Frankreich, weil die Mutter dort arbeiten mußte und hatte schon viel von der Welt gesehen.

Daniel sprach zu Hause mit seiner Mutter und seiner Schwester hebräisch. Er war seit vier Jahren in Deutschland, sprach vorher kein einziges Wort deutsch, und konnte es jetzt perfekt sprechen. Man hörte keinerlei Akzent. Für sein Alter war er relativ klein, ein wenig altklug und beim ersten Treffen mit mir sehr mißtrauisch. Er kam in Begleitung seiner Mutter, die meinte, daß ihr Sohn starke Ängste vor Bildern mit Insekten hätte. Während sie so erzählte, saß er kleinlaut auf dem Stuhl neben der Mutter und schämte sich offenbar wegen seiner Angst.

„Manchmal können einen Mütter ja ganz schön nerven", sagte ich zu ihm.

Er war über meine plötzliche Aussage erstaunt, seine Augen öffneten sich und ein zaghaftes Lächeln legte sich langsam über sein Gesicht.

„Meine Mutter war auch so, die erzählte oft Dinge über mich, und dann wäre ich am liebsten im Boden versunken."

Auch dieser Satz paßte genau und ich merkte, wie Daniel sich mir langsam zuwandte.

„So", sagte ich, „jetzt ist es Zeit, daß wir deine Mutter mal rausschicken und uns unter Männern unterhalten!"

Die Mutter lachte ein wenig verlegen, verstand aber offenbar meine Andeutung und ging hinaus in den Wartebereich. Als ich mit dem Jungen allein war, erzählte er mir von seiner Insektenphobie. Er sagte, daß er sehr starke Angst vor abgebildeten Insekten habe. Das wäre ja bei manchen Menschen kein so großes Problem, aber bei ihm schon, denn in der Schule würden nun die Insekten drankommen und dann könne er das Biobuch nicht aufschlagen. Sobald er nämlich bestimmte abgebildete Insekten sehe, bekomme er eine panische Angst, schreie, und müsse seinen Kopf wegdrehen und manchmal sogar davonlaufen. Es sei das schlimmste, was es für ihn gebe, sagte er zu mir. Ich mußte ihm versprechen, daß ich ihm in dieser Stunde kein Bild von einem Insekt zeigen würde (die Mutter hatte nämlich Bilder mitgebracht, die in einer Plastiktüte neben ihrem nun leeren Stuhl standen). Er hatte schon viele Gespräche mit einem Psychiater geführt, die sehr interessant waren und auch Spaß machten, aber an seiner Angst hatte sich überhaupt nichts geändert. Ich vereinbarte anschließend mit der Mutter, daß ihr Sohn zu mir in den nächsten Stunden allein kommen solle.

In der nächsten Stunde brachte er ein Buch mit ein paar Abbildungen von Insekten mit. Das Buch war zugeklappt und an den Stellen, wo es Insektenbilder gab, waren kleine Papierschnipsel an der Seite. Er gab mir das Buch und meinte, daß hier die schlimmsten Bilder drin seien, die man sich vorstellen könne. Ich blätterte ein wenig herum und sage ihm, daß ich ihm mal gerne ein Bild zeigen würde. Er schrie:

„Nein, bloß nicht!"

„Warum?"

„Ich muß sterben, wenn ich das sehe!" sagte er.

„Ich gehe mit dem Buch mal in die äußerste Ecke des Raumes, so daß das Bild für dich ganz klein ist", sagte ich zu ihm.

„Dann kannst du es anschauen, ohne es eigentlich zu erkennen."

Widerwillig ließ er sich darauf ein, protestierte aber bereits nach wenigen Schritten und sagte mir, daß ich auf keinen Fall näher kommen solle und das Buch zumachen müsse. Um keinen Kampf mit ihm zu riskieren, den ich mit Sicherheit verloren hätte, gab ich klein bei und schloß das Buch.

In der nächsten Sitzung erzählte er mir von einem Jungen in der Klasse, der ihn schon oft mit seiner Phobie geärgert hatte. Gernot, so hieß dieser Junge, machte sich einen Spaß daraus, Daniel zu necken und zu verletzen. Immer wenn Daniel mit Insekten in Berührung kam, war es für Gernot die größte Freude. Er legte auch schon einmal heimlich Insektenbilder unter Daniel Schreibtisch in der Klasse, so daß sich Daniel gar nicht mehr traute, an seinen Platz zu gehen. Er haßte Gernot und ich wußte das und dachte mir, daß ich dieses Szenario therapeutisch verwenden könnte.

„Weißt du, was das Gute an deiner Angst ist?“ fragte ich ihn.

„Da gibt’s nichts Gutes“, sagte er.

„Doch!“ entgegnete ich.

„Nein, was soll denn da gut sein?“

„Na hör mal, mit deiner Angst vor Insekten erfreust du doch ganz bestimmte Menschen, du tust ihnen ja gerade einen richtigen Gefallen damit, wie zum Beispiel dem Gernot. Was denkst du, wie der sich freuen würde, wenn du morgen früh in der Klasse so einen richtigen Panikanfall bekommen würdest!“

Daniel wurde wütend und meinte, daß er ihm am liebsten eine reinschlagen würde.

Er war nun richtig motiviert, etwas gegen seine Angst zu unternehmen. Immer wenn er sagte, daß er die ihm angebotenen Bilder nicht anschauen könne, fragte ich ihn, ob er Gernot erfreuen wolle. Das traf ihn am Nerv. Das war das letzte, was er wollte.

Ich bat ihn, zur nächsten Stunde sein ganz neues Biobuch mitzubringen und das wirklich allerschlimmste Bild daraus auszusuchen. Er mußte das zusammen mit seiner Mutter machen, weil er ja selber diese Bilder nicht richtig anschauen konnte. In der Schule durfte er das Biobuch im Biologieunterricht zugeklappt lassen und bei Filmen über Tiere durfte er vor die Türe. Die Lehrerin ermahnte seine Mitschüler, Daniel nicht zu ärgern, was wenig nützte, weil sie es dann einfach heimlich machten.

Er brachte das neue Buch in die nächste Stunde vereinbarungsgemäß mit und sagte gleich zu Anfang der Stunde, daß er nicht wolle, daß das schlimmste Bild aufgeschlagen werde.

„Wir machen es heute mal ganz anders“, sagte ich zu ihm.

„Ich nehme jetzt das Buch, schlage die Seite mit dem allerschlimmsten Bild auf und decke das Bild mit einem Blatt Papier so ab, daß du nichts erkennst. Dann schiebe ich, mit deinem Einverständnis, das Blatt so langsam herunter, daß wir einmal beobachten, was dann geschieht. Wir wollen mal sehen, wovor du genau Angst hast. In Ordnung?“

„Gut."

Ich setzte mich ganz nah an den Jungen, öffnete das Biobuch und legte, wie versprochen, ein Blatt Papier auf das abgebildete Insekt. Er meinte, während er seinen Kopf wegdrehte, daß ich das Blatt noch einmal falten müsse, weil man da noch halb durchsehen könne, was ich dann auch tat.

„Ist das so in Ordnung?"

Er schaute ängstlich und meinte:

„Ja!"

Dann begann ich ganz behutsam und extrem langsam das gefaltete Blatt herunterzuschieben, bis ein winziger Ausschnitt des Bildes zu erkennen war. Das ganze Bild bestand aus einer Biene und eine paar stichworthaltigen Erklärungen zur Anatomie. Es war etwa zehn mal sieben Zentimeter groß.

„Hast du jetzt schon Angst?" fragte ich Daniel, obwohl man praktisch nur ein paar unzusammenhängende Linien und Muster sah.

„Nee!" sagte er.

Dann schob ich langsam das Blatt weiter herunter, bis man den allerobersten Teil der Flügelspitzen der Biene erahnen konnte.

„Und jetzt?" fragte ich

„So ein bißchen, aber noch nicht richtig!"

Ich schob das Blatt weiter herunter..

„Ihh ... aufhören ... Nein!" schrie er und wandte den Kopf zur Seite.

„Was findest du denn jetzt hier genau so ekelhaft, wir müssen das jetzt zusammen herausfinden," sagte ich zu ihm.

„Ich glaube, daß du hier vor der schwarzen Linie, da schau mal hin, Angst hast. Das ist nämlich bereits ein Teil des Beines", sagte ich zu ihm.

Er schaute hin und protestierte:

„Nein, das ist doch nicht ein Teil vom Bein, das ist ein Teil vom Fühler", wendete er ein.

Er hatte natürlich recht, aber ich stellte mich absichtlich sehr dumm an.

„Wieso Fühler, woher willst du das denn so genau wissen, du hast doch dieses Bild noch nie angeschaut!" konterte ich.

„Na ja, so sehen doch keine Beine aus, die Beine der Biene sind doch viel tiefer", sagte er.

Inzwischen zog ich das Blatt immer weiter nach unten, so daß nun ein Teil des Auges der Biene, in dem sich eine helle Fläche spiegelte, sichtbar wurde. Wieder verzog der Junge das Gesicht und pustete:

„Nein, jetzt ist genug, ihh ..."

„Du hast bestimmt vor diesem hellen Punkt hier im Auge der Biene Angst, der sieht ja wirklich zum Angstbekommen aus. Komisch, daß da so ein heller Punkt im Auge ist. Das ist doch wirklich seltsam, wenn mir einer mit einer Taschenlampe so einen hellen Punkt ins Auge macht, dann würde ich aber die Augen zumachen. Du doch bestimmt auch, oder?"

„Ja, aber Bienen können die Augen nicht schließen, die haben keine Augenlider", sagte er fast belehrend und lächelte über meine Unwissenheit.

„Und was ist das da, bitteschön?" Ich zeigte mit meinem Finger auf den schwach sichtbaren oberen Rand der Augen der Biene und zog unterdessen das Blatt immer weiter nach unten.

Er schaute genau da hin, wo ich meinen Finger hatte und sagte:

„Das ist doch nur der Rand der Augen, glauben Sie mir doch, Bienen haben keine Augenlider!"

Ich muß mich wirklich sehr dumm angestellt haben, denn Daniel fing nun an, mich anhand des Bildes, das immer größer wurde, über das Leben und die Anatomie der Biene aufzuklären. So ging es etwa zwanzig Minuten weiter, bis das Bild ganz sichtbar war und ich mich immer noch so dumm anstellte. Wir redeten über das Bild, als sei es das Normalste der Welt.

„Du schaust ja jetzt das Bild ganz an und wir haben ganz vergessen herauszufinden, was dir eigentlich Angst macht", sagte ich mit leicht enttäuschter Stimme.

Daniel strahlte und sagte:

„Also das verstehe ich überhaupt nicht, ich habe keine Angst mehr vor dem Bild, ich kann es einfach anschauen, na ja, es kribbelt noch ein wenig im Bauch, aber das ist nicht schlimm."

Der Junge war ausgesprochen interessiert an dem Bild der Biene, seine Augen leuchteten und er suchte nach weiteren Details.

„Es ist nicht zu glauben, ich kann das Bild anschauen, es kribbelt zwar noch im Bauch, aber das ist nicht so schlimm", sagte er noch einmal freudig.

Dann setzte ich mich wieder weiter weg von ihm und bat ihn, er solle das Buch nehmen und alle Bilder betrachten, die er zufällig aufschlagen würde, was er dann auch tat. Er lachte.

Nach sechs Therapiesitzungen war seine Phobie verschwunden. Als letzten Test bat ich seine Mutter noch telefonisch, eine gerade in Berlin laufende Ausstellung über Insekten mit ihm zu besuchen, und ihm ein grandioses Erfolgserlebnis zu gönnen. Auch dieser Test verlief erfolgreich. Vielleicht wird dieser Junge einmal ein berühmter Insektenforscher, meinte ich abschließend noch scherzhaft zu seiner Mutter.

***Kommentar***

Hier wurden zwei unterschiedliche Ressourcen von dem Jungen herausgearbeitet und aktiviert:

- Seine Vorliebe, anderen etwas zu erklären und sich wissend zu geben (seine bestimmte Form der Altklugheit). Diese Ressource wurde dazu benutzt, um sich in der Interaktion mit mir wie eine Lehrer fühlen zu dürfen und Erklärungen und Beschreibungen zu machen. Hierdurch wurde die Veränderungsenergie aktiviert, mit der er schließlich seine eigenen Angstbilder erklärte.
- Die zweite Ressource war das Wecken von latenten Rachegefühlen gegenüber einem Mitschüler, die die Motivation des Jungen zur Veränderung zusätzlich steigerten.

## Wenn es Nacht wird

Der Patient, Herr B., war 41 Jahre alt, wirkte vom Äußeren her etwas jünger und arbeitete zur damaligen Zeit in einem kleinen Büro, wo er Aushilfstätigkeiten verrichtete. Trotz seiner guten Schulbildung und eines Universitätsabschlusses hatte er es bisher in seinem Leben noch zu nichts Richtigem gebracht, wie er meinte. Er hatte schon verschiedene Therapieversuche hinter sich, unter anderem eine mehrjährige Psychoanalyse, wußte eine Menge über sein Innenleben, hatte jedoch immer noch große Probleme mit sich selber. Er sprach von Zukunftsangst und Unausgeglichenheit und davon, daß er kein Selbstvertrauen finde. Er spürte, daß sich etwas radikal ändern müsse, ohne es jedoch genau verbalisieren zu können.

Er gehörte zu den Menschen, die schnell tiefe Trancezustände erreichen können. Er saß bereits kurz nach der hypnotischen Induktionsphase in sich zusammengesackt auf dem Behandlungssessel, der Mund war halb auf, der Unterkiefer hing herunter. Immer wenn er auf diese Weise in Trance glitt, lief ihm Speichel aus dem Mund und tropfte auf sein Hemd oder seinen Pullover. Manchmal liefen parallel dazu noch viele Tränen und die Nase lief auch, so daß er sich immer wieder nach der Trance mit Taschentüchern säubern mußte.

In tiefer Trance sprach ich mit einem Teil seines Unbewußten, der mit mir bruchstückhaft kommunizierte. Ich fragte in Trance nach dem Teil des Patienten, der den Patienten besser als alle anderen Teile kenne. Ich bat diesen Teil, sich bemerkbar zu machen, was kurz darauf auch geschah. Die Stimme aus seiner Tiefe war laut und kaum verständlich. Ein Außenstehender hätte wohl einen Schreck bekommen, hätte er diese Stimme gehört – es erinnerte eher an tierische Grunzlaute.

Der Patient glitt so tief in Trance, daß die Reorientierung sehr sorgfältig geplant werden mußte. Er saß manchmal noch eine ganze Zeit lang nach der formellen Beendigung der Trance mit offenen Augen auf dem Sessel und konnte keine Worte finden für das, was er erlebt hatte. Die Umstellung der inneren Wahrnehmung auf die äußere brauchte viel Zeit. Trotz der Tiefe seiner erlebten Trance konnte sich der Patient an manche Details seiner hypnotischen Erlebnisströme erinnern. Er konnte aber mit diesen fragmentarischen Erinnerungen wenig anfangen, sie waren zu diffus und verschlüsselt und mit archetypischen Szenen durchwebt.

In tiefer Trance gab ich dem Patienten die posthypnotische Suggestion, sein Unbewußtes möge dafür sorgen, daß er innerhalb der nächsten fünf Nächte sich an seinen Schreibtisch setze und sein Unbewußtes einen Brief über sich schreiben lasse, in dem die Lösung seiner persönlichen Probleme angedeutet werde. Er solle mir dann den Brief schicken oder einfach mitbringen. Es sei völlig normal, wenn er sich *nicht* mehr an den Inhalt erinnern könne, denn schließlich würde ja nicht er, sondern sein Unbewußtes den Brief diktieren und seine Hand den Text aufschreiben. Herr B. schickte einen der im folgenden publizierten Briefe mit der Post, die anderen nahm er in einem Umschlag mit in die Therapiestunde und überreichte sie mir zu Beginn der Stunde. Auf Nachfragen konnte er sich zwar bruchstückhaft erinnern, daß er nachts aus dem Bett aufgestanden sei und etwas gemacht habe, aber er hatte keinerlei Bezug zu dem Inhalt des Textes.

Nachdem er mir die Briefe gegeben hatte, setzte ich Herrn B. in Trance und las ihm die Briefe *extrem langsam* vor. Die hypnotischen Reaktionen darauf waren erstaunlich. Er weinte wie ein kleines Kind, um im nächsten Moment die Zähne zu fletschen und wie ein Raubtier rumzubrüllen. Er schmiß seinen Körper von Seite zu Seite und schlug wild um sich. Er atmete ruckartig und tief und benäßte sich mit seinem Speichel, seinen Nasensekreten und Tränen.

Am Ende der Sitzungen sprach er oft von innerer Klarheit und starken Gefühlen, ohne es aber präzisieren zu können. Es ist, nebenbei bemerkt, nicht immer sinnvoll, gleich nach der Trance über die Trancegeschehnisse zu reden und sie einer akademischen Analyse zu unterziehen. Besser ist es manchmal, die inneren Erlebnisströme auf organische Weise versickern zu lassen, ohne inhaltlich nachzufragen – die Wirkung ist oft stärker. Er gibt natürlich Ausnahmen, bei denen der Patient gerne über seine Erlebnisse aus der Tiefe berichtet, sei es, um sich zu entlasten, sei es, um sich freudig mitzuteilen.

Die folgenden Briefe sind der Reihenfolge nach geordnet und von mir abgeschrieben worden. Die Inhalte, die unleserlich waren, sind mit einem Fragezeichen gekennzeichnet.

### Brief der ersten Nacht

*Gut sein, bei dem, was ich tue. Einsteigen und nicht untergehen. Freude. Unerschütterlichkeit in der Tiefe meiner Seele, wo nichts unbestimmt oder ungelöst bleibt. Ich gehe meinen Weg. Ich schreibe. Ich sitze und schreibe aus meiner Tiefe, aus meinem tiefsten Sein und erfahre mich. Ich baue. Ich baue meine Haus aus Stein, meinen Ursprung, mein Versinken in der Unendlichkeit, mein Auftauchen am Horizont – ein Stern am nächtlichen Himmel. Weinen, Seligkeit, Liebe. Mich hinlegen, warm gebettet in unendlichem Frieden. Nichts muß getan werden, alles geschieht, weil es geschehen muß. Wer bin ich schon, wenn nicht das, was immer war und immer sein wird.*

### Brief der zweiten Nacht

*Unendliche Unterwelten weiter als zuvor zu erforschen die Sterne gebaut (?), ich kämpfe und weiß nicht warum. Es ändert nichts, mir wird nur übler ... Bestürzung, ich finde den Weg nicht. Panik, ich will nicht verschlungen werden.*

*Wärme und Vertrauen, warmes Rot und warmes Gelb, gebrannte Erde zu einfachen Ziegeln geschnitten, zu wunderschönen Formen miteinander verschmolzen ein lebendiges Kunstwerk, wie die Natur selbst. Mich selbst, mein Selbst, das Innen, das nach außen kommt zum Licht. Dauernd. Quellend oder quälend, spielend oder spaltend. Schöpfung schöpft aus dem Vollen. Wovor versuche ich mich zu retten? Schütze mich vor dem Gedankensturm, führe meinen unwilligen Geist. Zerbreche meinen Widerstand – weite meine Finger (?), löse meine Stricke, heile meine Wunden. Hingabe bringt Erleichterung. Erleichterung Erleuchtung – Erlösung – Frieden – Freiheit – Freude.*

*Was verborgen ist, wird sich von selbst eröffnen. Was für eine Welt, was für eine Reise, so fern und so klar. Stein fügt sich zu Stein. Kleine Träume enden in einem Großen. Verfügen sie über mich, Madame?*

### Nächste Nacht

*Zurück in die Tiefe, aus der ich gekrochen bin – ausgestoßen, ungefragt. Und es ändert sich nichts. Es bleibt ein Kriechen zum Licht. Endlos mühevoll.*

*Wo bleibt die Leichtigkeit, wo das Kinderspiel? Wo ist das mit dem Sex? Was ist das mit dem Körper, dem Geist und der Seele? Dem Bewußtsein und dem Unbewußtsein?*

*Jedes Ding ist an seinem Platz, die Sehnsucht bleibt. Triebhaftes Treiben. Kargheit für die überfüllten Sinne. Ge...(?) im Leerlauf. Wutloses Luftschnappen für den Tauchvorgang im (?)*

### Die vierte Nacht

*Leichte Migräne, leiser Hinweis, unwillkommen heftig. Der Zusammenbruch von Barrieren ist schmerzhaft. Ich bin hilflos, kann nur loslassen. O.K., ich lasse los, ich lasse los. Ist das alt, verkrustet, eine überwindbare Grenze. Beistand – mein Stolz ist lächerlich. Ungeschicktes Flehen aus Angst, die Kontrolle aufzugeben. Oh Gott, dabei tut es so weh, uralter Schmerz. Sprachverlust, der Ausdruck ist verloren gegangen, ich kann nicht spielen, Verzeihung, Vergebung, Hingabe. Nimm mich auf und hilf mir, meine schmutzigen Winkel auszumisten, die kleinen gemeinen Ecken, ja, die so unsichtbar sind, aber nicht unerheblich, die Macht haben über mich, weil ich nachlässig bin, die*

*Bedeutung herunterspielen. Sprich nur ein Wort, so wird meine Seele gesund (?) ich falle in deine Arme, meine Verzweiflung löst sich auf durch deine Nähe. Ich bin müde, ich will nicht länger kämpfen voller Verzweiflung. Nimm mich auf unter dein Dach und mach meine Seele gesund.*

*Verlasse den Sumpf, warum siehst du kein Licht? Tor! Zweifler! Verlasse die Einöde, blühende Wiesen warten auf dich, es gibt keinen Mangel. Es gibt keinen Mangel. Heile meine Leere, gib mir deinen Segen. Du gibst mir, was ich brauche. Ich brauche deine Hingabe, die Hingabe, das Alles, das Grenzenlose, das Aufgeben des Widerstandes, unbeschreibliche Auflösung von Willen – eine Leere entsteht, eine Weite von unwirklicher Schönheit, leicht, luftig, wehend. Verlasse mich nicht, schenke mir deinen Beistand mir Kleingläubigen. Lösen, immer weiter lösen. Nicht festhalten. Vertraue dem Licht.*

**Fünfte Nacht**

*Du überwältigst mich. Es entstehen Öffnungen allüberall. Durchlässigkeit. Du brichst hervor wie zubetonierte Natur, quillst hervor wie Wasser aus einer Quelle. Mein Kopf muß dich nicht fassen, der Einbrecher im hauchdünnen Eis. Powere mich über Datenautobahnen auf grünen Auen, wo du mich lagern läßt, weit weg von den Stätten der Eitelkeiten. Glückseligkeit und ich spüre, wie wir Angst hinter uns gelassen haben oder den Kleinmut.*

*What a surprise, I start the enterprise to enter the surprise. Deep space.*

*Dunkelheit, ich beschreibe die Nacht weiß auf schwarz. Was ist zu tun?*

*Wir brauchen keine Hilfsmittel zum Erreichen von Zielen. Ziele ziehen uns an. Lebenlassen. Das Leben lassen. Sich leben lassen und andere auch. Mich leben lassen. Mein Leben lassen.*

*Spannungen lösen sich auf. Schultern und Nacken sind frei. Nichts bedrückt mich. Ich mache mir keine Sorgen.*

*Ich tauche ein in dein Wesen, bin vertraut mit dir, meine Seele. Es erschüttert mich. Es kehrt oben nach unten und was unten war wird sichtbar. Die Verwandlung. Das Unaussprechliche spricht, ich kann meine dummen Regeln vergessen. Der Verstand fliegt davon, wie hartnäckig er sich festklammert, aus Angst vor dem Tod. Dabei reisen wir nur von Welt zu Welt. Ohne Gepäck auf Lichtstrahlen. Du kannst uns nicht folgen. Warum wartest du nicht ein Weilchen, wir kehren zurück als andere. Paß auf, daß du uns erkennst. Achte darauf, wir kommen zu dir, nicht Du zu uns. Laß dich nur führen.*

*Um mich herum spricht alles – ich tauche ein, weicher, weiter, mehr, zeitlos. Reisen auf Licht. Fenster öffnen sich – entziehen mein Ich.*

**(Der folgende Text lag in durchgestrichener Form vor.)**

*Eiskalte Freiheit im unendlichen Blau. Darin kann ich gar nicht leben, sie würde nicht zögern, mich zu töten. Nur mein Geist kann eintauchen, für Sekunden das Geheimnis erahnen und den Ursprung doch nicht ergründen.*

*Was ist wesentlich? Alles, was niemals stirbt, was ewigen Bestand hat. Hilf mir, den Ballast abzuwerfen, die Hüllen und Häute aus alten Zeiten und schüre die Feuer für rückstandslose Verbrennung.*

*Kraft für Träume haben, kein Traum, für den es nicht die Kraft zur Verwirklichung gäbe. Es ist alles da. Freude! Alles umfassend, nichts ist ausgeschlossen was wesentlich ist, alles ist Liebe. Tiefe Erfüllung und Ausgeglichenheit, ausgebreitet von Horizont zu Horizont, durchströmten Geist, Körper und Seele lassen das Herz überfließen und Glück verbreiten in den Welt, daß sie sich ineinander ergießen – unbeschreiblicher Friede ist die Folge, eine Ruhe, die durch nichts gestört werden kann, ein Vertrauen, das unerschütterlich bleibt. Unendlichkeit, Unerschütterbarkeit, Unsterblichkeit der Liebe – und das alles ist in mir in reinster Klarheit.*

**Weitere Nacht**

*Dinge wollen eingeschlossen sein, einbezogen, nichts will ausgeschlossen sein, durch Menschen nicht. Ich bringe mich ein als Teil des Ganzen, vielfältig, nicht einfältig. Ein rauschender Wasserfall.*

*Stille, es gibt nichts zu sagen als Stille. Du öffnest mir deine Tiefe. Ich habe keine Angst mehr. Wenn die Sinne die Grenze erreicht haben, fallen sie über Bord, wie sinnloser Ballast – meine geliebten Sinne. Bin ich dann nicht? Nicht ich bin dann. Dann ist Es. Alles soll einbezogen sein, nichts bleibt ausgeschlossen, nichts bleibt verschlossen oder verborgen, alles erschließt sich mir in Reinheit und Klarheit. Schau meine Träume. Meine Sehnsucht ist groß, ein Ozean voller Tränen und*

*Schmerz. Eine Weite tut sich auf. Sie trägt und die Zukunft ist glänzend, ein Strahlen ist unübersehbar. Frösteln verwandelt sich in ... Kalte Klarheit; wo keine Liebe ist, ist kein Leben. Fürchte die Nacht – Schlafe jetzt!*

**Siebte Nacht**

*Langsamkeit. Der Rhythmus der Natur. Schauer durchziehen meinen Körper, gehen wie Sommergewitter auf die Erde nieder. Es atmet mich zum Glück. Mein Geist ist frei wie bei Aladdin aus dem Gefängnis entkommen, bereit, Wünsche zu erfüllen, Märchen aus 1000 und einer Nacht. Leichtigkeit und tiefer Friede sind in mir. Vögel künden den nahenden Morgen. Plötzlich fast Helligkeit, wie sich ein Keim öffnet und der weiße Trieb hervorbricht, um ein Baum zu werden – seine Bestimmung – ein Tag, ein Neubeginn, ein Anfang, Vollkommen wie jeder Anfang (die Natur ist in jeder Phase vollkommen), der Aufruf, das Werk zu beginnen, den leeren Tag zu bestimmen was er vollbringen soll. Ich stelle mich an den Anfang immer neu und folge dem Rhythmus der Natur und tue das Werk, das zu tun ist in Übereinstimmung mit dem Leben und dem Lauf der Welt. Es ist in mir, das Wissen über den richtigen Zeitpunkt, die Geduld, das tiefere Verständnis von Langsamkeit.*

Der Patient glitt in dieser Stunde fast von alleine in Trance. Er sieht ein großes Tor, durch das er in eine andere Zeit fliegt, er fliegt der Sonne entgegen und ist, in tiefer Trance, offenbar bester Laune. Ganz plötzlich ändert sich die Stimmung. Er schreit, daß ihn die Sonne anziehe und er nicht mehr weg könne. Dann geschieht ein Filmriß. Er brüllt vor Schmerzen und kann nicht mehr sprechen, ist schweißgebadet. Kurze Zeit später beruhigt er sich und spricht davon, daß ein anderer Mensch aus der Sonne komme. Was allerdings in der Sonne geschehen sei, das könne er nicht sagen, er spricht davon, daß alles so hell und heiß wurde, daß er nichts mehr wahrnehmen konnte.

In dieser Sitzung gab ich seinem Unbewußten die posthypnotische Suggestion, es solle die Ereignisse in der Sonne nachts in einem Brief aufschreiben und den Brief in die nächste Stunde mitbringen.

Hier der Inhalt des Briefes, der dem Patienten nicht bewußt war und den ich wieder ausgesprochen langsam vorlas.

*Er taucht ein in das gleißende Licht der Sonne, wo es kein Entrinnen gibt, in deren Glut alles schmilzt, jede Angst und jede Feigheit, jeder*

*Haß und jeder Neid. Als er die äußere Haut der Sonne durchstoßen hat, steht er auf einem glühenden Berg und schaut hinunter auf seinen glühenden Weg über die feurige Brücke über das flammende Meer. Er geht seinen Weg den Berg hinunter auf die feurige, lichtgleißende Brücke zu, über die noch nie ein Mensch gegangen ist. Als er vor ihr steht, erhebt sie sich vor ihm, hoch wie ein Berg. Funken sprühen, flammende Geysire flankieren die Seiten, die Abgründe in das brodelnde Meer. Er weiß, er muß die Angst zurücklassen, um weiterzugehen, sonst würden ihn die flammenden Geysire sofort vernichten und ein Zurück gibt es nicht. Hitze schlägt ihm ins Gesicht, verbrennt Haare und Haut, doch er weicht nicht zurück vor der Glut, die auf ihn hereinstürzt, als er die Geysire passiert und der Feuerregen den Rest an Unschlüssigkeit verbrennt. Die Angst läßt ihn zittern, aber er hat keine Wahl und steigt ein auf die unendlich scheinende feuergleißende Brücke. Feurige Kugeln bombardieren ihn von allen Seiten. Er kann ihnen nicht ausweichen. Sie durchdringen den Körper, scheinen ihn gänzlich aufzuzehren, doch sie verzehren nur die dunklen Stellen, die sich nicht vom Licht durchdringen lassen, was unendlich schmerzt. Dabei wird er weiter angetrieben auf seinem Weg. Seine Hände krallen sich in die glühenden Steine, ziehen ihn hoch mit aller Kraft, selbst glühend, der ganze Körper schon, als ob er mit der Brücke schon verschmolzen wäre. Er muß sich beeilen, denn sonst wird er verschmelzen, mit dieser Brücke zu einem glühenden Stein werden, wie so viele vor ihm. Als er sich dessen gewahr wird, verdoppelt er seine Kräfte, und die Schmerzen sind bedeutungslos angesichts des unendlichen Leides und er richtet sich auf und geht wie durch tiefes Wasser und zähen Sumpf der Spitze, dem höchsten Punkt der Brücke zu. Dort erhebt er sich erneut, entsteigt der brodelnden Lavasuppe, glühend, golden, schattenlos.*

In dieser letzten Sitzung (es ist die zwanzigste) erlebte der Patient wieder ähnliche kathartische Reaktionen mit Wein- und Lachkrämpfen, die sich schlagartig gegenseitig ablösten.

Vier Monate nach Therapieende bekam ich von dem Patienten folgenden Brief:

*Lieber Herr Schütz,*
hier einige Informationen über meine Entwicklung seit der Beendigung meiner Hypnosesitzungen:

Seit Juni arbeite ich 20 Wochenstunden bei ... in der ... Straße. Ich habe damals davon gesprochen, vom Umgang mit schönen Materialien, vom Gestalten und Verkaufen. Plötzlich zerschlug sich damals diese Möglichkeit, um zwei Monate später genau so plötzlich wieder aufzutauchen. Da habe ich zugegriffen und bin sehr glücklich mit dieser Entscheidung.

Zum selben Zeitpunkt habe ich eine kleine Firma gegründet, um Gartenarbeit und Hauswartangelegenheiten abrechnen zu können. Zum ersten Mal in meinem Leben sehe ich mich in der Verfassung, Geldverdienen, Lust und Freude auf eine Weise miteinander zu verbinden, daß ich mich ausgeglichen, kraftvoll und entspannt fühle.

Meine Beziehungen in allgemeinen haben dadurch gewonnen. Ich fühle mich ernstgenommen und akzeptiert und erhalte verblüffende Komplimente, die ich aber freudig annehmen kann ...

Ende dieses Jahres wollen wir *(ein Freund des Patienten)* zusammen nach Bali fliegen, wo wir gemeinsam über unsere Geschäftsideen beraten und vielleicht etwas davon in die Tat umsetzen wollen ...

Bezüglich der Schauspielerei weiß ich nicht so viel zu berichten, außer, daß ich oft daran denke, ohne jedoch einen konkreten Ansatz zu einem Einstieg zu finden. Damals hatte mein Unterbewußtes signalisiert, daß ich mit der Schauspielerei etwas machen sollte. Im September werde ich für eine Woche nach ... fliegen, wo ich jahrelang an Schauspielworkshops teilgenommen habe, also eine Nostalgietour, die sicher nicht ohne Wirkung auf mich sein wird.

Ich fühle mich angenehm rund und weitgehend ausgeglichen mit deutlich weniger Zukunftsangst, und dafür möchte ich mich nochmals herzlich bei Ihnen bedanken. Die Arbeit mit Ihnen war ein großer Schritt zu meinem inneren, ureigensten Wesen.

Ich grüße Sie herzlich und wünsche Ihnen alles Gute.

*Ihr .........*

***Kommentar***

Die Methode des automatischen Schreibens wurde bereits Ende des 19. Jahrhunderts von verschiedenen Forschern und Psychologen in Therapien angewandt. Die Grundidee ist die, daß unser Unbewußtes mögliche Lösungs- und Heilungswege kennt und sie schriftlich mitteilen kann. Anfang des 20. Jahrhunderts experimentierten vor allem die Surrealisten mit dieser Methode, um das Fantastische,

Geheimnisvolle und Unerklärbare in der Psyche zu erforschen. Breton warnte allerdings davor, diese Methoden übermäßig einzusetzen – sie könnten zu halluzinatorischen Zuständen führen und unter Umständen gefährlich werden. Es gibt Berichte, in denen Personen, die viel mit dieser Methode experimentierten, nicht mehr klar zwischen Realität und Traum unterscheiden konnten und eine Gefahr für sich selber und andere wurden (Ellenberger 1973).

# Glossar

**Aktiv-Wachhypnose:** Trancezustand, der durch körperliche Überanstrengung entsteht, wie zum Beispiel beim Marathonlauf.

**Akustisch:** Das Hören betreffend.

**Amnesie:** Das Vergessen von Erlebnissen. Mittels hypnotisch erzeugter Amnesie ist es möglich, Suggestionen zu „versiegeln", damit sie sich – ungestört von bewußten, gewohnheitsmäßigen Ansichten – im Unbewußten entfalten können (Gegenteil: ↗ *Hypermnesie*).

**Analoge Markierung:** Sprachliche Hervorhebung bestimmter Worte innerhalb eines Satzgefüges, mit der eine „versteckte Botschaft" mitgeteilt werden soll. Beispiel: „Im *Schlaf* sinkt man oft *tief*." Versteckte Aufforderung: „Schlaf tief!"

**Anker:** Begriff aus dem Neurolinguistischen Programmieren. Ein Anker ist ein äußerer oder innerer Auslösereiz, der einen Zustand bei einer Person hervorruft. Es gibt Anker für gute und schlechte Zustände.

**Assoziiert sein:** Mit allen Sinnen mental in einem Erlebnis sein und es so erleben, als sei es hier und jetzt Realität (Gegenteil: ↗ *dissoziiert sein*).

**Chronobiologische Rhythmen:** Periodische Schwankungen im Organismus: Man unterscheidet die ultradianen Rhythmen, die sich über eine länger Phase erstrecken, wie zum Beispiel der Menstruationszyklus, und circadianen Rhythmen, die in einer kurzeren Zeitspanne auftreten, wie zum Beispiel der Wach-Schlafrhythmus.

**Dissoziiert sein:** Ein Erleben von außen betrachten, so, als würde man sich auf einer Leinwand sehen und hören können und dabei einen gewissen Abstand zu sich selber fühlen (Gegenteil: ↗ *assoziiert sein*).

**Ericksonsche Hypnotherapie:** Moderne, indirekte Form der Hypnose, die durch Verwendung von Bildern, Geschichten und Metaphern charakterisiert ist, wurde von dem amerikanischen Psychotherapeuten Milton Erickson entwickelt.

**Future Pace:** Durchleben einer erwarteten oder suggerierten Zukunft in der Phantasie.

**Gustatorisch:** Das Schmecken betreffend.

**Hypnose:** Sammelbegriff für Formen kommunikativer Beeinflussung, die eine ↗ *Trance* mit Erhöhung der Empfänglichkeit für Suggestionen zur Folge haben.

**Hypermnesie:** Das Erinnern von Erlebnissen, die in Vergessenheit geraten waren (Gegenteil: ↗ *Amnesie*).

**Hypnoanalyse:** Aufdeckende, psychoanalytische Therapie in Trance. Nutzung der speziellen Fähigkeiten des Trancezustandes, um mit dem Unbewußten und abgewehrten Erinnerungen und Gefühlen in Kontakt zu kommen.

**Ideomotorik:** Das Phänomen, daß vorgestellte oder suggerierte Bewegungen vor allem in Trance die Tendenz haben, sich in reale Bewegungen umzusetzen.

**Individualdistanz:** Sicherheitsabstand, der je nach Kultur, Kontext und Person variiert.

**Induktion:** Die Einleitung einer hypnotischen Trance (dazugehöriger Begriff: ↗ *Trancevertiefung*).

**Kalibrieren:** Das Erkennen von unterschiedlichen Zuständen anhand kleinster beobachtbarer Hinweisreize (dazugehöriger Begriff: ↗ *Minimal cues*).

**Katharsis:** Das Durchleben intensiver Gefühlsreaktionen, um alte Verletzungen zu verarbeiten.

**Kinästhetisch:** Das Fühlen und Spüren betreffend.

**Kognitiv:** Das Wahrnehmen und Denken betreffend.

**Konfusion:** Verwirrung des zu Hypnotisierenden, um die Bereitschaft, Suggestionen anzunehmen, zu erhöhen.

**Magnetismus, animalischer:** Nach Mesmer eine Art allumfassende Energie, die für Krankheiten und das Wohlbefinden verantwortlich sein kann, je nach Verteilung und Intensität.

**Mental:** Auf die Vorstellung bezogen, innerlich, gedanklich.

**Mesmerismus:** Bezeichnung einer gesellschaftlichen Strömung, in der das Interesse an animalischem Magnetismus im Vordergrund stand (etwa zwischen 1780 und 1840).

**Minimal cues:** Kleinste, knapp über der Wahrnehmungsschwelle registrierbare visuelle oder akustische Reize, die eine Zustandsveränderung eines Menschen andeuten können (dazugehöriger Begriff: ↗ *Kalibrieren*).

**Neuronale Hemmung:** Unterdrückung psychischer Abläufe, was eine Verhinderung oder Beeinträchtigung eines Verhaltensablaufes zur Folge hat.

**NLP (Neurolinguistisches Programmieren):** Sammlung von Techniken, die schnelle Veränderung vor allem im Bereich der Wahrnehmung und des Denkens bewirken können.

**Leading:** Begriff aus dem ↗ *Neurolinguistischen Programmieren*: Anleiten, Leiten, Führen, Lenken (dazugehöriger Begriff: ↗ *Pacing*)

**Literalismus:** Die Tendenz einer hypnotisierten Person, Suggestionen wortwörtlich zu verstehen.

**Olfaktorisch:** Das Riechen betreffend.

**Pacing:** Begriff aus dem ↗ *Neurolinguistischen Programmieren*: Spiegeln, Begleiten (vor allem, um ↗ *Rapport herzustellen*).

**Primärprozeß:** Grundlegende, primitive, eher bewußtseinsferne psychische Verarbeitungsform auf bildhaften, symbolischen Ebenen (Träume haben meist primärprozeßhaften Charakter).

**Polaritätsreaktionen:** Verhalten bestimmter Menschen: immer das Gegenteil von dem zu tun, was von ihnen erwartet oder gefordert wird.

**Posthypnotische Suggestionen:** Suggestionen, die *während* der Trance angeboten werden, um *nach* der Trance realisiert zu werden.

**Zeitprogression:** Das Vorwegnehmen der Zukunft in der Phantasie. Der Klient kann in der zeitlichen Progression seine Stärken und Ressourcen erproben.

**Rapport:** Auf gleicher Wellenlänge mit dem Gesprächspartner sein, eine gute Beziehung haben. Rapport ist das A und O einer gelungenen Kommunikation, also auch einer hypnotischen Beziehung.

**Reframing:** Umdeutung von Ereignissen zum Zwecke, einer festgefahrenen negativen Denkweise eine andere, positive Richtung zu geben.

**Regression:** Das Zurückfallen auf frühere Entwicklungsstufen mit allen dazugehörigen Ausdrucksformen. Oft ein spontaner Effekt von Trancezuständen.

**Separator:** Veränderungs- oder Unterbrechungszustand. In der Hypnotherapie und dem Neurolinguistischen Programmieren werden Separators gezielt eingesetzt, um schnell einen schlechten Zustand zu beenden und einen ressourcenreichen zu erzeugen.

**Somnambulismus:** Schlafwandeln. Ähnelt im Erscheinungsbild stark einer Tieftrance und kann durch hypnotische Suggestionen künstlich erzeugt werden. Somnambule haben oft erstaunliche hypnotische Fähigkeiten und können sich in der Regel nach dem Erwachen nicht erinnern, was in der Trance geschehen ist (↗ *Amnesie*).

**Submodalität:** Qualitative Untergliederung innerhalb der fünf Sinnessysteme. Visuelle Submodalitäten sind z.B. Größe, Helligkeit, Perspektive, Farbe, Kontrast usw.. Akustische Submodalitäten sind z.B. Lautstärke, Tonhöhe, Klang, Richtung usw.. Kinästhetische Submodalitäten sind z.B. Temperatur, Druckstärke, Rauhheit, Härtegrad usw.

**Suggestion:** Sammelbegriff für Anregungen unterschiedlichster Art, um (in der Hypnotherapie) dem Patienten zu mehr Autonomie zu verhelfen. Man unterscheidet Wachsuggestionen und hypnotische.

**Synästhesie:** Formalsprachlich korrekte, aber logisch unsinnige Verbindung verschiedener Sinnesrepräsentationen. Z.B. „schreiendes Grün“ (akustische und visuelle Komponente), oder „kaltes Blau“ (kinästhetische und visuelle Komponente), kann zur ↗ *Induktion* oder zur ↗ *Konfusion* benutzt werden.

**Trance:** Veränderter Bewußtseinszustand, der unter anderem durch Verringerung der Realitätsprüfung und durch Erhöhung der Empfänglichkeit für Suggestionen charakterisiert ist.

**Trancevertiefung:** Spezielle Methoden, die einer Intensivierung eines hypnotischen Erlebens dienlich sind. Nicht zu verwechseln mit hypnotischer ↗ *Induktion.*

**Trauma:** Verletzung, emotional überforderndes Erlebnis, das nicht ohne Hilfe verarbeitet werden kann, daher in der Regel verdrängt wird und dazu neigt, aus dem Unbewußten heraus psychische oder körperliche Symptome hervorzurufen.

**Unbewußtes:** Gesamtheit jener Erfahrungen und Erinnerungen, die, bedingt durch Wahrnehmungsselektion, unterhalb der Bewußtseinsschwelle liegen. Im Unbewußten liegen latent besondere Fähigkeiten, die sich für therapeutische Zwecke nutzen lassen.

**Unterschwellige Wahrnehmung:** Reizverarbeitung, die unter der Bewußtseinsschwelle geschieht und einen Einfluß auf unsere Handlungen und Emotionen haben kann (dazugehöriger Begriff: ↗ *Posthypnotische Suggestionen*).

**Utilisieren:** Das Einbinden persönlicher Stärken und Ressourcen des Patienten in den therapeutischen Prozeß.

**Versuchsleiter-Effekt:** Die Haltung des Versuchsleiters beeinflußt seine „objektive" Messung.

**Visuell:** Das Sehen betreffend.

**Zeigarnik-Effekt:** Das Phänomen, benannt nach B. Zeigarnik, daß unerledigte Handlungsabläufe besser im Gedächtnis haften bleiben als erledigte.

# Literatur

*Alman, B.M. & Lambrou, P.T.:* Selbsthypnose. Ein Handbuch zur Selbsttherapie. Heidelberg 1995.

*Araoz, D.L.:* Die neue Hypnose. Paderborn 1989.

*Argyle, M.:* Körpersprache und Kommunikation. Paderborn 1992.

*Bandler, R. & Grinder, J.:* Kommunikation und Veränderung. Die Struktur der Magie II. Paderborn 1989.

*Bandler, R. & Grinder, J.:* Metasprache und Psychotherapie. Die Struktur der Magie I. Paderborn 1981.

*Bandler, R. & Grinder, J.:* Reframing. Ein ökologischer Ansatz in der Psychotherapie (NLP). Paderborn 1990.

*Bandler, R. & Grinder, J.:* Therapie in Trance. Hypnose: Kommunikation mit dem Unbewußten. Stuttgart 1989.

*Barber, J. & Adrian, C. (Hrsg.):* Psychological Approaches to the Management of Pain. New York 1982.

*Bernheim, H.:* Die Suggestion und ihre Heilwirkung. Autorisierte deutsche Ausgabe von Sigmund Freud (1888). Tübingen 1985.

*Bongartz, B. & Bongartz, W.:* Hypnose. Wie sie wirkt und wem sie hilft. Hamburg 1992.

*Breuer, J. / Freud, S.:* Studien über Hysterie. Franfurt am Main 1991.

*Chertok, L.:* Hypnose. Theorie, Praxis und Technik eines psychotherapeutischen Verfahrens. München 1973.

*Cousins, N.:* Anatomy of an Illness as perceived by the Patient. Reflections on Healing and Regeneration. New York 1979.

*Cowan, J.:* Geheimnisse der Traumzeit. Das spirituelle Leben der australischen Aborigines. Basel 1994.

*Dahlke, R.:* Reisen nach innen. Geführte Meditationen auf dem Weg zu sich selbst. München 1994.

*Duerr, H.P. (Hrsg.):* Der Wissenschaftler und das Irrationale. Frankfurt/M. 1985.

*Eberwein, W. & Schutz, G.:* Die Kunst der Hypnose. Dialoge mit dem Unbewußten. Paderborn 1996.

*Eberwein, W.:* Abenteuer Hypnose. Heilung durch Trance. München 1996.

*Eberwein, W.:* Biodynamik – Zen in der Kunst der Körperpsychotherapie. Paderborn 1996.

*Ellenberger, H.F.:* Die Entdeckung des Unbewußten. Bern 1973.

*Epstein, G.:* Gesund durch die Kraft der Vorstellung. Ein Übungsbuch. München 1992.

*Erickson, M.H. & Rossi, E.L. & Rossi, S.L.:* Hypnose. Induktion – psychotherapeutische Anwendung – Beispiele. München 1986.

*Erickson, M.H. & Rossi, E.L.:* Hypnotherapie. Aufbau – Beispiele – Forschungen. München 1989.

*Erickson, M.H.:* The collected Papers of Milton H. Erickson on Hypnosis. 4 Bde.. New York 1989.

*Erickson, M.H.:* Der Februarmann. Persönlichkeits- und Identitätsentwicklung in Hypnose. Paderborn 1991.

*Erickson-Klein, R.:* Pain Control Interventions of Milton H. Erickson. In: Zeig & Gilligan 1988.

*Feldman, S.H.:* Abreaction revisited. A strategic and interpersonal Perspective. In: Zeig (Hrsg.) 1985.

*Flory, E.:* Ars Magnetica. Konstanz 1995.

*Fourie, D.P.:* Hypnose. Ein ökosystemischer Ansatz. Berlin 1994.

*Gendlin, E.:* Dein Körper, dein Traumdeuter. Salzburg 1987.

*Gerber, G. & Sedlak, F.:* Katathymes Bilderleben innovativ. Motive und Methoden. München 1994.

*Gilligan, S.:* Therapeutische Trance. Das Prinzip Kooperation in der Ericksonianischen Hypnotherapie. Heidelberg 1991.

*Gordon, D. & Meyers-Anderson, M.:* Phoenix. Therapeutische Strategien von Milton H. Erickson. Hamburg.

*Haley, J.:* Die Psychotherapie Milton H. Ericksons. München 1988.

*Haley, J.:* Typisch Erickson. Paderborn 1996.

*Hilgard, E.R.:* The experiance of hypnosis. A shorter Version of Hypnotic susceptibility, New York 1968.

*Hoareau, J.:* Klinische Hypnose. Stuttgart 1996.

*Horkheimer, M & Adorno, T.W.:* Dialektik der Aufklärung. Frankfurt am Main 1984.

*Hutchison, M.:* Megabrain Power. Paderborn 1996.

*Imhof, A.E.:* Der Mensch und sein Körper. München 1983.

*Janet, P.:* L'Influence somnambulique et le bessoin de direction. *Revue Philosophique*, Bd. 43, 1897.

*Jovanivic, U.L.:* Methodik und Theorie der Hypnose. Psychobiologische Grundlagen, Hypnose-Technik, Phänomenologie, Mechanismen. Stuttgart 1988.

*Katz, R.:* Num, Heilen in Ekstase. Interlaken 1985.

*Kershaw, C.J.:* The Couple's Hypnotic Dance. Creating Ericksonian Strategies in Marital Therapy. New York 1992.

*Kinzel, C.:* Psychoanalyse und Hypnose. München 1993.

*Klippstein, H.:* Ericksonian Hypnotherapeutic Group Inductions. New York 1991.

*Kossak, H.-C.:* Hypnose. Ein Lehrbuch. München 1989.

*Krystal, P.:* Die inneren Fesseln sprengen. Befreiung von falschen Sicherheiten. München 1986.

*La Berge, S.:* Hellwach im Traum. Höchste Bewußtheit in tiefem Schlaf. Paderborn 1987.

*Lankton, S. & Lankton, C.:* Geschichten mit Zauberkraft. Die Arbeit mit Metaphern in der Psychotherapie. München 1991.

*Lankton, S. & Lankton, C.:* The Answer within. A clinical Framework of Ericksonian Hypnotherapy. New York 1983.

*LeCron, L.M.:* Fremdhypnose, Selbsthypnose. Genf 1993.

*Leuner, H.:* Katathymes Bilderleben. Grundstufe. Einführung in die Psychotherapie mit der Tagtraumtechnik. Stuttgart 1988.

*MacHovec, F.:* Hypnosis complications: Prevention and risk management. Springfield, Illinois 1986.

*Milgram, St.:* Das Milgram-Experiment: Zur Gehorsamsbereitschaft gegenüber Autorität. Reinbek 1974.

*Mrochen, S.; Holtz, K.-L.; Trenkle, B.:* Die Pupille des Bettnässers. Hypnotherapeutische Arbeit mit Kindern und Jugendlichen. Heidelberg 1993.

*Nettelbeck, U.:* Der Dolomitenkrieg. Frankfurt am Main 1976.

*Perry, C.:* Uncancelled hypnotic suggestions: The effects of hypnotic depth an hypnotic skill on their posthypnotic persistance. *J Abnorm Psychol* 1977b.

*Peter, B. & Kraiker, C. (Hrsg.): Hypnose und Kognition.* Zeitschrift für die Grundlagen und klinische Anwendung von Hypnose und kognitiver Psychologie. Bd. 9 April 1992: Hypnose und Psychoanalyse.

*Peter, B. & Schmidt, G.:* Erickson in Europa. Europäische Ansätze der Ericksonschen Hypnose und Psychotherapie. Heidelberg 1992.

*Platonow, K.:* Unterhaltsame Psychologie. Köln 1982.

*Revenstorf, D. & Zeyer, R.:* Hypnose lernen. Leistungssteigerung und Streßbewältigung durch Selbsthypnose. München 1994.

*Revenstorf, D. (Hrsg.):* Klinische Hypnose. Berlin, Heidelberg 1990.

*Roberts, J.:* Der Weg zu Seth. Der persönliche Führer in das Wesen einer neuen Realität. München 1988.

*Rosen, S. (Hrsg.):* Die Lehrgeschichten von Milton H. Erickson. Hamburg 1990.

*Rosen, S.:* Concretizing of Symptoms and their Manipulation. In: Zeig & Gilligan 1988.

*Rossi, E.H. (Hrsg.):* Gesammelte Schriften von Milton H. Erickson (Bd. 1). Heidelberg 1995.

*Rossi, E.H. (Hrsg.):* Gesammelte Schriften von Milton H. Erickson (Bd. 2). Heidelberg 1996.

*Rossi, E.L. & Cheek, D.:* Mind-Body-Healing. Methods of Ideodynamik Healing in Hypnosis. New York 1988.

*Rossi, E.L.:* 20 Minuten Pause. Paderborn 1993.

*Rossi, E.L.:* Die Psychobiologie der Seele-Körper-Heilung. Neue Ansätze der therapeutischen Hypnose. Essen 1991.

*Rossi, E.L.:* Zur Kommunikation zwischen Psyche und Genen in Hypnose: Eine Lösung des Körper-Psyche-Problems? In: Peter, B. & Schmidt, G. 1992.

*Rubinstein, S.L.:* Grundlagen der allgemeinen Psychologie. Berlin 1977.

*Sanders, H.T.:* Hypnose und Suggestion. Stuttgart 1921.

*Schmierer, A.:* Einführung in die zahnärztliche Hypnose. Berlin 1993.

*Scholz, W.-U.:* Hypnose und Hypnotherapie. Was sie auszeichnet, wie sie wirkt und wem sie hilft. Mannheim 1994.

*Schütz, G.:* „Hypnotherapie bei Pädophilie – Fallbericht". In: *Experimentelle und klinische Hypnose*, Bd. X, Heft 2, 1994.

*Schütz, G.:* „Struktur posthypnotischer Suggestionen". In: *Mitteilungen der Deutschen Gesellschaft für Zahnärztliche Hypnose*. September 1996, Stuttgart.

*Spinu, M. & Thorau, H.:* CAPTAÇÃO TRANCE-Therapie in Brasilien. Eine Ethnopsychologische Studie über Heilung durch telepathische Übertragung. Berlin 1994.

*Swoboda, T.:* Das Hypnose-Buch. Individuelle Anwendungsformen für Selbsthilfe und therapeutische Praxis. München 1984.

*Tart, C.T. (ed.):* Altered States Of Consciousness. New York 1969.

*Taylor E.:* William James on Exceptional Mental States: The 1896 Lowell Lectures. Amherst 1984.

*Thuillier, J.:* Die Entdeckung des Lebensfeuers. Franz Anton Mesmer. Eine Biografie. Wien/Darmstadt 1990.

*Trömner, E.:* Hypnotismus und Suggestion. Leipzig 1908.

*Walker, W.:* Abenteuer Kommunikation. Stuttgart 1996.

*Watson, P.:* Psycho-Krieg. Frankfurt am Main 1985.

*Wiesendanger, H.:* Zwischen Wissenschaft und Aberglaube. Frankfurt am Main 1989.

*Wolters, G.:* Franz Anton Mesmer und der Mesmerismus. Wissenschaft, Scharlatanerie, Poesie. Konstanz 1988.

*Yapko, M.:* Trancework. An Introduction to the Practice of Clinical Hypnosis. New York 1990.

*Zeier, H.:* Biofeedback. Physiologische Grundlagen – Anwendungen in der Psychotherapie. Bern 1990.

*Zeig, J. & Gilligan, S. (Hrsg.):* Brief Therapy. Myths, Methods and Metaphors. New York 1988.

*Zeig, J. (Hrsg.):* Ericksonian Psychotherapy. 2 Bde. New York 1985.

*Zeig, J.:* Die Weisheit des Unbewußten. Hypnotherapeutische Lektionen bei Milton H. Erickson. Heidelberg 1995.

*Zeig, J.:* Meine Stimme begleitet Sie überall hin. Ein Lehrseminar mit Milton H. Erickson. Stuttgart 1986.

*Zimbardo, P.G. et al.:* The mind is a formidable jailer: A Pirandellian prison. *The New York Times*, 1973.

# Index

**G**



**H**



**I**



**J**



**K**

## Adressen von Hypnosegesellschaften und -instituten

Deutsche Gesellschaft für Zahnärztliche Hypnose (DGZH e.V.)
Esslinger Str. 40
D-70182 Stuttgart
Tel.: 0711-2360 618
www.dgzh.de

Institut für Hypnose (IfH)
Werner Eberwein & Gerhard Schütz
Aachener Str. 27
D-10713 Berlin

Milton Erickson Gesellschaft für Klinische Hypnose (MEG e.V.)
Waisenhausstr. 55
D-80637 München
Tel.: 089-340 297 20
www.meg-hypnose.de

Deutsche Gesellschaft für Hypnose (DGH)
Druffelsweg 3
D-48653 Coesfeld
Tel.: 02541-70007
www.hypnose-dgh.de

Deutsche Gesellschaft für Medizinische Hypnose e.V.
Horner Landstr. 173
D-22111 Hamburg
Tel.: 040-651 8000

Swiss Medical Society of Hypnosis (SMSH)
Dorfhaldenstr. 5
CH-6052 Hergiswil
www.smsh.ch

Österreichische Gesellschaft für Autogenes Training und Allgemeine Psychotherapie (ÖGATAP)
Kaiserstr. 14/13
A-1070 Wien
www.oegatap.at